"十三五"国家重点图书出版规划项目

中国法学前沿·研究生教学参考书
Frontier of Chinese Law Research
Reference Books for Postgraduates

A Study of Directors and Officers Liability Insurance:
Experiences from Japan and the United States

董事责任保险研究
——日美经验及对中国的启示

王梓 著

清华大学出版社
北京

版权所有，侵权必究。举报：010-62782989，beiqinquan@tup.tsinghua.edu.cn。

图书在版编目(CIP)数据

董事责任保险研究：日美经验及对中国的启示/王梓著.—北京：清华大学出版社，2024.1

（中国法学前沿.研究生教学参考书）
ISBN 978-7-302-54740-2

Ⅰ.①董… Ⅱ.①王… Ⅲ.①董事－责任保险－研究－中国 Ⅳ.①D922.291.914 ②D922.284.4

中国版本图书馆 CIP 数据核字(2020)第 010434 号

责任编辑：李文彬
封面设计：傅瑞学
责任校对：欧　洋
责任印制：杨　艳

出版发行：清华大学出版社
　　网　　址：https://www.tup.com.cn，https://www.wqxuetang.com
　　地　　址：北京清华大学学研大厦 A 座　　邮　编：100084
　　社 总 机：010-83470000　　邮　购：010-62786544
　　投稿与读者服务：010-62776969，c-service@tup.tsinghua.edu.cn
　　质量反馈：010-62772015，zhiliang@tup.tsinghua.edu.cn

印 装 者：三河市龙大印装有限公司
经　　销：全国新华书店
开　　本：170mm×240mm　印张：14.75　插页：2　字数：227 千字
版　　次：2024 年 1 月第 1 版　　　　　　　印次：2024 年 1 月第 1 次印刷
定　　价：86.00 元

产品编号：080957-01

自　序

笔者撰写本书的最初目的是为了完善硕士毕业论文,初稿脱胎于2018年毕业日本庆应义塾大学法学研究科时提交的毕业论文。论文题目为《役員賠償責任保險——日米法比較》。撰写毕业论文时正值日本《公司法》改正十周年,日本经济产业省以此为契机发布了与公司治理有关的报告书及解释指南,在解释指南中提到了日本董事责任保险相关变化的内容。

作为一个涉及公司法与保险法跨学科的论题,研究不仅需要根植于公司法、保险法的理论内容,更要关注保险条款在实践中的应用问题。因此,该论题符合笔者对法学这一既要具备理论研究,更需具有实践应用意义的科学理念。于是,将董事责任保险作为硕士毕业论文的题目,并得到指导教授山本爲三郎先生的认同,山本教授在笔者撰写论文的过程中给予了诸多的建议与帮助,在本书付梓出版之时,学生深表感谢。

在本书启动修改时,我国《公司法》开始了自1993年颁布以来的第6次修订,这次修订相较于之前是规模最大的一次。在笔者终稿之时,2023年12月29日全国人大常委会审议通过了修订后的《公司法》,并于2024年7月1日实施。在修订后的《公司法》第193条中,立法者将董事责任保险制度正式纳入法律条文之中,该制度的确立将对我国众多家企业(公司)发展产生巨大的影响。结合2023年有关证券方面的诉讼案例,以及实务界对董事责任保险的极大关注,笔者希望自己的作品可以为董事责任保险制度在中国的快速健康发展尽一份绵薄之力。

本书是笔者的第一部个人专业学术作品,在最初撰写与修改之时,笔者与负责本书稿的责任编辑展开多次讨论与交流,听取编辑老师的建议。比如,作为一部围绕着一个论题展开研究的学术著作,其结构不是单靠几篇论文的组合，而是需要从论题出发，将董事责任保险所涉及的概念、种类、性质、功能等基础内容在书稿中做出介绍与解释，为读者了解书稿论题做好理论内容的铺垫工作。

　　本书共分为五章。第一章"问题之所在"，以美国里程碑式"New York Dock Co. Inc. V. McCollum 案"作为引子，将董事责任保险带入读者的视野当中，同时指出目前中国因董事责任保险制度的缺失，导致公司日常运营中所出现的问题；第二章"董事责任保险概述"，采用教科书的写作方式，将董事责任保险的概念、性质、功能，以及董事责任保险的发展历史逐一进行介绍与解释，帮助读者从基础理论方面，全面了解董事责任保险的全貌；第三章"董事责任保险制度的起源"，这是书稿重头部分的开始，为了厘清董事责任保险中被保险人的地位与作用，从公司治理的概念、治理的核心等视角展开，其中对美国法中公司治理理论做了重点讨论，同时关于董事责任保险中的补偿制度进行了分析，并详细讨论了日本公司补偿制度的情况；第四章"日美两国董事责任保险的现状与变革"，本章以日本董事责任保险作为研究对象，将其发展的理论原因、变革的现状等进行梳理，其中以日本《医疗法》改革契机为例证，详细分析了日本医疗行业中董事责任保险的应用情况以及其发展状态。又以美国的"Okada 案"作为日本借鉴吸收的范例，从立法与实践两个视角解决了保险费用负担的解禁、保险人是否应负担先行支付争讼费用的义务等诸多问题，反思到日美两国董事责任保险的变革不能全部作为经验复制于我国的董事责任保险制度中，但可通过分析其变革的始末及对变革内容的讨论，丰富完善我国的董事责任保险制度。第五章"日美两国董事责任保险制度对中国的启示"，本章先介绍了中国董事责任保险制度的历史沿革，而后以 2023 年中国的两个案例为引子，通过梳理董事责任保险引入中国时期的立法环境用以证实该保险在中国市场发展的必要性，同时采取比较方法，对比中日两国三大保险公司出售的董事责任保险条款内容，详细分析我国董事责任保险发展迟缓的原因以及对此提出自己的完善建议。

　　本书的创新之处是第五章笔者采用比较法，对中国、日本关于公司董事责任保险条款内容进行对比分析。鉴于本书研究的论题是针对一个具有实务性内容展开的，因此仅解释相关国家与地区的公司法等法律条文尚不能突出研究的论点，只有将不同国家所制定与适用的保险条款进行比较，才能更加直观地展现出本书的研究内容，很好地去理解中国董事责任保险借鉴日美两国经验的原因，帮助读者清晰地理解研究内容证成的逻辑路径。

为了准确理解日本保险公司的保险条款，笔者在本书附录部分，将日本東京海上日動火災保険株式会社：「会社役員賠償責任保険の約款（普通保険約款）（特約条項）（抜粋）」全部翻译成中文，目的是辅助研究讨论该论题内容的学者们可以详细了解他国董事责任保险制度，并提供基础性资料。

目 录

第一章 问题之所在 … 1

第一节 美国"New York Dock Co. Inc. V. McCollum 案" … 1
一、案情简介 … 1
二、评析与思考 … 2

第二节 董事责任保险在我国相关法律中的涉及 … 5
一、我国相关法律、法规规定 … 5
二、商业保险确保公司董事等高级管理人员免于承担涉诉赔偿 … 6

本章小结 … 7

第二章 董事责任保险概述 … 9

第一节 董事责任保险的概念与性质 … 9
一、概念 … 9
二、性质 … 10
（一）董事责任保险是一种损害赔偿保险 … 10
（二）董事责任保险是一种责任保险 … 11
（三）董事责任保险是一种职业责任保险 … 14

第二节 董事责任保险的分类与功能 … 14
一、分类 … 14
（一）自愿型董事责任保险与强制型董事责任保险 … 15
（二）索赔型董事责任保险与事故型董事责任保险 … 15
（三）内部董事责任保险与外部董事责任保险 … 17

（四）营利组织董事责任保险与非营利组织董事责任
　　　　　保险 ··· 18
　　　（五）董事个人责任保险、公司补偿保险与公司实体
　　　　　责任保险 ·· 18
　二、功能 ··· 20
　　　（一）降低董事、监事及高级管理人员在经营活动中
　　　　　承担的风险 ·· 20
　　　（二）帮助董事、监事及高级管理人员应对股东恶意
　　　　　诉讼 ·· 21
　　　（三）增强被保险人的赔偿能力，以保障受损方合法
　　　　　权益的实现 ·· 22
　　　（四）成为公司治理的监督者 ································ 23
　第三节　董事责任保险的历史沿革 ································ 25
　本章小结 ··· 29

第三章　董事责任保险制度的起源 ································ 30

　第一节　公司治理 ·· 30
　一、公司治理的概述 ·· 30
　　　（一）公司治理的概念 ·· 30
　　　（二）公司治理的结构 ·· 32
　二、公司治理的核心 ·· 44
　　　（一）董事义务 ·· 46
　　　（二）影响公司治理的因素 ····································· 54
　第二节　公司补偿制度 ··· 57
　一、公司补偿制度的概述 ··· 57
　　　（一）公司补偿制度的概念 ····································· 57
　　　（二）公司补偿制度的演进历程 ······························ 58
　　　（三）公司补偿制度的价值 ····································· 60
　　　（四）公司补偿制度的具体模式 ······························ 62
　　　（五）公司补偿制度与董事责任保险之间的关系 ······ 65
　二、日本公司的补偿制度 ··· 66
　　　（一）公司补偿制度与民法的关系 ··························· 66

（二）事前补偿契约的签订 …… 67
　　（三）公司补偿制度给董事责任保险带来的影响 …… 69
本章小结 …… 70

第四章　日美两国董事责任保险的现状与变革 …… 73

第一节　日本董事责任保险的演进及构造 …… 73
　一、日本董事责任保险的演进 …… 73
　　（一）产生的背景 …… 73
　　（二）引入的必要性探讨 …… 74
　　（三）发展现状——以日本《医疗法》改革契机为例证 …… 79
　二、日本董事责任保险的构造与特色 …… 85
　　（一）董事责任保险的构造 …… 85
　　（二）董事责任保险的特点 …… 88

第二节　日本董事责任保险的变革 …… 92
　一、董事责任保险费用负担的解禁 …… 92
　　（一）最初的负担方法 …… 92
　　（二）保险费用负担主体的变革 …… 93
　二、争讼费用的先予支付 …… 100
　　（一）保险人先予支付抗辩费用的讨论 …… 100
　　（二）保险公司是否应负担预先支付抗辩费用的义务 …… 102
　　（三）关于预付防御费用的重要性 …… 108
　三、免责条款的分离 …… 109
　　（一）免责事由的分类 …… 110
　　（二）是否应承认免责事由的分离 …… 111
本章小结 …… 116

第五章　日美两国董事责任保险制度对中国的启示 …… 118

第一节　中国董事责任保险的历史沿革 …… 118
第二节　董事责任保险制度引入中国的必要性探讨 …… 119
　一、中国将董事责任保险制度引入的现实必要性 …… 119

（一）公司目标的转变 ························ 120
　　（二）独立董事制度的引入 ······················ 124
　　（三）证券市场的发展与海外上市的风险增加 ········ 127
　　（四）立法环境 ································ 130
第三节　分析董事责任保险在中国发展的现状 ················ 134
　一、董事责任保险在中国的实践应用 ···················· 134
　　（一）案例简介 ································ 135
　　（二）两案例分析 ······························ 137
　二、董事责任保险制度在中国发展的困境分析及改善
　　　建议 ·· 142
　　（一）被保险人的民事赔偿制度 ·················· 143
　　（二）董事责任保险制度适用环境 ················ 145
　　（三）董事责任保险产品的产品对比及制度完善
　　　　　建议 ···································· 147
本章小结 ·· 160

参考文献 ·· 163

附录 ·· 168

一、东京海上日动火灾保险股份公司：《董事责任保险
　　（普通保险条款）》（王梓译） ···················· 168
二、东京海上日动火灾保险股份公司：《董事责任保险
　　（特别约定条款）》（节选）（王梓译） ·············· 184
三、東京海上日動火災保険株式会社：「会社役員賠償
　　責任保険の約款（普通保険約款）」 ················ 186
四、東京海上日動火災保険株式会社：「会社役員賠償
　　責任保険の約款（特約条項）」（抜粋） ············ 206
五、正文引用"中国太平洋财产保险股份有限公司：
　　《公司董事及高级管理人员责任保险条款》
　　美亚财产保险有限公司：《中国董事及高级
　　管理人员责任保险条款》"相关条款 ················ 208

后记 ·· 225

第一章　问题之所在

按照《中华人民共和国公司法》(以下简称《公司法》)第 151 条、第 152 条的规定,股东为了公司利益可以以自己的名义直接向人民法院提请诉讼。因此在股东代表诉讼中,作为被告的董事、监事及高级管理人员不仅需要承担应诉费用,还可能在面对败诉或者和解时承担赔偿金以及和解金。通过调查,前述费用往往十分高昂非一般个体可以单独负担,因此如何解决费用的承担问题成为了验证股东代表诉讼是否可以真正保护公司及第三人利益的方法。为此,各国的学者和实务工作者们通过实践中的案例不断寻求各种方法。比如,试图从公司法条文中创设新的制度或者是借助其他工具等。对此,在本书开篇之际,笔者通过以下具体判例论证"问题之所在"并引出本书所讨论的对象。

第一节　美国"New York Dock Co. Inc. V. McCollum 案"[①]

一、案情简介

1933 年,纽约码头公司的股东 Lawrence J. Gallagher 对该公司的董事及公司提起了股东代表诉讼,要求其承担总额高达 11,000,000 美元的

---

① New York Dock Co., Inc., v. McCollum,网址:https://casetext.com/case/new-york-dock-co-inc-v-mccollum,最后访问时间:2023 年 11 月 27 日。

赔偿。该案经过一审、二审的辩论,最终法庭以原告股东证据不充分为由判决其败诉。不过在该案诉讼中,被告董事为了应诉已支付了律师费。为了解决律师费是否可由公司承担的问题,被告董事与公司之间产生纠纷,最终公司向被告董事提起诉讼。

在公司与董事的纠纷案件中,被告董事要求公司向他们支付其在上一个股东代表诉讼中进行辩护而支付或约定支付的律师费,以及其他费用,共计 86,755.14 美元。被告董事主张的理由:

(1) 在股东代表诉讼中,只要公司董事成功地为自己辩护,公司就有支付其合理费用的法律义务;

(2) 在任何情况下,当这种成功的辩护在某种程度上使公司受益时,就有足够的公平理由使公司可放心地为其董事支付这些合理的抗辩费用;

(3) 本案中,被告董事在股东代表诉讼中的成功辩护在很大程度上使得公司受益。

但对于被告董事的上述主张,原告公司并不接受,并希望法庭裁定原告没有法律义务支付被告所主张的全部或任何部分费用。

对此,纽约州上诉法院认为,在股东向董事提起的代表诉讼中,如果董事能够成功的对原告提起的诉讼做出抗辩,并挽回公司因诉讼所可能遭受的损失,则公司可就董事的抗辩费用给予补偿。但最终在第一个案件中,虽然董事抗辩成功,公司并没有获得合理利益,导致在公司诉董事的案件中以没有获益为由最终使得被告董事没有获得补偿。

二、评析与思考

该案的结论和董事提出的主张引发了学术界对于被告董事因参与诉讼所负担的抗辩费用及赔偿金是否能由公司补偿的讨论,美国的学者在探讨时,首先引用了以下两项基于社会需要或政策的原则:

(a) 通常情况下,诉讼中的胜诉方不需偿付其律师费和其他开支;

但 (b) 当诉讼一方为某一集体的利益创建、增加或保护一项基金或财产时,他通常有权从该基金或财产中获得律师补偿以及类似费用。

那么,在于股东代表诉讼中,当董事、监事及公司高级管理人员胜诉时,作为胜诉方可以不承担因参加诉讼而需支付的抗辩费用,例如律师费等;以及上述人员参与诉讼如果是为了保护公司的利益,他们有权要求公司从其财产中为其承担参与诉讼的费用。

针对该案中被告董事的三个主张,学术界进行了逐一探讨:

首先,针对主张 1,被告在诉状中引用"法律上有义务"一词,其基础是一项默示合同,即只要董事在股东代表诉讼中成功地为自己辩护,他就有权获得对其诉讼费用的补偿,而与任何其他事实或者情况无关。对此法官持反对意见,对此援引的判例是"Figge 诉 Bergenthal 案"。在该案中,原审法院认定被告的许多行为都是错误的,其中之一就是在诉讼进行期间被告使用公司的财产向其律师支付了相关费用。为支持被告这一观点,有学者提出了以下 3 个假设:

(a) 假设董事与公司的关系是受托人与委托人的关系,对此有大量判例予以说明了这样一条规则,即受托人在其授权范围内行事时,可以被补偿在处理委托人事务时必然产生的任何支出;

(b) 同样,根据受托人与受益人关系这一假设,有学者指出,在许多案例中,受托人在忠实履行其信托义务后,其必然产生的费用可以得到补偿,包括律师费和法律服务津贴;

(c) 还有人列举了一些案例。在这些案例中,破产管理人在诚实地努力履行其作为法院官员的职责而引起的诉讼中,获准支付相应费用。

但有的观点认为,虽然按照上述假设信托或受益人关系的理论,作为受托人可以在委托人的授权范围内,为某种行为而承担合理费用,例如律师费等。但获得补偿的原因是基于双方之间存在委托合同关系,这种以受托关系来解释上述补偿规则的合理性,仅具有指导性意义,对此并没有被法律明确认可,且适用该关系进行判决的案件也仅为个例,没有被普遍适用。因此,是否可以作为原则性的补偿规则适用于其他的案件还需要结合各种其他的因素。

尽管学者们普遍认为,董事不是公司的代理人,也不是股东的代理人,但在某些特殊情况下,他们确实可以以代理人的身份为公司处理与第三方的事务,该授权并非来源于股东和公司,而是法律直接赋予的。所以法庭认为,本案中被告基于所主张的义务并不属于一种法律义务。

其次,针对主张 2,学者们认为,如果一名董事在申请报销或被要求退还已报销的公司款项时,能够向法庭清楚而有说服力地证明,他在成功地为自己辩护的过程中,维护了公司的某些重大利益,且这些利益在其他情况下是不可能得到维护的,或是为公司带来了某些明确的利益,且这些利益在其他情况下是可能得不到的。那么法庭就可以视该情形确认上述董事的报销行为。

在股东代表诉讼中,由于公司始终是一方被告。例如,如果公司只是名义上的被告,那么只有当原告股东胜诉时,公司才能从中受益;如果公司不只是名义上的被告,那么其利益需要自己来维护,因此公司可以适当地雇用律师,并使用公司的财产为其支付参与诉讼的费用。

最后,就本案被告董事的主张3,学者们认为:被告在股东诉讼中的成功辩护给纽约码头公司带来了实质性利益,董事对此审案法庭并不支持。被告董事在此提出的论点主要基于这样一个假设,原告股东除了对抗董事之外,还对抗了公司本身;事实上,原告真正的目的是针对公司,公司并不是名义的被告,而董事个人的成功辩护只是公司成功辩护的附带条件。很明显,在第一个案件中,被告董事主张的所谓的公司获益即公司要求进行破产管理只是作为一种附带事项,虽然从某种程度来看,对于公司而言已是有利的救济方式,但这样所谓的受益成为被告要求公司负担其承担的律师费用不能成为一个合理的理由。同时,由于公司在第一个案件中作为被告也需要为自己辩护而聘请律师,此时公司还需要向被告董事的律师支付律师费这一不合理的窘境也令法庭不能理解,所以并未满足被告董事的诉讼。

另外,本案有一两个附带的问题也值得思考。在听证会上,被告董事的律师向法庭恳切地提出了社会必须对公司董事进行补偿的论点,其主要理由是,若主张的补偿规则得到法庭的支持或确立,公司就可以招聘到有责任心的优秀人才担任公司的董事,否则反之。对此,法庭在阐述其判决理由时,提请大家注意威廉·杜格拉斯教授(当年的大法官)在其著名的论文《不担任董事的董事》中表达的观点:"托管义务的履行有两个方面。首先,小投资者和孤立的投资者需要有足够的机会来保护自己免受经理或董事会的伤害。其次,经理和董事会需要有效的保护,以防止勒索者或罢工者,以免这些商业职位所带来的风险过于沉重。让合法原告更容易,让非法原告更难,这个问题永远无法完全解决,但可以取得一些进展。在某种形式上,这意味着赋予初审法院有更大的自由裁量权。这涉及对诉讼程序进行广泛的重新审查和重新设计,以允许对这些类型的案件进行更专门的处理。在某些情况下,它可能意味着举证责任的转移,或它可能意味着对审判前的审查、对中止、驳回或合并股东诉讼的动议的更大控制。当然,它还包括重新考虑对费用或费用担保的控制。这只是几个例子,但它们显示了为使程序性手段适应各类情况而必须进行的调查的范围和性质,这些情况一方面涉及高管和董事的责任问题,另一方面涉及保护他们免受滥用执行机制所带来的不可能的风险和负担的必要性。"[1]

综上,虽然在第二个案件中,被告董事的诉求得到某些支持,但此案的判决结果:公司未补偿参与股东代表诉讼所负担的合理费用导致引发了工商界人士的强烈抗议,并对纽约州政府施加压力。从本案的分析中,可以看出正是因为对董事的补偿规则没有明确地被法律认可,在 1942 年修改后的《纽约州商事公司法》中率先将公司补偿制度进行法典化。随后,自纽约州开始,美国的其他各州也相继将公司补偿制度写入法典。自此,美国在法律中率先创立了公司补偿制度,承认董事在面临股东代表诉讼中所承担的风险可以通过立法来解决。因此,在本案作出判决的 3 年后,公司补偿制度得以实现法典化,不过为了更加迅速地解决董事所面临的困境,各大保险公司也顺应情势,推出了董事责任保险,以期公司可以通过购买保险来承担董事面临的巨额赔偿。自此由该案件所引发的对于董事、监事及高级管理人员任职风险的分散方法,即本书的讨论对象董事责任保险终于得以登场。

第二节　董事责任保险在我国相关法律中的涉及

一、我国相关法律、法规规定

通过用上述美国案例作为引出本书所探讨的对象,可以看出在股东代表诉讼中,作为被告的董事、监事及高级管理人员在应诉过程中负担的合理支出,例如律师费、交通费等,存在由于缺乏法律的明确规定引发如

---

[1] New York Dock Co., Inc., v. McCollum, 网址: https://casetext.com/case/new-york-dock-co-inc-v-mccollum, 最后访问时间: 2023 年 11 月 27 日。

何负担费用问题的讨论。具言之,当董事、监事及高级管理人员胜诉时,如果法院未要求股东提供担保,即使是得到胜诉判决,作为被告的董事等也可能无法从原告那里获得参与诉讼的合理费用补偿;而当其败诉时,按照《诉讼费用交纳办法》第3条的规定,对判决结果需要承担案件受理费和其他法定诉讼费用并自行承担参与诉讼的律师费等合理费用。同时,正是由于缺乏对于董事、监事及高级管理人员补偿的明确法律规定,其作为被告时就公司也未享有诉讼费用补偿请求权。

相反,当股东胜诉时,由于获益的是公司,股东却可以按照《公司法》及司法解释的规定由公司承担其参与诉讼负担的合理费用。综上所述,参与股东代表诉讼的被告一方无论其是否赢得诉讼,结果都有可能面临自行承担因涉诉所产生的高额"合理费用"的困境。

二、商业保险确保公司董事等高级管理人员免于承担涉诉赔偿

为了防止股东滥诉的发生,相对降低被告涉诉的风险。我国公司法对于股东代表诉讼在原告资格上设置了严格的起诉条件。同时,按照我国《公司法》第22条第三款的规定,股东提起诉讼的,人民法院可以应公司的请求,要求股东提供相应担保,以此起到防止股东恶意诉讼,损害公司以及董事、监事及高级管理人员的利益的作用。但是,前述的"苛刻"条件仍旧不能解决的问题是,一旦股东提起代表诉讼,董事、监事及高级管理人员所负担的合理费用如何补偿。虽然按照最高人民法院《关于审理公司纠纷案件若干问题的规定(一)》(征求意见稿)(以下简称《若干规定》)第47条,"股东提起代表诉讼后,被告在答辩期间内提供证据证明原告存在恶意诉讼情形,申请人民法院提供诉讼费担保的,人民法院应予准许,担保数额应当相当于被告参加诉讼可能发生的合理费用"。但遗憾的是,由于《若干规定》自2003年公布以来一直尚未生效,被告不能通过证明原告恶意获得担保保障。以及,如若前述规定生效了,如何证明原告股东存在恶意(这里的"恶意"应当被理解为明知有害于公司而仍然进行不适当的诉讼)也存在一定困难。因此被告无法证明原告恶意诉讼,其结果很可能如上所述的那样,无论董事、监事及高级管理人员是否胜诉都存在无法承担应诉产生的合理费用的可能性。

直至今日,一方面,法律上对于股东代表诉讼不要求采取强制担保制

度,以免抑制股东通过诉讼方式维护公司的利益,①另一方面,确保股东可以更为轻松地为了公司的利益提起代表诉讼,在费用承担上,按照《最高人民法院关于适用〈中华人民共和国公司法〉若干问题的规定(四)》第26条规定,"股东依据公司法第151条第2款、第3款规定直接提起诉讼的案件,其诉讼请求部分或者全部得到人民法院支持的,公司应当承担股东因参加诉讼支付的合理费用"。综上所述:第一,我国《公司法》欠缺针对公司提请费用补偿请求权的明确规定,即欠缺公司补偿制度。第二,法律没有做出明确约定,当可以证明原告存在恶意诉讼,被告所承担的合理费用将从原告需要负担的担保中补偿。第三,我国在《公司法》与《中华人民共和国民事诉讼法》(以下简称《民事诉讼法》)中对于股东代表诉讼费用的缴纳缺乏相应的规定,实践上的做法也各不相同。综合前述三点内容,在股东代表诉讼中,董事、监事及高级管理人员参与诉讼所产生的费用解决上除了期待未来法律制度的变更,笔者更推荐在实际应用中,可借鉴美国20世纪中叶创设的董事责任保险制度,以通过商业保险的方式,保障作为公司经营层面的高级管理人员在按照经营判断原则所实施的行为被告诉时,无论其是否胜诉、败诉都可免于陷入承担高额诉讼费用的困境,这样就可促使公司的高级管理人员更加专注公司的经营活动,不去担心陷入涉诉的窘境,而在经营判断上踟蹰不前,有碍公司的长久发展。

本 章 小 结

在本书第一章中,笔者首先介绍了发生在1933年美国纽约州的两个判例,以及由这两个判例所引发的问题。在该案中,公司、公司董事、法官、学者们各方面对判例结果围绕着"公司董事及高级管理人员在代表公司参与诉讼过程中已支付了各种费用,无论判决结果如何,公司是否应必须支付董事已发生的费用?"这一问题展开了一系列的讨论。

公司发展需要优秀的董事、监事及高级管理人员,若公司没有对前述人员因参与公司经营在陷入诉讼中所面临的风险设立补偿机制时,如何保障这些人员的任职安全以及公司的经营成为了需要探讨的问题。

---

① 参见刘凯湘:《股东代表诉讼的司法适用与立法完善——以〈公司法〉第152条的解释为中心》,载《中国法学》2008年04期,第10页。

值得欣喜的是该案的被告等虽未得到赔偿,但却为"公司补偿制度"上的法典开辟了道路。通过该案美国的立法者不仅使公司补偿被法律予以认可,也为董事责任保险登上历史舞台提供了可探讨的因素。

　　对于公司董事、监事及高级管理人员在参与股东代表诉讼所需承担的合理费用与补偿金问题上,虽然我国的《公司法》《民事诉讼法》及相关司法解释也有所涉及,但真正彻底解决公司董事、监事及高级管理人员参与公司业务所面临的风险,在法律上还没有做出明确的规定。这导致在现实中,公司运营中董事、监事及高级管理人员所面临的职业风险频发,限制了公司正常健康的发展。对此,董事责任保险是否也可以解决上述的问题或者如何解决将在后文中进行探讨。

第二章　董事责任保险概述

第一节　董事责任保险的概念与性质

一、概念

董事责任保险,是指"由公司或者公司与董事、监事、高级管理人员共同出资购买,对被保险人的董事、监事及高级管理人员在履行公司管理职责过程中,因被指控工作疏忽或者行为不当(其中不包括恶意、违背忠诚义务、信息披露中故意的虚假或者误导性陈述、违反法律的行为)而被追究其个人赔偿责任时,由保险人负责赔偿该董事、监事或者高级管理人员进行责任抗辩所支出的有关法律费用,并代为偿付应当承担的民事赔偿责任的保险"[1]。

董事责任保险在分类上,又细分为狭义与广义两类保险。所谓狭义董事责任保险,即以公司董事、监事及高级管理人员在执行职务过程中因单独或者共同实施的不当行为给第三人(包括公司以及股东、债权人、公司雇员、消费者等利益相关主体)造成损害而应当承担的民事责任为保险标的的保险,也称为董事个人责任保险。广义董事责任保险则包括公司补偿制度,即以公司章程以及董事、监事、高级管理人员订立的补偿合同

---

[1] 宋一欣、孙宏涛:《董事责任保险与投资者权益保护》,法律出版社2016年版,第89-90页。

向其承担的补偿责任为保险标的的保险。① 例如,在中国太平洋财产保险股份有限公司销售的《公司董事及高级管理人员责任保险条款》(以下简称《太平洋财产董事责任保险条款》②)的第 4 条中,可以看到该保险条款便含有公司补偿保障的内容,即"在保险单中列明的保险期限或追溯期内,被保险人在执行职务的过程中,因其单独或共同的过失导致第三者遭受经济损失,依法应由被保险人所在公司对其过失承担赔偿责任,并且第三者首次在保险期限内,在中华人民共和国境内向被保险人提出索赔要求,保险人将根据本合同的规定,在保险单约定的赔偿限额内负责赔偿"。

二、性质

(一) 董事责任保险是一种损害赔偿保险

在保险法中,损害补偿原则是一项基本原则,是指在保险期间内发生保险事故致使投保人或被保险人遭受损害时,保险人在责任范围内对投保人或被保险人遭受的损害进行补偿。例如,在《太平洋财产董事责任保险条款》的"赔偿处理"一章③中,明确规定了保险人按照何种方式、以什么范围为限对被保险人进行赔偿。同时由于董事责任保险是补偿型的保险险种,所以在保险人履行赔偿责任时,会在保险条款中对以下两方面内容进行明确约定:

1. 以董事、监事及高级管理人员因被起诉所遭受的实际损失为限

例如在《太平洋财产董事责任保险条款》的"责任免除"一章④中,约定了"罚款、罚金及惩罚性赔偿""精神损害赔偿""保险事故造成的一切间接损失"等内容是不属于保险人的赔偿范围的。以及,在"赔偿处理"一章中,还约定了,"被保险人已经从有关责任方取得赔偿的,保险人赔偿保险金时,可以相应扣减被保险人已从有关责任方取得的赔偿金额"⑤。"被

---

① 参见宋一欣、孙宏涛:《董事责任保险与投资者权益保护》,法律出版社 2016 年版,第 90 页。
② 详见附录五,中国太平洋财产保险股份有限公司:《公司董事及高级管理人员责任保险条款》,第 4 条。
③ 同上文,第 30-37 条。
④ 同上文,第 11 条。
⑤ 同上文,第 35 条。

第二章 董事责任保险概述

保险人给第三者造成损害,被保险人未向该第三者赔偿的,保险人不向被保险人赔偿保险金"①。于此可以看出在实际的保险条款中,保险人不仅只赔偿董事、监事及高级管理人员所遭受的实际损失,同时也仅以补偿为限,不会让董事、监事及高级管理人员因赔偿而获利,这种约定符合民法对于损害赔偿的基本原则。

2. 以保险合同中约定的保险金额为限

《太平洋财产董事责任保险条款》中,"在本合同有效期内,保险标的的危险程度显著增加的,被保险人应当及时通知保险人,保险人有权增加保险费或者解除本合同"②。以及,中国平安财产保险股份有限公司推出的《公司董事及高级职员责任保险条款》(以下简称《平安财产董事责任保险》③)中第 11 条约定,"……本公司承担的赔偿责任以保单明细表中载明的每次事故赔偿限额及总赔偿限额为限,诉讼费用包含在赔偿限额内"。换言之,保险人以合同的方式在保险条款中对于其承担的保险金额限定了最高赔偿额,因此保险人向董事、监事及高级管理人员赔偿的保险金不能高于该保险限额,只能低于或者等于该保险限额。

(二)董事责任保险是一种责任保险

所谓责任保险,是指投保人交付保险费用于保险人,保险人约定于被保险人对于第三人,依法应负赔偿责任,而受赔偿之请求时,保险人承担赔偿之责。因此,对于责任保险的保险标的,为被保险人"依法应负的损害赔偿责任"④。作为责任保险的董事责任保险而言,对于其保险标的包括以下几个要素。⑤

1. 须被保险人对第三人应负民事赔偿责任

董事责任保险的保险标的为董事、监事及高级管理人员应依法承担的民事赔偿责任。例如,《太平洋财产董事责任保险条款》第 3 条明确约定,"在保险单中列明的保险期限或者追溯期内,被保险人在执行职务的

---

① 附录五,中国太平洋财产保险股份有限公司:《公司董事及高级管理人员责任保险条款》,第 33 条。
② 同上文,第 25 条。
③ 详见,中国平安财产保险股份有限公司:《公司董事及高级管理人员责任保险条款》。
④ 梁宇贤:《保险法新论》(修订新版),中国人民大学出版社 2004 年版,第 205 页。
⑤ 同上书,第 206-208 页。

过程中,因其单独或者共同的不当行为导致第三者遭受经济损失,依照中华人民共和国(不含香港、澳门特别行政区和台湾地区)法律应由被保险人承担赔偿责任……"①。诚然,前述被保险人,即董事、监事及高级管理人员在日常工作中,按照法律规定,可能不仅只承担民事赔偿责任。② 例如,我国《劳动法》第93条规定,"用人单位强令劳动者违章冒险作业,发生重大伤亡事故,造成严重后果的,对责任人员依法追究刑事责任"。但是,商业保险的承保范围,只能仅限于民事责任的赔偿,否则一旦将赔偿范围扩大至刑事赔偿的范围,则会产生鼓励被保险人冒着触犯刑事法律规定也无须担心承担赔偿责任,这就有违保险制度设立的初衷。具体而言,依法承担民事赔偿责任有以下两大类:

(1) 依法规定,即按照法律某种事实使得董事、监事及高级管理人员负担之损害赔偿责任。如侵权行为、债务不履行以及法律直接规定的赔偿责任。

侵权行为:加害人与被害人之间并无合同关系,仅依照法律规定,当加害人,如董事、监事及高级管理人员因故意或者过失,不法侵害他人的权益,须承担的赔偿责任。

债务不履行:董事、监事及高级管理人员不履行债务或者不完全履行债务,从而导致其向债权人承担损害赔偿责任。如在公司章程或者其他记载公司与董事之间特别约定的法律文件可能就董事需承担的某种义务进行了特别的约定。当其出现违反该约定时,需要向公司承担债务不履行的责任。

法律直接规定的赔偿责任:在某些法律条款中,直接规定董事、监事及高级管理人员的损害赔偿责任。例如,我国《公司法》第147条规定,董事、监事、高管人员的义务和禁止行为,即"董事、监事、高级管理人员应当遵守法律、行政法规和公司章程,对公司负有忠实义务和勤勉义务"。以及《证券法》第85条规定了,"信息披露义务人未按照规定披露信息,或者公告的证券发行文件、定期报告、临时报告及其他信息披露资料存在虚假记载、误导性陈述或者重大遗漏,致使投资者在证券交易中遭受损失的,信息披露义务人应当承担赔偿责任;发行人的控股股东、实际控制人、董

---

① 附录五,中国太平洋财产保险股份有限公司:《公司董事及高级管理人员责任保险条款》,第3条。
② 参见宋一欣、孙宏涛:《董事责任保险与投资者权益保护》,法律出版社2016年版,第91页。

事、监事、高级管理人员和其他直接责任人员以及保荐人、承销的证券公司及其直接责任人员,应当与发行人承担连带赔偿责任,但是能够证明自己没有过错的除外"。

(2)为法律行为,即依合同而承担损害赔偿责任。即指当事人依法无承担赔偿责任,但存在因合同约定承担赔偿责任的情形。因此,与上述按照法律规定承担赔偿责任不同,依合同约定是否作为责任保险之标的,在实务界与学术界均存在争议。例如,我国台湾地区"保险法"第90条①规定,貌似应解释为不在承保范围;而我国《保险法》第65条规定,"保险人对责任保险的被保险人给第三者造成的损害,可以依照法律的规定或者合同的约定,直接向该第三者赔偿保险金"。则明确了在责任保险其标的之一不仅仅是侵权行为等依法规定,也包含了合同约定。

同样在实践中销售的董事责任保险产品也并未禁止合同约定作为责任保险的标的之一,例如《太平洋财产董事责任保险条款》第8条的免责条款,明确约定,对由于被保险人违反法律、法规或被保险人所在公司的公司章程行为而造成第三者的经济损失,无论法律上是否应当由被保险人承担赔偿责任,保险人都不负责赔偿。

2. 须系过失行为所导致的民事责任赔偿

董事责任保险是责任保险的一类,在责任保险上,所谓赔偿责任,必须是被保险人或者其代理人,因过失行为加害于第三人。如果该加害行为始于故意之目的,则被保险人应自负其咎,而不在责任保险之承保范围之内。② 理由是,保险的基本功能是分散危险,消减损失,并尽力防范道德危险的发生。因此,作为责任保险的董事责任保险标的的损害赔偿责任,必须是董事、监事及高级管理人员因过失行为对他人造成的损害而承担的赔偿责任。③ 例如我国《保险法》第27条第二款,"投保人、被保险人故意制造保险事故的,保险人有权解除合同,不承担赔偿或者给付保险金的责任;除本法第四十三条规定外,不退还保险费"。

---

① 参见台湾地区"保险法"第90条:责任保险人于被保险人对于第三人,依法应负赔偿责任,而受赔偿之请求时,负赔偿之责。
② 参见梁宇贤:《保险法新论》(修订新版),中国人民大学出版社2004年版,第207页。
③ 参见宋一欣、孙宏涛:《董事责任保险与投资者权益保护》,法律出版社2016年版,第92-93页。

在现实社会中,如《太平洋财产董事责任保险条款》第 8 条[①]的免责条款,明确约定,对由于被保险人故意行为造成第三者的经济损失,无论法律上是否应当由被保险人承担赔偿责任,保险人都不负责赔偿。

3. 须受赔偿的请求做出时

按照我国《保险法》第 22 条的规定,"保险事故发生后,按照保险合同请求保险人赔偿或者给付保险金时,投保人、被保险人或者受益人应当向保险人提供其所能提供的与确认保险事故的性质、原因、损失程度等有关的证明和资料"。第三人对保险人无直接请求权,必须为投保人或者被保险人、受益人按照保险合同请求保险人赔偿这一请求被提出时,由保险人做出及时判定。对此,《太平洋财产董事责任保险条款》第 27 条也作了明确约定,即"被保险人收到索赔人的损害赔偿请求权时,应立即通知保险人……"

(三)董事责任保险是一种职业责任保险

职业责任保险,也称为职业补偿保险,是以被保险人在提供职业服务时,由于疏忽、错误或者不当行为,或者由于未能提供适当的职业服务而依法应负的民事赔偿责任为保险标的的保险。职业责任保险起源于 19 世纪末,在进入 20 世纪 60 年代后,随着法制的健全,以及人们对于自身合法权益保护意识的增强,从事各种专业技术职业的人们面临的职业责任风险也随之提高。例如,面向医生的职业责任保险最早出现于 19 世纪末期。在 20 世纪 60 年代西方国家爆发了"经理革命"后,在公司治理层面,董事、监事及高级管理人员履行自身职责的过程中,不可避免地遭受到经营上的风险,为了分散其所面临的职业风险,许多大公司都为其投保董事责任保险。[②]

第二节 董事责任保险的分类与功能

一、分类

按照分类标准不同,董事责任保险有以下几种不同的分类。

---

① 详见附录五,中国太平洋财产保险股份有限公司:《公司董事及高级管理人员责任保险条款》,第 8 条。
② 参见宋一欣、孙宏涛:《董事责任保险与投资者权益保护》,法律出版社 2016 年版,第 93 页。

（一）自愿型董事责任保险与强制型董事责任保险

按照董事责任保险订立基础的不同，分为自愿型与强制型责任保险。所谓自愿型董事责任保险，是指在遵从合同订立平等、自愿的原则上，投保人与保险人协商一致订立的保险。因此，对于自愿订立的保险合同，投保人有权与保险人协商承保范围、保险费用、免责范围以及保险期间等合同主要内容。强制的董事责任保险，又称为法定的董事责任保险，是指按照相关法律、行政法规的规定，投保人必须向保险人投保而成立的董事责任保险。其订立的目的基于公共政策的考虑，通常是为了维护公共利益而由法律、行政法规直接规定。[1]

在非公司领域，例如《机动车交通事故责任强制保险条例》第 2 条规定了，"在中华人民共和国境内道路上行驶的机动车的所有人或者管理人，应当依照《中华人民共和国道路交通安全法》的规定投保机动车交通事故责任强制保险"。以及，"对未参加机动车交通事故责任强制保险的机动车，机动车管理部门不得予以登记，机动车安全技术检验机构不得予以检验"[2]。因此可以看出，其性质上是按照法律规定，要求机动车的所有人或者管理人必须投保上述保险。同时，该强制保险订立目的也是为了维护不特定的受害人的利益。在公司法领域内，如果要求购买强制董事责任保险也是为了保护因董事、监事及高级管理人员的不当行为而遭受损失的股东而确定的，但是目前，我国的董事责任保险并不具有强制性。

但在美国依照美国联邦《证券法》的规定，纽约证券交易所与纳斯达克证券交易所的所有上市公司都被要求投保董事责任保险，以保障当董事、监事及高级管理人员的个人财产不足以赔偿受害人损失时，可以由保险公司向受害人赔偿保险金。[3]

（二）索赔型董事责任保险与事故型董事责任保险

以第三人提出索赔请求所处期间，分为索赔型董事责任保险与事故型董事责任保险。

---

[1] 参见宋一欣、孙宏涛：《董事责任保险与投资者权益保护》，法律出版社 2016 年版，第 94 页。

[2] 《机动车交通事故责任强制保险条例》，第 2 条。

[3] 参见宋一欣、孙宏涛：《董事责任保险与投资者权益保护》，法律出版社 2016 年版，第 94 页。

所谓索赔型董事责任保险,即以第三人向被保险人提出索赔请求的事实发生在保单的有效期间内作为保险人赔偿保险金前提条件的保险。例如,《太平洋财产董事责任保险条款》第3条所述,"在保险单中列明的保险期限或追溯期内,被保险人在执行职务的过程中,因其单独或共同的不当行为导致第三者遭受经济损失,依照中华人民共和国法律应由被保险人承担赔偿责任,并且第三者首次在保险期限内,在中华人民共和国境内向被保险人提出索赔要求,保险人将根据本合同的规定,在保险单约定的赔偿限额内负责赔偿"[①]。因此,实践中所制订的保险条款可以看出,索赔型董事责任保险有以下几个要素:

(1) 董事、监事及高级管理人员,即被保险人在执行职务的过程中实施了不当行为;

(2) 被保险人因该不当行为导致第三者受损而需承担赔偿责任;

(3) 第三者在保险期间内首次提出索赔要求。[②]

在美亚财产保险有限公司出售的《中国董事及高级管理人员责任保险条款》(以下简称《美亚董事责任保险条款》[③])A条和D条中约定,"本保险合同仅对在保险期间内首次向您或您的公司提出的并按本保险合同要求报告给我们的索赔,提供以下保险保障和扩展保障"。"如果在保险期间或发现期(若适用)内,您或您的公司按照上述方式报告了任何索赔,则在出现由此等已报告的索赔中主张的同一事实、情形或管理过失、劳动用工过失或损害名誉所引发的任何后续索赔时(无论是在保险期间以内或是届满后提出),我们将把该等后续索赔视作您或您的公司在报告先前的索赔之时已经报告给我们一样处理。"对此可进一步看出,如果被保险人向保险人支付额外保费,可以获得扩展发现期保障条款,即意味着哪怕当保险期已届满,投保人才提出索赔请求,只要索赔发生在扩展发现期内,保险人仍旧需要承担保险责任。

所谓事故型董事责任保险,即以保险事故发生在保单的有效期间内

[①] 详见附录五,中国太平洋财产保险股份有限公司:《公司董事及高级管理人员责任保险条款》,第3条。

[②] 参见宋一欣、孙宏涛:《董事责任保险与投资者权益保护》,法律出版社2016年版,第94页。

[③] 详见附录五,美亚财产保险有限公司:《中国董事及高级管理人员责任保险条款》,A、D条。

作为保险人赔偿保险金前提条件的保险。与索赔型董事责任保险不同,事故型董事责任保险不要求第三人向被保险人提出的索赔请求必须发生在保单的有效期间内。因此按照前述定义,第三人是否提出索赔请求或者何时提出该请求都是难以预测的。为此,对于保险公司而言,很有可能将面临投保人于保险期间届满后的某一日突然提出索赔要求,在面对这些不定因素时就要求保险公司具备丰富的经验和充足的实力。致使一旦承保事故型董事责任保险,保险公司很难有效地评估损失率、提留赔偿金,以及确定保险费率。同时按照上述定义来看,如何证明被保险人的不当行为发生在保单的有效期内也是困难重重,因此目前大多数的保险公司出售的保险都属于索赔型董事责任保险。

(三)内部董事责任保险与外部董事责任保险

以作为被保险人身份不同,可将董事责任保险分为内部与外部两种不同类型。

所谓内部董事责任保险,即以内部董事为被保险人的保险。例如,《太平洋财产董事责任保险》第44条约定本条款中的被保险人是指,"在保险单中列明的,符合法律、法规或公司章程规定的任职资格,并经合法程序选任或指派,在追溯期或保险期限内担任保险单中载明的有限责任公司或股份有限公司董事、独立董事、监事等职务的董事会、监事会成员,或者担任总经理、副总经理等职务的高级管理人员"①。因而按照上述保险条款的约定,内部董事责任保险中的董事多为在职董事、常务董事、经理等高级管理人员。由于内部董事的主权主要在于对公司具体业务以及各项事务进行管理,负责公司的经营方针、决策,当其不当行为对公司或者第三人造成损失时,需承担相应的赔偿责任,而以上述赔偿责任为保险标的的保险合同就属于内部董事责任保险。②

所谓外部董事责任保险,即以外部董事为被保险人的董事责任保险。《美亚董事责任保险》条款中约定的董事定义为,"董事指如下自然人,其曾经是、现在是、或将来是:(ⅰ)非执行董事、独立非执行董事或者执行董事,但未担任外部审计师或清算委员会成员;(ⅱ)您的公司中担任经

---

① 详见附录五,中国太平洋财产保险股份有限公司:《公司董事及高级管理人员责任保险条款》,第44条。
② 参见宋一欣、孙宏涛:《董事责任保险与投资者权益保护》,法律出版社2016年版,第95页。

理的员工；(ⅲ)您的公司的管理层或监事会的成员；或者(ⅳ)在您的公司中担任与上述职位相当的职务的管理人员"①。由此可以看出，在外部董事责任保险中，作为被保险人的多为非公司雇员或者高级职员的董事会成员，例如上述条款中的非执行董事，其并不参与公司的日常事务管理，仅为公司的管理提供建议或服务。虽然，外部与内部董事责任保险存在有重合之处，但其主要职权在于制约控股股东行为，保护中小股东利益，履行对内部董事、高级管理人员以及控股股东的监督义务。当其不当的行为违反了前述义务时，外部董事需要向公司和第三人承担赔偿责任，而以该赔偿责任为保险标的的保险合同属于外部董事责任保险。②

(四) 营利组织董事责任保险与非营利组织董事责任保险

以董事责任保险承保对象的不同，分为营利组织董事责任保险与非营利组织董事责任保险。

所谓营利组织董事责任保险，即以公司等营利组织为承保对象的董事责任保险，本书所讨论的董事责任保险就属于营利组织的董事责任保险。

所谓非营利组织的董事责任保险，是以慈善机构、医院、宗教群体、贸易协会、图书馆、博物馆、俱乐部、社会福利组织等非营利组织为承保对象的保险合同类型。前述非营利组织所从事的活动广泛，包括但不限于经营学校、医院、图书馆、疗养院以及组织募捐活动等。

虽然不同于营利组织，但随着非营利组织所涉及的范围越来越广，其高级管理人员所承担的责任风险也会随之增加，对此，非营利组织也开始购买董事责任保险意在分散其管理人员可能承担的责任风险。③

(五) 董事个人责任保险、公司补偿保险与公司实体责任保险

按照保险条款内容为基础，董事责任保险还可以分为董事个人责任保险、公司补偿保险、公司实体责任保险三个不同的类型。④

所谓董事个人责任保险(以下简称"Coverage A")：当被保险人在公

---

① 详见附录五，美亚财产保险有限公司：《中国董事及高级管理人员责任保险条款》，E条。
② 参见宋一欣、孙宏涛：《董事责任保险与投资者权益保护》，法律出版社2016年版，第95页。
③ 同上书，第95、96页。
④ 参见陆天正：《董事责任保险及其对公司治理水平的影响研究》，广西大学硕士学位论文(2019年)，第12页。

司日常经营活动过程中出现不当行为,由此被公司或者第三人提起索赔诉讼,保险公司依照董事责任保险条款的约定,为被保险人提供补偿。即其承保对象为董事、监事及高级管理人员的个人民事赔偿责任。

所谓公司补偿保险(以下简称"Coverage B"):其被保险人是公司,保险标的为投保公司的补偿责任。

所谓公司实体责任保险(以下简称"Coverage C"):即承保对象为公司和一名以上的董事、监事及高级管理人员在索赔诉讼中成为被告时,投保公司的损失由保险公司负责赔偿。

从上述分类来看,Coverage A 类保险的承保对象不包含公司自身,这是因为董事责任保险在设立初期,其目的是转移董事、监事及高级管理人员因难以通过个人能力负担的赔偿责任,即为了保护董事、监事及高级管理人员的个人利益,而非公司自身利益。因此 Coverage B 和 Coverage C 在董事责任保险设立初期并不存在。我国亦是如此,在保险发展初期,"中国平安财产保险推出的董事责任保险条款仅包含被保险人的保障和被保险公司的保障,即董事个人责任保险与公司补偿保险"[①]。而 Coverage C 是随着董事责任保险的不断发展于 1993 年才正式诞生,一般是以附加合同的形式进行销售,意在保护公司的自身利益。在 Coverage C 出现之前,如果上市公司遭受来自第三方的赔偿诉讼,公司和董事、监事及高级管理人员可能会承担连带赔偿责任。但是,公司在遭受索赔时,由于公司并不在承保对象范围之内,因此保险公司无法对其损失进行补偿。此时,赔偿金额、和解费以及抗辩费用的承担问题便浮出水面而变得十分棘手。由于立场不同,保险公司希望上述费用尽可能地由公司负担而减少自身对董事、监事及高级管理人员的赔偿金额;相反的,公司希望减少自己损失,希望责任承担的对象为董事、监事及高级管理人员,这样可以通过投保的董事责任保险由保险公司进行赔付。

随着 Coverage C 的诞生,其可以合理地解决上述棘手的问题,即由保险公司承担投保公司的保险责任,使得抗辩费用和赔偿责任的分摊也不再存在争议。[②] 目前,我国中国太平洋财产保险股份有限公司销售的

---

① 陆天正:《董事责任保险及其对公司治理水平的影响研究》,广西大学硕士学位论文(2019 年),第 12 页。

② 参见上文,第 13 页。

董事责任保险不仅《董事和高级管理人员责任及公司补偿保险（B款）》即 Coverage B，也同时推出了《董事和高级管理人员责任及公司补偿保险（C款）》即 Coverage C。

二、功能

（一）降低董事、监事及高级管理人员在经营活动中承担的风险

公司的主要经营策略、方针以及管理职能均由董事、监事及高级管理人员负责，因此为了防止上述人员的不当行为损害公司、股东及第三人利益，一方面，我国《公司法》分别针对董事、监事、高级管理人员以及股东规定了相应的义务和权利。例如，我国《公司法》第147条规定，董事、监事及高级管理人员应当遵守法律、行政法规和公司章程，对公司负有忠实义务和勤勉义务；以及《公司法》第149条中规定违反义务应承担的法律责任。通过强制性规范规定了董事等人员的法定义务与责任。另一方面，赋予股东各种救济权利，例如我国《公司法》第151、152条的股东代表诉讼条款规定了股东可以以自己的名义代表公司直接提起诉讼。诚然上述的法律规定可以一定意义地制约董事、监事及高级管理人员损害公司、股东利益，但也随之也带来了一些消极影响：作为公司的主要管理和经营者，在法律和公司章程中都要求董事、监事及高级管理人员以实现公司利益最大化为职业目标，积极参与经营管理。而现代的公司的经营活动是一种具有较高风险的涉及多领域的专业化活动，例如，按照 Clyde & Co 发布的 *Directors' Liability Survey 2022*[①] 报告中显示，在2022年整理的面向董事的五大风险因素有数据泄漏、网络攻击、网络勒索、监管风险以及健康和安全/环境起诉的风险。因此不免出现董事、监事及高级管理人员因深入参与经营活动过程中过失导致的不当行为给公司或者第三者造成损失。然而如果董事、监事及高级管理人员为了降低经营中的风险不积极参与公司管理，不再为了公司的发展积极进取，则可能出现违反公司章程或者公司法的情况，而陷入"两难"的境地。

根据美国 The Tillinghast Business of Tower Perrin 公司发布的《董

---

① Directons' Liability Survey 2022，网址：https://www.clydeco.com/en/reports/2022/04/directors-officers-liability-survey-2022，最后访问时间：2022年8月4日。

事与高级职业责任：2007年购买保险与索赔趋势调查报告》公布的数据，在其对2927个美国与加拿大公司所做的调查中显示，317个企业在过去10年共遭受了558起索赔。其中，企业资产在1亿美元以下的遭受索赔的概率仅有3%；而资产在1亿美元到10亿美元之间的企业，遭受索赔的概率达到了29%；超过10亿美元以上的企业，遭受索赔的概率是20%。在所有行业中，公用事业企业遭受索赔的概率达到了50%，非银行金融机构的索赔概率是18%。此外，耐用消费品制造业、易耗消费品制造业、教育业遭受索赔的概率也都超过了15%。平均每起索赔支付的赔偿额高达12,230,881.00美元。①虽然上述数据较为陈旧，但仍旧可以看出，上述高昂的赔偿金额对于董事及高级管理人员个人而言是无法负担的。如果没有针对董事、监事及高级管理人员的风险分散制度，董事、监事及高级管理人员的职务可能会无人愿意履行进而对公司以及社会经济的发展都造成影响。而董事责任保险的出现则可以通过设立风险分散制度，将董事、监事及高级管理人员可能承受的赔偿风险转移至保险人处，从而降低其在经营活动中承担的风险。

（二）帮助董事、监事及高级管理人员应对股东恶意诉讼

如上述内容所述，法律上为了防止董事、监事及高级管理人员损害公司、股东等利益，在针对其权利救济上制定了很多制度。虽然我国《公司法》对于股东代表诉讼的起诉资格按照第151条②的规定相较于日本《公司法》③更为严格，但是仍不能阻止股东在缺乏事实与法律依据情况下提起诉讼。"根据美国The Tillinghast Business of Towers Perrin公司调

---

① 参见胡武杰：《董事责任保险制度研究》，华东政法大学硕士学问论文（2014年），第8-9页。
② 《公司法》，第151条：董事、高级管理人员有本法第一百四十九条规定的情形的，有限责任公司的股东、股份有限公司连续一百八十日以上单独或者合计持有公司百分之一以上股份的股东，可以书面请求监事会或者不设监事会的有限责任公司的监事向人民法院提起诉讼；监事有本法第一百四十九条规定的情形的，前述股东可以书面请求董事会或者不设董事会的有限责任公司的执行董事向人民法院提起诉讼。监事会、不设监事会的有限责任公司的监事，或者董事会、执行董事收到前款规定的股东书面请求后拒绝提起诉讼，或者自收到请求之日起三十日内未提起诉讼，或者情况紧急、不立即提起诉讼将会使公司利益受到难以弥补的损害的，前款规定的股东有权为了公司的利益以自己的名义直接向人民法院提起诉讼。他人侵犯公司合法权益，给公司造成损失的，本条第一款规定的股东可以依照前两款的规定向人民法院提起诉讼。
③ 参见日本《公司法》第847条第2款，股东为追究责任等提起诉讼的，法院可以根据被告的申请，命令有关股东等提供合理的担保。

查报告,在全部558起索赔里,公司股东提起的索赔共计218起,属所有赔偿中最多的。而董事与高级职员为抗辩每一起索赔需要花费的调查费用、律师费用、交通费用、误工费用等合计可达2,130,121.00美元,这严重威胁着董事、监事和高级职员的财产安全。"[①]不仅如此,由于我国公司法上对于担保制度并不要求股东在提起代表诉讼时必须提供担保,因此,股东的滥诉很可能导致作为被告的董事、监事及高级管理人员承担无法负担的因参加诉讼所承担的合理费用,无论其最终是否胜诉。不仅如此,在实践中还出现了为了避免参与冗长的诉讼或者承担过高的费用,不堪重负的董事、监事及高级管理人员会违心与原告和解,并向其支付赔偿金。但是,董事、监事及高级管理人员的不当行为也是履行日常经营活动为公司执行职务而实施的,在缺乏公司补偿制度的前提下,公司不对其提供保护,极大地伤害他们为公司发展、谋利的积极性,因此,如果为董事、监事及高级管理人员提前购买董事责任保险,其参与诉讼导致的合理费用,如为了进行抗辩所投入的仲裁费、律师费、差旅费等都由保险公司承担,从而帮助董事等人员应对股东的恶意诉讼。

(三)增强被保险人的赔偿能力,以保障受损方合法权益的实现

在现代社会中,公司的经营范围往往不会局限于一二个领域,因此承担经营活动的管理者们所涉及的领域,以及其行为对公司、股东以及第三人的影响也是不可小觑的。当管理人员的不当行为造成公司、股东等受损时,其面临的赔偿金额按照上述统计显示往往也是个人无法承担的,当赔偿金超出被告方可承担的赔偿范围后,如何保障受害方的利益得到补偿是目前现实最大的问题之一。例如,在证券发行或者交易中,虚假陈述行为是董事、监事及高级管理人员等所遭受索赔具体原因中较为常见的一种。[②] 按照我国《证券法》第85条,[③]以及《最高人民法院关于审理证券

[①] 陆天正:《董事责任保险及其对公司治理水平的影响研究》,广西大学硕士学位论文(2019年),第9页。

[②] 参见上文,第9页。

[③] 《证券法》第85条:信息披露义务人未按照规定披露信息,或者公告的证券发行文件、定期报告、临时报告及其他信息披露资料存在虚假记载、误导性陈述或者重大遗漏,致使投资者在证券交易中遭受损失的,信息披露义务人应当承担赔偿责任;发行人的控股股东、实际控制人、董事、监事、高级管理人员和其他直接责任人员以及保荐人、承销的证券公司及其直接责任人员,应当与发行人承担连带赔偿责任,但是能够证明自己没有过错的除外。

市场虚假陈述侵权民事赔偿案件的若干规定》第 14 条第一款及第 20 条第二款①的规定,董事、监事及高级管理人员对虚假陈述行为承担过错推定责任,而发行人,即上市公司承担无过错责任。因此,如果上述赔偿责任的范围超过董事、监事及高级管理人员可以承担的偿付范围,即使依据公司章程存在内部补偿的相关规定,上述赔偿可适用于前述补偿规定,但公司一旦因资金不足无法履行针对董事、监事及高级管理人员的赔偿,最终也会导致对股东或者第三人的损失无法弥补。由此可以看出,如果为董事、监事及高级管理人员购买责任保险,当属于保险公司的承保范围时,赔偿责任将在保险金额范围内移转至保险公司由其承担,这样对于受害者公司董事等人员而言,其合法权益可以得到更大程度的保障。

(四)成为公司治理的监督者

董事责任保险主要是上市公司为了防范董事、监事及高级管理人员的不当行为而购买的险种。根据董事责任保险的外部监督者假说,由于董事、监事及高级管理人员的任期无论是中国公司法还是其他国家的法律,其规定任期与计划长久运营的公司而言都是相对较短的,其薪酬也多数与短期任职期间的获益相关,这促使管理者更注重公司的短期利益而忽视公司的长久发展,因此董事、监事及高级管理人员是必与公司的投资者之间存在利益冲突,而前者可能为了自身利益的最大化做出背离公司利益发展的经营决策。② 即当董事、监事及高级管理人员的利益与公司利益发生冲突时,出于趋利避害的本能反应,可能会做出损害其他利益相关者的投机行为,而产生严重的代理问题。为了解决代理问题,股东创建了若干监督机制来约束董事、监事及高级管理人员。例如,管理层持股、设立董事会以及监事会,等等。然而,大公司由于股东人数众多且较为分

---

① 《最高人民法院关于审理证券市场虚假陈述侵权民事赔偿案件的若干规定》,第 14 条第 1 款:发行人的董事、监事、高级管理人员和其他直接责任人员主张对虚假陈述没有过错的,人民法院应当根据其工作岗位和职责、在信息披露资料的形成和发布等活动中所起的作用、取得和了解相关信息的渠道、为核验相关信息所采取的措施等实际情况进行审查认定。第 20 条第 2 款:控股股东、实际控制人组织、指使发行人实施虚假陈述,发行人在承担赔偿责任后要求该控股股东、实际控制人赔偿实际支付的赔偿款、合理的律师费、诉讼费用等损失的,人民法院应予以支持。

② 参见胡国柳、康岚:《董事高管责任保险需求动因及效应研究评述与展望》,载《外国经济与管理》2014 年第 03 期,第 13 页。

散,很难使得每个股东都积极参与公司的经营管理,而导致公司治理的失败。① 而董事责任保险的引入可以将保险公司作为独立的经营个体进入公司内部,通过保险条款约束管理层人员的经营行为,为了避免免责条款的适用而起到监督的作用。

诚然,公司购买董事责任保险的最大目的是为了转移风险,因此貌似董事责任保险的功能只有在股东代表诉讼发起后才会发挥出来,其实不然,公司在购买董事责任保险之前后,以及适用过程中其监督作用都是显而易见的。第一,在订立保险合同时,保险公司会针对投保公司以及其管理层进行全面调查。如同自然人所投保的商业保险一样,也会在购买保险之前要求被保险人进行身体检查,虽然检查是为了恒定保险金额以及承保风险,但投保前的检查也可以变相要求被保险人关注身体健康,起到一定的监督作用。同理,在公司治理上亦是如此,保险公司向投保公司提案保险金额及保险率时需要先进行详细地调查,例如,针对管理层的调查有"董事和高级职员直接或间接持有的公司股份数额,董事和高级职员遭受索赔诉讼的历史记录,以及公司以往的经营业绩等"②。在经过详细调查之后针对投保公司提案其保险金额以及保险费率。

第二,在购买为保险之后,由于合同的内容和期限并不是长期不变的,保险公司也会在合同续期时根据公司的治理情况,以及管理层的治理行为对保险金额和保险费率做出调整。对此不难看出,在保险合同签订之后,虽然尚未实际适用其各个条款,但条款内容仍旧对于管理层行为乃至公司的经营状况产生持续不断的监督作用。例如,《太平洋财产保险条款》第 8 条所约定的责任免除条款,"被保险人违反法律、法规或者被保险人所在公司的章程;贪污、行贿、受贿行为、对外担保或者保证行为等"规定了投保人不负赔偿责任。于此可以看出如果不希望适用免责条款,则需要公司管理层人员在日常的经营行为实施过程中遵守法律法规以及公司章程避免出现前述免责条款中所约定的不当行为。最后,当公司或者

---

① 搭便车理论:由美国经济学家曼柯·奥尔逊于 1965 年发表的《集体行动的逻辑:公共利益和团体理论》(*The Logic of Collective Action Public Goods and the Theory of Groups*)一书中提出的。其基本含义是不付成本而坐享他人之利。

② 孙宏涛:《董事责任保险对公司治理结果完善的功效分析》,载《上海金融》2010 年 12 期。

第三人利益因董事、监事及高级管理人员的不当行为产生损失而发起诉讼时,保险公司在接到索赔通知后,虽然应负担担保责任,但保险公司不是慈善机构,作为营利的主体也会先行确认被保险人的不当行为是否在保险合同中的免责范围。对此,保险公司会针对被保险人被提起诉讼的不当行为进行深入、细致的调查。[①] 如果保险公司认为被保险人的不当行为在上述列举的免责范围中,则不再承担合同义务,而导致董事、监事及高级管理人员需要用其个人财产向第三人承担赔偿责任。由此可以看出,即使公司为董事、监事及高级管理人员投保了董事责任保险,由于其不当行为触及了免责事由而不再进入被保护范围,进而看出董事责任保险的监督作用对于免于承担赔偿责任的管理层人员而言也是不言而喻的。以及,在保险合同到期后进行续约时,保险公司仍旧会继续考察被保险人的前述所涉及的各种情况,因此免于赔偿的不当行为也会导致保险金额的上升而影响全体被保险人的利益,由于公司负担其保险费用,那么,如果被保险人的不当行为增多也会使得公司再购买保险或在公司治理中变相提高了经营成本。综上,董事责任保险作为外部监督机制在其各个环节都起到了对于董事、监事及高级管理人员的有效监督作用,并进一步规范了公司的经营活动,优化公司的治理结构,有利于公司的长远发展。

第三节 董事责任保险的历史沿革

公司管理模式的变化,使得董事、监事及高级管理人员逐渐掌握公司的日常运营,也导致公司可能遭受上述人员侵害公司、第三人利益的风险在不断加剧。对此,各国公司法开始修订,期待通过加重上述人员的法定义务达到保护公司、股东、债权人等其他第三人利益的目的。但是面对过于沉重的义务、责任,导致董事、监事及高级管理人员在公司运营中出现消极对抗的情况,以及在 20 世纪 60 年代,随着股东代表诉讼的盛行,董事、监事及高级管理人员普遍已意识到自身的经营风险日益加重。面对这种境况,公司补偿制度已不能再为其提供全面有效的保护。因此,为了

---

① 参见孙宏涛:《董事责任保险对公司治理结果完善的功效分析》,载《上海金融》2010 年 12 期。

解决这种困境,董事责任保险保险这种具有风险分散、损失分担功能的保险产品便应运而生,这种产品起源于美国的保险制度,在 20 世纪 70、80 年代时期得到了迅猛的发展。

笔者在下文将董事责任保险如何诞生于美国的过程展开简要地介绍。

众所周知,20 世纪 30 年代的美国正处于经济上最艰难的阶段——大萧条时期。随着 1929 年美国股市的崩盘,美国证券市场丑闻频发,中小股东利益受到了严重威胁,公众对证券市场的信心严重受挫。民众对于政府加强证券交易与公司行为方面的监管提出强烈的要求,对此美国在 1933 年,1934 年间分别颁布了《证券法》与《证券交易法》,以期加强对证券交易进行严格地规范与监管,同时设置了证券交易委员会对证券活动予以监控。

此后,在 1939 年间,美国国内发生了具有里程碑意义的"New York Dock Co. Inc. V. McCollum 案"[①]。该案内容在本书第一章已做了详细介绍,此处不再赘述。通过该案促使美国在 1942 年,将公司补偿制度纳入修改后的《纽约州商事公司法》。随后,自纽约州开始,美国的其他各州也相继将公司补偿制度写入法典。在美国对于公司补偿制度的法典化进程中,美国《示范公司法修正本(1991)》第 8.51 条(Permissible indemnification——赋权型补偿[②])与第 8.52 条(Mandatory indemnification——强制型补偿[③])对于公司补偿制度的规定影响尤为深远,并成为美国各州借鉴的范本。虽然在"New York Dock Co. Inc. V. McCollum 案"作出判决的 3 年后,公司补偿制度在美国法得以实现法典化,不过为了更加迅速地解决董事、监事及高级管理人员所面临的困境,美国国内各大保险公司也顺应情势,推出了董事责任保险,以期公司可以通过购买保险来承担公司上述人

---

① New York Dock Co., Inc. v. McCollum. 173 Misc. 106, 16 N. Y. S. 2d 844(1939).

② 第 8.51 条赋权型补偿,即如果董事履行职务的行为在诉讼中被判处损害赔偿、和解、罚金或者罚款等,而他本人是善意的,并且合理地相信其行为是为了公司的最佳利益、或其行为至少不与公司的最佳利益相冲突、或者在形式诉讼中他没有合理的理由相信自己的行为是违法的,则公司可以补偿他由此而发生的合理费用,但公司不得补偿在为公司的利益而提起诉讼中被判处的赔偿或者董事收取的不正当个人利益而被判处的赔偿。

③ 第 8.52 条,法定型补偿,即除非公司章程另有规定,公司应当补偿胜诉的董事在诉讼中所发生的合理费用。

员所面临的巨额赔偿。

在董事责任保险投入市场的初期,购买它的公司数量较少,直至1965年,美国公司中购买董事责任保险的比例尚不足10%。[①] 不过此后,随着美国商业的不断发展,以及美国对证券相关法律进行重述,董事、监事及高级管理人员开始面临着更大的商业风险。至20世纪70年代,美国的诉讼制度与追偿制度得到了长足的发展,诉讼案件的激增,导致董事、监事及高级管理人员所面对的诉讼风险也在同步扩大,许多担任这些职位的人员意识到自己承担的赔偿风险和压力也在逐步上升,急需通过董事责任保险的方式来控制这一情况。由此,美国的董事责任保险才真正进入快速发展的时期。

根据瓦特调查报告的(Wyatt Survey)显示:

(1)董事、监事及高级管理人员遭受索赔诉讼的概率与公司的规模密切相关,公司规模越大,其在公司运营中所承担的风险也就越高,随之而来的面临索赔的概率也就越高。同时,股东的数量、公司的类型(例如合资公司、独资公司)、资产的大小等因素都在影响着公司的索赔率。

(2)高额的和解费。即使在诉讼中,董事、监事及高级管理人员与原告达成了和解协议,最终也面临着支付高额和解费的困境。例如,在安然公司证券集团诉讼中,安然公司与原告的和解费高达约77亿美元;在世通公司证券集团诉讼案件中,其和解费达到了约70亿美元。

(3)原告主体范围的扩大化。在美国,向董事、监事及高级管理人员提起民事赔偿诉讼的主体不单单是公司、股东、债权人,还包括公司的破产管理人、消费者、公司雇员、公司的竞争对手、社会公众,甚至是政府机关等。[②] 因此,基于以上的报告内容显示,美国的董事、监事及高级管理人员如果为了公司的长期发展,在经营理念上不能过于保守,但面临不断增加的诉讼风险,在日常经营当中又须谨小慎微,因为只要稍有过失,就可能面临着来自各方的"讨伐"甚至陷入承担高额赔偿或者和解费用的险境。

[①] 胡武杰:《董事责任保险制度研究》,华东政法大学硕士学位论文(2014年),第12页。

[②] 宋一欣、孙宏涛:《董事责任保险与投资者权益保护》,法律出版社2016年版,第96-98页。

对此,随着安然事件①的爆发,为了吸引和挽留优秀的管理人员,并确保其能够在最大限度发挥出经营管理的才能。各国都采取了一定的措施以减轻董事、监事及高级管理人员的责任风险。例如,(1)引入经营判断规则,即设定董事的一般行事标准,明确其责任和义务的范围。只要董事在执行职务时,符合经营判断规则,无论其行为是否给公司带来损失,原则上无须对其行为后果承担个人责任。(2)规定对董事的补偿制度。即通过公司章程向董事承诺公司可以代替董事支付其因诉讼而支付的诉讼费用、律师费等。(3)购买董事责任保险等产品。为此,美国通过《示范公司法》第8.57条明确规定了公司为董事购买责任保险的这一义务。②此后随着立法的不断完善,美国各州的几乎所有上市公司都购买了董事责任保险,甚至于购买主体的范围还扩大至慈善团体和非上市公司。③

目前,美国现阶段的董事责任保险的主要发展态势成以下几个方面:④

(1)非营利组织对董事责任保险的需求不断增大。例如,医院、博物馆等机构的高级管理人员逐步意识到其自身经营责任的增大和经营风险的加强而开始购买董事责任保险。

(2)新兴产业对董事责任保险的关注。由于生物科技、计算机与信息技术领域的公司具有很大的发展潜力,其发展速度和规模也在不断超越其他领域的公司,因此遭受诉讼的风险也随之加剧。上述公司购买董事责任保险的需求也表现为积极迫切。

通过以上内容,清晰了解了董事责任保险在美国的起源与发展,公司为了确保创造更多的利润,为了保障董事、监事及高级管理人员在公司经

---

① 安然事件,网址:https://baike.baidu.com/item/安然事件/2875381?fr=aladdin,最后访问时间:2022年4月7日。

② 美国《示范公司法》第8.57条:公司可代表担任董事和经历职务的自然人,或者代表其在其为董事和经理期间,应该公司的要求,正在供职于其他本州或者非本州公司、合伙、合资企业、信托、雇员福利计划或者其他实体,担任董事、经历、合伙人、信托人、雇员或者代理人职务的自然人、购买或者延续保险,以针对由于其担任董事和经理之权限所招致的或由此身份所引发的责任,无论依据本条之规定,该公司是否有权就锁保险之责做出补偿或者支付预付金。

③ 参见宋一欣、孙宏涛:《董事责任保险与投资者权益保护》,法律出版社2016年版,第99页。

④ Ian Youngman, *Directors' and Officers' Liability Insurance* (Second Edition), Woodhead Publishing Ltd., 1999, pp.144-151.

营中更好地履行职责、发挥应有的价值,不再担忧职业风险导致自己一贫如洗,董事责任保险起到了促进公司发展与稳定管理人员的双重作用。

本 章 小 结

本章简述了董事责任保险的概念、性质以及功能,并对于董事责任保险在美国的起源发展,进行了阐述和讨论。从董事责任保险的功能可以看出其存在的价值以及在世界各国被引入的意义所在。作为以移转风险的责任保险虽然其产生的历史不长,但是这一实践的产物在运用过程中不仅对于公司治理的优化起到了监督作用,同时也有利于公司长期快速地发展。诚然,其产生的契机在于转嫁风险,降低董事、监事及高级管理人员因参与诉讼导致的费用承担问题,但是董事责任保险诞生的学理基础或根源究竟是什么?还有待于进一步的分析和探讨,以及董事责任保险在实际应用过程中,对于保险费负担问题、道德风险问题也随着其不断的运用而亟待探讨。

第三章 董事责任保险制度的起源

第一节 公 司 治 理

一、公司治理的概述

董事责任保险并不是凭空被创造出的产物,其创设必然建立在现有的公司法制度之上,从第二章对于董事责任保险的历史沿革介绍可以看出,由于公司法制度中关于董事、监事及高级管理人员保障的缺失使得为董事责任保险的确定找到了存在意义。虽然在前文中对于董事责任保险创设的外部环境进行了阐述,不过其存在的内部原因还需要进一步厘清。因此在讨论董事责任保险存在的价值之前,对于该保险对象,即董事、监事、高级管理人员在公司治理中的地位,其在公司中的权利、义务,以及相关公司治理的理论都需要进行梳理与分析,这样才能深入地探究和理解董事责任保险创造的原因以及其存在的价值。

(一) 公司治理的概念

"公司治理"这一概念,最早产生于美国,在 20 世纪 70 年代逐渐被学术界予以接受与认可。从狭义角度理解公司治理的概念,可以得知,公司治理,是指"决定并控制公司决策和运营的各种制度与机构设置"。因此从该概念可以看出,其只强调了公司内部制度的设计与内部机构参与者之间的互动,不太考虑外部环境对公司的影响,例如资本市场的变化等。① 黄辉教授在《现代公司法比较研究——国际经验及对中国的启示》一书中对于公司治理的概念也进行了总结,即"如何对于公司进行有效管理和经营的问题"②。但是上述宽泛的概括很难理解公司治理理论的具体内容,因此黄辉教授对公司治理做了进一步解释:公司治理大致可分为两个方面:其一,是指公司治理的体系结构,即公司的各种机关,包括董事会、股东大会等角色、功能和权力;其二,是指公司治理的目标实现,即需要厘清公司的目标是什么?是促进公司利润、增加股东收益的经济目标,还是维护任何公司利害关系人的社会目标?公司利益究竟是代表谁的利益?③

进而言之,公司治理又细分为三个层次:第一个层次,传统观点认为,公司利益就是股东利益,因为公司是由股东出资建立的,其建立的意思就是通过公司获取收益。第二个层次,股东之间的内部矛盾,即大股东对小股东的利益侵害和压迫问题。因为股东出资份额的不同,股份持有的多寡决定了公司经营等相关事项的决定权在谁手中,无论是否为上市公司,公司内部都存在上述的利益侵害与压迫问题。第三个层次,公司法的现代发展趋势,处理公司各种参与人之间的关系,主要是对于非股东的公司参与人的利益保护,比如债权人、雇员等,即所谓的公司社会责任问题。④

按照上述的分析,公司治理的核心是公司的管理与经营,那么公司治理的主体有股东会和董事会,其二者之间的权力如何分配与制衡?公司治理模式是传统公司法理论中衍生出的股东会中心主义抑或董事会中心主义,还是当代公司契约理论模式,决定了权力分配的差异。⑤ 在不同的模式下,董事的权力与义务不尽相同,其行为对于公司治理产生的影响也存在差异,因此在探索董事责任保险创设的内部原因之前,需要对董事、

---

① 参见赵渊:《"董事会中心说"与"股东中心说"现代美国公司治理学说之辩》,载《比较法研究》2009年第04期,第93-94页。
② 参见黄辉:《现代公司法比较研究——国际经验及对中国的启示》(第二版),清华大学出版社2020年版,第146页。
③ 参见赵渊:《"董事会中心说"与"股东中心说"现代美国公司治理学说之辩》,载《比较法研究》2009年04期,第146-147页。
④ 同上。
⑤ 参见赵旭东:《股东会中心主义抑或董事会中心主义?——公司治理模式的界定、评判与选择》,载《法学评论》2021年第3期,第69页。

监事、高级管理人员的地位、权力、义务进行分析,以期从公司治理理论的视角上探讨董事责任保险的创设原因及存在的价值。

(二) 公司治理的结构

在目前讨论公司治理模式的论文中,很多学者在论文的开篇部分都以简要说明公司治理的概念或简述引出论题的社会焦点后,便立刻进入到对于不同公司治理模式的说明。代表性的公司治理模式包括:效率模式、权力模式和宪法模式。在效率模式中,将具有代表性的"股东中心说""董事会中心说"作为核心模式进行探讨,[①]以期对论题的观点提出自己的看法。但是,笔者认为,无论是"股东会中心主义"抑或"董事会中心主义",都需要先厘清这些主义的理论来源,否则会陷入断章取义的情形,难以对董事责任保险阐释清楚。

1. 传统公司法理论

按照王文钦教授在《公司治理结构研究》中对于公司治理机构理论的研究观点,"传统公司法公司理论追求对公司本质与起源的先验主义探究,就公司的概念、本质提出不同的认识,通说认为可归纳为公司拟制论(the fiction theory)公司否认论(the corporate nominalism)和公司实在论(the realist theory)"[②]。这三种理论的概念分别是,公司拟制论,即"公司具有独立于公司股东的主体地位,但其主体地位只是国家法律的拟制"。公司否认论认为,"公司只是由合同维系的自然人或者财产的集合,不具有独立主体地位"。而公司实在论的中心内容是"公司不是法律拟制的主体,而是社会中固有的实体的存在,乃基于个人行为自然产生的主体"。前述传统公司理论主要围绕公司的法律地位展开立论,其中心思想体现于对公司人格的不同认知,同时,传统公司理论还关注公司与国家在上述传统公司理论对公司法规则与公司治理的影响体现在公司结构中公司决策权力的内部分配。例如,公司否认论提出,股东承担公司所有人的角色,因此股东处于公司治理决策的权力中心,形成所谓"股东会中心主义"。理由是,公司是投资者,即股东进行盈利活动的工具与组织形式,

---

[①] 参见张路:《公司治理中的权力分配模式再认识》,载《法学论坛》2015年第5期,第86-93页。

[②] 王文钦:《公司治理结构之研究》,中国人民大学出版社2005年版,第30页。

因此公司的全部经营活动应当以股东利益最大化为目标。由此公司治理的法律原则应是股东会中心主义。① 例如,在20世纪80年代,美国股东会中心主义的兴起来自与资本市场上的收购战。在收购战中,高于市场价的收购虽然会导致公司改旗易帜,但对于股东而言是存在益处的。因此,当公司被收购时,董事会采取的防御措施可能导致股东利益受损,从而使股东们质疑董事会是否具有为了公司利益而自行采取防御措施而拒绝收购邀约的权力。持股东会中心主义观点的学者认为,在董事决定是否要接受收购邀约时,不应该忽视股东的意见。该种观点强调了股东在公司治理中的重要地位,是对董事会中心主义进行了挑战。②

主张股东会中心主义的核心论据是股东会与董事会之间构成代理法律关系,该理论认为,"公司最初被视为是私人合同的内在产物。剥去设立独立法人公司所蕴含的意义,英国公司的权力被理解为是由股东直接向董事授权"③"按照公司法的合同理论,董事是股东的代理人,其权力源于股东授权,董事应当为股东价值最大化服务,这就是股东中心说的根本要义。"股东中心说主张机构投资者们通过在一些关键决策中掌握话语权来对公司施加决定性的影响,使股东与董事会之间的关系重新回到"被代理人与代理人"的关系之中。④ 按照该理论,结合我国《公司法》可以看出,股东大会决议事项都是公司重大事项,例如决定公司的经营方针和投资计划;增减资;合并、分立、解散清算或者变更公司形式;修改章程等。⑤ 钱玉林教授提出,"股东大会作为最高性的机关,其最高性意味着出资者的意思决定机构以及成为主要事项的终究性效力的根据"⑥。为此可以看出钱氏观点与公司法内容十分契合。

---

① 参见赵旭东:《股东会中心主义抑或董事会中心主义?——公司治理模式的界定、评判与选择》,载《法学评论》2021年第3期,第69页。
② 赵渊:《"董事会中心说"与"股东中心说":现代美国公司治理学说之辩》,载《比较法研究》2009年第4期,第96-97页。
③ 张路:《公司治理中的权力配置模式再认识》,载《法学论坛》2015年第5期,第87-88页。
④ 参见赵渊:《"董事会中心说"与"股东中心说":现代美国公司治理学说之辩》,载《比较法研究》2009年第4期,第98-99页。
⑤ 《中华人民共和国公司法》,第37条。
⑥ 钱玉林:《股东大会中心主义与董事会中心主义——公司权力结构的变迁及其评价》,载《学术交流》2002年第1期。

那么,相对于股东会中心主义而言,学者们在研究公司治理模式时还经常提及董事会中心主义,并有学者认为主流的治理趋势是股东会中心主义向董事会中心主义及经理人中心主义的转变。董事会中心主义来源于公司实在论,该理论认为"公司不但具有独立人格地位,而且是社会的现实存在"①。该观点在美国管理中心主义公司出现之时,反映在公司治理结构上为管理者处于公司治理决策权力中心,形成所谓的董事会中心主义。这一理论模式的产生,按照美国学者阿道夫·A.伯利和阿德纳·C.米恩斯所著《现代公司与私有财产》中对于1932年美国300家大型公司的实证分析可以看出,随着公司规模的扩大,股权的结构和持股比例也在不断被稀释,导致单个股东所持股权对于公司决策机制的影响力也在不断下降,而具有专业管理技能的经理人实际上成为控制公司运营的人。②以及,在大型公司特别是上市公司中,作为投资者,购买股票的动机或者持续持股的决定都仅仅来源于对于股价的波动情况,通过低买高卖的方式获取回报,但对于因购买股票成为该公司的股东行使其股东权利,既缺乏兴趣也无实际操作的可行性。有些情况下,即使股东希望行使其权利,也会因为持股比例甚微而丧失应有的话语权,甚至还会出现因为不愿意被其他股东"搭便车"而疏于对管理层进行监督。

此时,当出现管理层,即董事等人员实施危害公司或者第三人的行为时,仅仅依靠股东的监督行为达到避免公司或者第三人受损的效果收效甚微。例如,按照我国《公司法》第151条③的规定,当董事、高级管理人员违反法律、行政法规或者公司章程且给公司造成损失的,只有连续180

---

① 王文钦:《公司治理结构之研究》,中国人民大学出版社2005年,第81页。
② 参见赵渊:《"董事会中心说"与"股东中心说":现代美国公司治理学说之辩》,载《比较法研究》2009年第4期,第94页。
③ 《中华人民共和国公司法》,第151条:"董事、高级管理人员有本法第一百四十九条规定的情形的,有限责任公司的股东、股份有限公司连续一百八十日以上单独或者合计持有公司百分之一以上股份的股东,可以书面请求监事会或者不设监事会的有限责任公司的监事向人民法院提起诉讼;监事有本法第一百四十九条规定的情形的,前述股东可以书面请求董事会或者不设董事会的有限责任公司的执行董事向人民法院提起诉讼。监事会、不设监事会的有限责任公司的监事,或者董事会、执行董事收到前款规定的股东书面请求后拒绝提起诉讼,或者自收到请求之日起三十日内未提起诉讼,或者情况紧急、不立即提起诉讼将会使公司利益受到难以弥补的损害的,前款规定的股东有权为了公司的利益以自己的名义直接向人民法院提起诉讼。他人侵犯公司合法权益,给公司造成损失的,本条第一款规定的股东可以依照前两款的规定向人民法院提起诉讼。"

日以上单独或者合计持有公司 1% 以上股份的股东,可以按照公司法的规定向法院提起诉讼。由此可以看出,哪怕持有一定的公司股份但鉴于《公司法》的规定,只要不符合上述起诉条件,也并不当然可以行使其监督或者维护自己利益的权利。因此,股东们与其参与繁复的诉讼程序不如依照所谓"华尔街规则"而行动,即用脚投票,抛售那些表现糟糕的公司股票,以维护自己的利益。

通过上述实证调查的结果,以及法律的规定,可以看出大型公司,特别是上市公司,由于股东权利行使的局限性和股权结构的分散性,一方面要依赖董事会选任的高级管理人员作为公司具体经营的管理者管理公司的日常经营,另一方面也正是因为上述管理人员的地位、作用、权力导致他们稍有不慎,出现违反法律规定或者公司章程时,便会对公司、股东及第三人造成损害。

面对管理层可能存在的危害股东利益的行为,传统公司治理模式在理论上提出了解决的方案,即董事会作为公司决策机关的同时,也承担着公司内部监管机制,特别是针对较小规模,又没有设置监事会或者没有监事的公司。因为董事会拥有任免公司高级管理人员的权力,因此其需要关注公司日常的运营,并通过行使决策权,阻止管理层实施任何不法或有损公司、股东或第三人利益的行为。不过,虽然理论的设计有利于维护公司、股东的利益,但通过实践调查事实并非如此,以管理层为代表的内部人通过进入董事会任职并借助在掌握公司信息方面的不对称优势,实际上把持了董事会形成"内部人控制"甚至 CEO"独裁"的情况。而董事会中其他的成员,即外部董事或非执行董事虽不属于管理层,但在很多情况下由于缺乏监督内部人的动力或面对内部人施加的压力,他们的独立性往往受到腐蚀难以对管理层进行严厉和有效地监督。此时董事会往往会沦为管理层的工具或代言人,而其作为监督机关的职能也被弱化甚至空壳化。

近几十年来对董事会特别是对独立董事制度的改革,董事会的作用越来越为人们所重视,以往轻视董事会在公司治理中地位的观点逐渐变得不合时宜。董事会中心说正是在这种背景下开始流行起来。[①] 因此,持董事会中心主义的学者认为,"需要充分肯定董事会的独立性与经营

---

① 参见赵渊:《"董事会中心说"与"股东中心说"现代美国公司治理学说之辩》,载《比较法研究》2009 年第 04 期,第 94 页。

权,并进一步强化其监督职能,乃是市场发展的合理结果,而现代公司治理制度的改革,也应当顺应这一公司管理的社会发展趋势"①。

2. 当代公司法契约理论

当代公司法契约理论不同于传统公司法关于公司的契约认识,传统公司法对契约的认识以契约法为基础,认为公司作为法律主体,与公司股东、管理者基于公司章程的契约性质结合在一起,即公司章程在公司和股东、公司与管理者之间、股东与股东之间具有契约的法律效力。而"当代公司法契约理论是法经济分析意义上的契约理论,其直接来源于经济学现代企业理论,是经济学契约理论运用于法学研究的结果。"②因此,当代公司法契约理论否认公司是一个主体,认为公司只是法律的拟制,是公司利害关系人,包括股东、管理层、雇员、供货商、顾客、债权人等之间一系列契约关系的联结,是利害关系人利益均衡的契约过程。③

经济学契约理论的开创者科思,在1937年发表论文《企业的本质》中提出,"区分企业内权力的效用与市场上契约的效用,认为企业存在的理由是为了节约交易成本。"④而后,在科思企业理论的基础上发展出了交易成本理论,还产生了代理理论。交易成本理论着眼于研究企业与市场的管理,代理理论则侧重于分析企业内部组织结构以及企业成员之间的关系。按照科思的理论,企业内部关系不具有市场本质的认识,企业内部关系由非市场力量控制。⑤ 对此,美国学者阿尔钦与德姆塞茨持反对意见,他们认为"人们通常理解,企业以权力为特征,通过优越和市场手段的命令、权威、惩罚行为等手段解决问题。这是一种错误的理解,企业不拥有任何投入,不具有与任何人之间市场交易行为不同的命令权、权威和惩罚手段,换言之,企业外部关系、内部关系均为市场交易关系或者说是契

---

① Stephenm Bainbridge, Director primacy and shareholder disempowerment, 119 harvard law review 1735(2005-2006).
② 王文钦:《公司治理结构之研究》,中国人民大学出版社2005年版,第41页。
③ 同上书,第50页。
④ 赵渊:《"董事会中心说"与"股东中心说"现代美国公司治理学说之辩》,载《比较法研究》2009年第04期,第44页。
⑤ See Thomas S. Ulen, The Coasean Firm in Law and Economics, Journal of Corporation Law, 1993, at 310.

约关系。"①他们还认为,内部关系与外部关系的区别在于内部关系与团队生产关系联系在一起,其契约结构受团队生产的影响,在团队生产中,任何成员的行为都将影响其他成员的生产效率。而产出虽然是大家共同的结果,但是其贡献程度往往不能被精确地认定和分析,造成同工不同酬的结果。因此这必然会产生偷懒问题,为了解决偷懒问题必须对设计团队生产的内部交易行为进行监督。当然,这些设想更加适用于小型公司,企业员工加上老板作为一个团队,老板可以直接对员工进行监督。而面对大公司,特别是上市公司,股票购买者是剩余索取者,公司员工(董事、监事和高级管理人员)是团队成员,那么购买股票的投资者如何行使监督权呢？通过实际经验得知,广大股东由于欠缺监督的能力,对此阿尔钦与德姆塞茨教授提出,大型公司的监督职能并非由剩余索取者实施,而是交由公司控制权市场②、经理劳动力市场进行。③

综上所述,作为当代公司法契约理论的开创者,科思首先提出了在企业外部,生产通过市场交易行为进行,受价格机制的指导；在企业内部,交易行为因企业管理者的指示或命令而发生,价格机制不再起作用,即认为企业内部关系为权力关系,不受市场的影响。对此,阿尔钦与德姆塞茨教授持反对意见并正确地指出企业的内外部均是契约关系,但其认识着重于团队生产。鉴于前述的认识有些过于狭窄且容易产生误导,詹森与麦克林教授认为,企业的实质关系是契约关系,无论是与雇员之间还是与供货商、顾客、债权人之间,无论是否团队生产,代理成本与监督问题存在于所有的契约关系当中。④

按照当代公司法契约理论,否认公司是一个主体,每个公司的参与者,包括股东、公司管理层、债权人、供货商、顾客等其他利害关系人对于公司的权利、义务和责任均由契约进行界定,这些契约可以表现为公司章

---

① Alchian & Demsetz, Production, Information Costs, and Economic Organization, at 777.
② 公司控制权市场：是一个由各个不同管理团队在其中相互竞争公司资源管理权的市场。公司控制权市场常常是一个通过收集具有控制权地位的股权或者投票代理权来获得对公司控制的竞争市场。一般来说,公司控制机制可以分为内部控制机制和外部控制机制两大类。其中,内部控制机制指公司管理者内部竞争、董事会的构成以及大股东的监督；外部控制机制则主要包括代理投票权竞争、要约收购、兼并以及直接购入股票等。
③ 参见王文钦：《公司治理结构之研究》,中国人民大学出版社2005年版,第48页。
④ 同上书,第49页。

程规定的条款,或者公司与雇员、债权人等之间缔结的契约,还可以表现为公司的发起人、公司经理与购买股票的投资者之间签订的招股说明书。因此按照上述契约,即在平等主体之间达成合意的这一表现形式来看,公司法应该属于任意性规范,其只是为公司参与者提供标准契约条款,以便"公司参与者对于经济生活中存在的各种不同的风险与机会可以选择最优的安排。"①具体体现在,公司章程在起草时,都会借鉴公司法中的规定,例如"有限责任制度以及债权人保护的有关规定为公司股东与债权人就公司债权问题、公司董事受托义务规定为股东与董事之间的关系问题,提供了复杂的标准契约条款。这些条款如由契约当事人明示约定,无疑会带来很高的契约成本,例如契约的制作、监督、执行所带来的成本,当事人因信息不对称所带来的协商成本或者风险分担所产生的道德风险问题(moral hazard problems)等。"②诚然,当代公司契约理论为公司的设立节约了应有成本,但是在批判该理论的学者眼里,当代公司法契约理论的局限性存在两点:第一,驳斥公司契约绝对自由的管理,肯定公司法规范的强制性;第二,是契约理论过于强调契约关系而忽视层级管理关系。对此,学者 Bratton 指出,公司的组织性、契约性并存,公司是法律的、政治的、社会的、经济的关系的联合,既构成层级管理的权力结构,又构成以自愿为基础的一般契约关系。③ 对于第二点内容,Eisenberg 指出契约理论的分析并不是完全错误的,只是抓住了问题的一半,而另一半就是公司是一个层级管理的组织,且具有官僚主义的特性。公司具有二重性,既是一系列契约安排,也是官僚的层级管理组织。

契约理论的中心在于将每一个公司的参与者等其他利害关系人对于公司的权利、义务和责任都仅仅用契约进行界定,公司事务应该由市场决定,国家不应该干预,倡导私法自治。对此笔者赞同王文钦教授的观点,"现代社会国家机器越来越庞大,如何确保自由,减少国家干预,确实是及其重要的政策考量因素。但与此同时,契约理论无视国家挽救市场失灵的必要性,将契约自由扩大化、绝对化,这是其缺陷。简言之,应坚持契约

---

① Easterbrook & Fischel,The Corporate Contract,at 1418.
② 王文钦:《公司治理结构之研究》,中国人民大学出版社 2005 年版,第 51 页。
③ See William W. Bratton,The "Nexus of Contacts" Corporation: A Critical Appraisal,Cornell Law Review,at 411.

自由,但不赞同绝对的契约自由,反映在公司法律制度设计问题上,即反对取消强行性规范。"①

3. 代理成本理论

如前文所述,在科思的企业理论的基础上发展形成经济学契约理论的两个分支,其二便是"代理理论",即着眼于分析企业的内部结构与内部关系。在参考其他论文对于代理理论的分析时,很多学者在研究代理理论时都会提到其问题的产生根源"所有权与经营权分离",该两权的分离与公司产权结构联系在一起,因此在本文简述代理成本理论前,首先也需讨论公司的产权结构与两权分离问题。

(1) 公司的产权结构与"所有权与经营权的分离"。法律调整的对象是人与人之间关系,但在社会当中,不仅仅是人与人之间的关系,还有人与物之间的关系,因此在民法学领域,调整的是人与物之间的关系,即人为财产权的主体,物为之客体。而在公司法领域,股东出资设立公司,公司的管理者以公司名义经营管理股东出资投入的财产,并将盈利以约定的方式分配给股东,形成股东—公司—公司财产的关系。在这一关系中,公司财产属于财产权之客体,而股东、公司的财产权主体地位如何架构?则是公司的产权结构需要回答的问题。按照王文钦教授的观点,"公司的产权架构,即在给定公司财产作为财产权之客体的条件下,构架股东、公司作为财产权之主体地位的某种制度安排"②。因此,在传统公司法理论中,例如,公司否认论否认公司的存在,股东则为公司财产权之主体,公司财产属于股东。而在公司实在论中,公司是现实存在的,公司财产权之主体是公司,股东处于该主体的间接地位。当代公司法契约理论认为,公司不过是一系列契约的联结,不存在所谓人与财产的问题,有的只是投入者与其投入的关系类似人与物的关系。公司的产权结构在不同的法律制度下也构建出不同的概念体系,在大陆法体系下,公司的产权结构建立在所有权概念基础之上,因此公司为社团法人,"公司实在论"为之通说,股东不再拥有所有权,其拥有的权利为股权"③。在英美法系下,法律上用于表达大陆法系的所有权的概念是财产权。公司作为具有独立人格的法律

---

① 王文钦:《公司治理结构之研究》,中国人民大学出版社 2005 年版,第 62-63 页。
② 同上书,第 64 页。
③ 孔祥俊:《公司法要论》,人民法院出版社 1997 年版,第 242-245 页。

主体拥有普通法上的财产权,相当于大陆法系的公司法人所有权,而公司股东则拥有衡平法上的所有权其相当于大陆法系的股东股权。对此,关于公司法人所有权的认识基本上来源于公司为权力主体或者具体有人的特性的一面,即股东作为出资人将财产作为出资成立公司后,股东不再享有所有权的四项权能,而仅仅保留参与财产收益、经营决策和管理者选择的股权。财产的所有权归属于公司,公司作为独立人格的法人,对于公司财产行使如人一般的所享有的所有权的四项权能,在使用权上,由于法人并不是"人",则需要由管理者以公司的名义行使。

那么如何出现"所有权与经营权"分离的理论呢?按照日本学者岩井克人以下称为"岩井先生"的观点,公司具有两面性,既有"人"的一面,也有"物"的一面。具体而言,"公司具有法律上独立的人格,公司(人)拥有对公司财产(物)的所有权,公司为公司财产之所有权主体;公司作为物,是公司股东所有权的对象,为股东所有权之客体。从公司作为物的角度出发,股东是公司的所有人。"①因此,在赞同岩井先生的理论之下,公司的产权结构总结为股东对公司的所有权(体现公司具有"物"的一面),公司对公司财产的所有权(体现公司具有"人"的一面)和股东股权(股权是股东对公司的所有权派生出来的权利)三项要素。对应前述的分析,自然可以推出"所有权与经营权"分离中的"所有权"是指,"股东对公司的所有权其行使主要体现为行使股权",而"经营权"则表现在"公司对公司财产的所有权的实现方式表现为公司管理者以公司名义经营管理公司财产",因此一个权利的行使主体是股东,另一个为管理者,这二者的不一致即为"所有权与经营权"的分离。

两权分离的原因是什么呢?一般有两方面因素:

其一,为经济因素。日常生活中,人们管理自己的财产一般都会亲力亲为,只有自己能力不足难以应对的时候才会将财产交由他人管理,因为当自己管理的成本高于他人管理的时候,交由他人管理便成了最为理性的选择,而将财产交给他人管理的法律形式就是代理。而对于公司而言,从管理公司财产的意义上看,公司实质上也是财产权实现的方式。小规模的公司中,作为股东的出资人可以自己管理公司,例如合伙企业。当公

---

① [日]岩井克人:*Things and Corporations*, Persons, pp.592-594.

司规模扩大后,所有人可以不参与公司的经营管理,而聘用职业的经理人进行经营。此时,所有权与经营权的分离是随着公司的规模变化而发展的。早期的公司可能由于产品单一,与产品的生产、销售、宣传、售后相关的事务较为简单,经营模式也比较固定,但随着社会的发展,对于产品的多元化需求增加,公司不可能仅仅只有一个产品线,那么多产品的开发,所带来的公司机能的增加,会衍生出更多的部门,从产品的研发、生产、销售、售后等,甚至为了研发和生产公司会并购其他有相关技术或销售渠道的其他公司成为自己的子公司,而建立起复杂的集团公司模式。对于这样大规模的公司而言,对内部不同单位生产经营活动以及交易行为的管理,必然需要官僚式样的、具有等级性质的管理结构和管理人员进行指挥、协调和监管。于是,受雇佣的高级管理人员便应运而生,公司的所有权与经营权便产生了分离。又及,这种两权分离模式不仅仅与公司规模的变化有关,按照美国学者伯利与明斯的观点,其原因还与公司股权分散于众多股东有关,因为在股权分散型公司,很少有任何股东拥有足够的股权可以实质性地影响公司的经营管理。① 不过,在笔者看来,伯利与明斯提出的股权分散型的公司容易两权分离的这一原因还是与公司规模有直接关系,正是因为现代大规模生产技术的发展,使得企业迅速成长为大型公司,大公司所需大量的资本,是不可能由个人或者家庭承担的,因此筹资的方式转化为向众多的投资者出售股票,筹集众多的小额投资,而最终形成股权分散型公司。

其二,政治因素。这是在20世纪90年代由Mark Roe教授提出的政治理论。② Roe教授认为,"公司结构可能造成股权分散,也可能存在股权集中,美国公司股权分散的模式乃是美国政治、法律有意控制的结果。"③ 这不同于上述伯利与明斯教授提出观点,即认为所有权与经营权的分离乃上市公司的必然特征,是技术进步、经济发展的必然结构。Roe教授指出,不同于日本、德国的公司允许金融机构持有公司控股股份那样,美国

---

① See Adolf A. Berle and Gardiner C. Means, The Modern Corporations and Private Property, 1932, at 47.

② See Mark J. Roe, A Political Theory of American Corporate Finance, 91 Columbia Law Review 10, 1991.

③ 同上文,第16-25页。

的法律规定限制,如银行不得持有公司股份,银行控股公司不得持有超过5%的公司表决权股份,保险公司不得持有任何公司股份等。其原因通过Roe教授的分析得出,这是美国政治力量作用的结果。简言之,包括三点:

① 美国人在观念上不信任强大的权力机构,不喜欢权力的集中。从平权运动的出现可以看出;

② 限制大型金融机构对小型金融机构、小型企业及广大职业经理有利;

③ 联邦主义政治制度有助于金融分散。① 经过进一步研究,Roe教授还指出,欧洲"社会民主"的政治传统也存在对两权分离的影响,在这样的政治传统之下,公司管理者需要放弃公司利润最大化以保持高就业率,即股东的利益被牺牲而将其补贴给其他利害关系人,例如公司雇员,这样的情况在上市公司中尤为突出。因此,上市公司的股东们为了维护自身利益,将股权集中起来影响股东决策,干预公司经理的经营管理而形成了公司股权结构集中的模式。②

(2) 代理成本。如上文所述,伯利与明斯提出所有权与经营权的分离原因不仅仅在于股东自身管理能力的问题,还会产生代理问题。所谓代理问题,是指"委托关系中存在的最基本的激励问题,委托人、代理人均假定为效用最大化者,均以追求自身利益的最大化为目标,因此,代理人的目标与委托人的目标并非一致,代理人不会总是为委托人的最大利益而作为或者不作为。"③ 具体在公司情况下可体现为,前文中学者阿尔钦与德姆塞茨提出的团队生产中的"偷懒"问题,即公司管理者因与公司股东利益不一致,不会为了股东而追求利益最大化。还有就是公司管理者直接或间接攫取股东利益,例如通过自我交易、高额薪资这种直接方式,或者盲目企业扩张等间接行为攫取股东利益。综上,两权分离的现象所引发的代理问题经过学者们的进一步研究越发可以看出,公司经理的决策权力越发扩大,公司股东的地位就越发消极与被动,对此他们提出了很多问题,并围绕这些问题最终指出,"公司经理控制公司,竟或以牺牲股东

---

① 参见王文钦:《公司治理结构之研究》,中国人民大学出版社2005年版,第71页。
② 同上书,第72页。
③ 同上书,第73页。

利益为代价追求自身利益的问题"①。对于代理问题所凸显的对股东和公司的影响,印证了当代公司法契约理论所强调的股东作为投资者的地位和作用,该理论认为股东参与公司决策的权力受到限制是合理的制度安排,以及明确表示"反对股东更大程度地参与公司治理,认为股东不参与公司治理是理性投资者的反映"②。

那么如何解决两权分离所带来的代理问题给股东、公司造成的消极影响呢?对此,美国学者詹森与麦克林提出三种方法:方法一,"建立激励机制",让代理人的利益与代理行为相关联,让代理人即公司的管理者与公司签订长期的激励契约,从而使得代理人追求自身利益最大化的行为保证委托人即股东的利益的最大化。激励方式可以多种多样,例如经理持股、股票期权等。不过,保证激励契约的执行需要确定判断公司业绩的标准,且这些标准是可以法律上证据予以证明的。同时也需要防备公司的管理者滥用权力,通过主导薪酬谈判或者控制公司的内幕消息等通过激励契约获取不正当的利益。③ 对此,也存在解决方法,例如设立董事会薪酬委员会、改进薪酬政策信息披露等措施,对董事、监事、高级管理人员们高薪酬政策的监督机制亦在加强。④ 方法二,"建议监督机制",委托人通过监督,确保代理人的行为符合委托人的最大利益。该方法也得到学者阿尔钦与德姆塞茨的认同,即"对涉及团队生产的内部交易行为进行监督,以保证能够确定各团队成员的个人贡献。"⑤那么如何建立监督机制成为了接下来的问题,对此阿尔钦与德姆塞茨提出了两个建议:一是对公司内部行为的监督,包括董事对经理的监督,对此在现代的公司法进一步确立了监事、监事会等规定,不仅仅针对经理,也针对同样具有管理权力的董事,加强对其监督,以避免出现违反法律的规定、违反公司章程给股东、公司带来的损失。二是股东对公司董事、经理实施的监督。在现代公司法中,对于股东为维护公司的利益所确定的股东代表诉讼制度,从某种程度来看也是针对董事、经理监督的一种表现。不过,监督机制的建

---

① 王文钦:《公司治理结构之研究》,中国人民大学出版社2005年版,第74页。
② Frank H. Easterbrook and Daniel R. Fischel, Voting in Corporate Law, 26 Journal of Law and Economics 1983, at 395.
③ 参见王文钦:《公司治理结构之研究》,中国人民大学出版社2005年版,第85页。
④ 同上书,第87页。
⑤ 同上书,第85页。

立也带来相应的监督成本的问题,无论是董事对经理的监督还是股东对董事、经理的监督。其原因按照学者詹森与麦克林的认识是因为存在道德危险和逆向选择问题。所谓"道德危险"是指"公司董事、经理是否遵循股东意愿,公司经理是否遵循公司董事意愿,对此公司股东或者董事可能无法确认。于是公司董事、高级管理人员不会按照股东意愿、高级管理人员也不会按照公司董事意愿去作为或者不作为的情况"。而"逆向选择"是指"信息不对称的问题,公司经理比董事,董事比股东掌握更多有关公司经营的信息。因此,股东或者董事作为监督者无法了解什么样的行为是最优选择,也无法对公司董事或者经理的行为做而出正确的评价。"①方法三,"建立保证机制",代理人向委托人保证,不会实施有违委托人最大利益的行为。② 虽然上述方法可以起到减小代理问题对股东、公司的不利影响,但是詹森与麦克林也指出,"委托人或者代理人确保代理人作出对于委托人来说最优的决策,没有任何成本通常是不可能的。"③例如上述方法中所存在的保证成本、监督成本,且代理人实际做出的行为与向委托人保证其利益最大化的结果之间会存在差异,这些差异终将导致委托人的利益减少,即"代理成本"。针对代理成本的分析,可以得出公司法与公司治理的中心任务是"消除或者减少股东利益与经理利益的差距,降低代理成本,改善股东回报,从而增加社会整体利益。"④

二、公司治理的核心

按照上述对于公司治理的中心任务的认识,在降低代理成本中,对于董事特别是高级管理人员关注尤为重要,这也是公司治理的核心问题。理由:第一,在公司中,尤其是大型公司中,股权分散,股东们对于公司治理并不感兴趣,而只考虑所持股票的涨幅,从而出现目盲地以投票支持执行董事即高级管理人员或者按照其提议投票的行为,使得股东大会甚至董事会成为形式化的机构,而实质上由高级管理人员控制了公司以及董

---

① 王文钦:《公司治理结构之研究》,中国人民大学出版社2005年版,第86页。
② 同上书,第75页。
③ M C Jensen & W H Meckling, "Theory of the Firm: Managerial Behaviour, Agency Costs and Ownership Structure" (1976) 3 J Fin Econ, at 308.
④ 王文钦:《公司治理结构之研究》,中国人民大学出版社2005年版,第308页。

事的权力。第二,虽然在公司法上,例如我国《公司法》第37条①的规定,将公司的决策权交给了股东大会,使得股东大会被称之为公司权力机关、意思机关,成为公司治理的核心机构。但是股东大会的决议事项其实比较少的出现在日常的公司经营活动当中,例如增减资、合并分立、解散清算等。因此,实质上管理公司日常经营活动的董事会往往成为公司治理的核心主体。形成这一局面有两个原因,其一,考量真正掌握公司权力的核心不能单单看法律上的规定,而是要考虑剩余控制权②的归属。实践中,一般认为在企业中,剩余控制权由董事会享有,而不是理论上认为的股东。其二,虽然按照例如我国公司法的规定,在某些重要的事项上,董事会仅仅享有为其制定议案的权利,如公司的预算、决算方案,这些议案的执行必须通过经股东大会。但是实践中往往出现经由董事会提案的内容无一例外获得股东会的通过,导致股东会的存在仅仅为程序上的一环而并不实际发挥其真实的作用,那么公司的权力究竟掌握在谁的手里就不言自明了。更甚之,在公司的不断发展和扩大过程中,有一些大型公司的董事会渐渐地不再直接参与公司的经营管理,只起到一定的监督作用,因为董事们可能受到时间、专业知识等因素制约,导致其很难对一些重大问题进行深入研究,而渐渐地在决策中被逐步边缘化,最终导致由董事会聘任的高级管理人员,因其自身具有一定的专业能力,且掌握着公司经营的大量信息,逐渐成为控制公司的日程经营和战略抉择的主体,公司的决策权被进一步下沉,成为所谓的"经理中心主义"③。

但无论是传统公司法理论中的"董事中心主义"还是后续产生的"经

---

① 《中华人民共和国公司法》,第37条:股东会行使下列职权:(一)决定公司的经营方针和投资计划;(二)选举和更换非由职工代表担任的董事、监事,决定有关董事、监事的报酬事项;(三)审议批准董事会的报告;(四)审议批准监事会或者监事的报告;(五)审议批准公司的年度财务预算方案、决算方案;(六)审议批准公司的利润分配方案和弥补亏损方案;(七)对公司增加或者减少注册资本作出决议;(八)对发行公司债券作出决议;(九)对公司合并、分立、解散、清算或者变更公司形式作出决议;(十)修改公司章程;(十一)公司章程规定的其他职权。

② 剩余控制权(residual control):由于不确定性的存在,企业合约不可能是完全的,因此,将无法完全的部分称为剩余,而与剩余有关的一些权力,被称为剩余权。而剩余权分为剩余索取权与剩余控制权,剩余索取权是针对不确定性产生的利润而言,指在契约中没有特别规定的活动的决策权。而剩余控制权是企业的一些生死攸关的决策权,这两种权力统称为剩余控制权。谁拥有剩余索取权、剩余控制权,谁就是一个企业的所有者。参见李建伟:《公司法学》(第五版),中国人民大学出版社2022年版,第287页。

③ 同上书,第287、312页。

理中心主义",在公司实际运营过程中承担日常经营工作的还是董事和高级管理人员们。由于董事、高级管理人员在经营管理公司中需要在"(1)支持董事和经理的主观能动性和发挥空间,使其高效工作;(2)使他们对于经营管理工作负责,不损害公司利益"①这两个价值目标中寻求一个平衡。对此,按照其上述两个目标所显示出董事及高级管理人员在公司中发挥的作用,可以更好地梳理和理解其所承担的法律义务。一旦董事、高级管理人员违反了法定义务而承担民事赔偿责任时,违反前述义务所导致的民事赔偿责任问题,以及其认定标准是董事责任保险制度的法律基础。那么,探讨董事、高级管理人员的法定义务是证实董事责任保险制度的来源之一。

(一)董事义务

董事从其定义上看,由股东会选举产生,对内管理公司事务,对外代表公司进行经济活动。参考我国《公司法》第46条,②从董事会决议事项内容,即决定公司的经营计划和投资方案;制订公司的年度财务预算方案、决算方案;决定公司内部管理机构的设置;制定公司的基本管理制度等。参考日本《公司法》(平成18年2月7日法务省令第12号)第362条,③董事会的权限内容,即对于董事职务执行的监督;代表董事的选任和解

---

① 赵渊:《"董事会中心说"与"股东中心说":现代美国公司治理学说之辩》,载《比较法研究》2009年第4期,第147页。
② 《中华人民共和国公司法》,第46条:董事会对股东会负责,行使下列职权:(一)召集股东会会议,并向股东会报告工作;(二)执行股东会的决议;(三)决定公司的经营计划和投资方案;(四)制订公司的年度财务预算方案、决算方案;(五)制订公司的利润分配方案和弥补亏损方案;(六)制订公司增加或者减少注册资本以及发行公司债券的方案;(七)制订公司合并、分立、解散或者变更公司形式的方案;(八)决定公司内部管理机构的设置;(九)决定聘任或者解聘公司经理及其报酬事项,并根据经理的提名决定聘任或者解聘公司副经理、财务负责人及其报酬事项;(十)制定公司的基本管理制度;(十一)公司章程规定的其他职权。
③ 日本《公司法》第362条:1.董事会由所有董事组成。2.董事会执行下列职务:①设置董事会公司的业务执行决定;②董事职务执行的监督;③代表董事的选定及解任。3.董事会必须从董事中选定代表董事。4.董事会可向董事委任下列事项及其他重要业务执行的决定:①重要财产的处分及受让;②大额借款;③经理及其他重要使用人的选任和解任;④分公司及其他重要组织的设置、变更及废止;⑤第676条第1香所列事项及其他法务省令规定的关于募集认购公司债者的重要事项;⑥为确保董事职务的执行适用法令及章程的体制及其他为全部股份公司的义务适当性所必要的法务省另规定的体制的完善;⑦基于第426条第1项规定的章程规定的第423条第1项责任的免除。5.作为大公司的设置董事会公司,必须由董事决定前款第6项所列事项。「ポケット六法」,平成30年,有斐閣,第888-889页。

聘；公司重要财产的处分及受让；其他分公司等重要组织的设置、变更及废止；募集公司债券等。从中日两国的公司法规定中都可以看出董事在公司内部治理和外部经营活动中所发挥的作用，当董事为了决议事项而具体实施经营管理行为时，由于信息的有限性和高成本、决策时间的紧迫等原因，在制定商业决策中不可避免地会产生经营上的风险，但如果片面只考虑低风险甚至零风险，则会导致公司出现低收益或者无收益的情况。因此，公司的治理规则需要鼓励董事与高级管理人员积极发挥主观能动性，在确认风险的情况下敢于制定和执行经营策略，才能使得公司利益最大化。另外，公司治理规则需要保证董事与经理正当地行使权力，不得损害公司利益，忠诚于公司为公司负责。对此，映射于法律规定上即为董事义务，具体言之，参考我国《公司法》[1]《证券法》[2]《企业破产法》[3]和《上市公司治理准则》[4]等可以看出董事的法定义务具体为忠实义务和勤勉义务等。那么，在下文中，笔者将具体阐述董事法定义务的内容，以及探讨如何通过董事义务证实董事责任保险制度创设的理由与价值。

受信义务

公司法上，董事被视为公司的受信人，因此其承担的义务也被称之为受信义务。其理论来源：第一，与信托法律关系中的受托人一样，董事基于各方面信任拥有对公司日常事务的最终决策权。第二，与受托人一样，董事能够代表具有利益冲突的多个受益人，包括股东、雇员、债权人等。[5]但董事并不是严格意义上的受托人，因为他们的自由裁量权和经营管理

---

[1]　《中华人民共和国公司法》，第147条：董事、监事、高级管理人员应当遵守法律、行政法规和公司章程，对公司负有忠实义务和勤勉义务。

[2]　《中华人民共和国证券法》，第142条：证券公司的董事、监事、高级管理人员未能勤勉尽责，致使证券公司存在重大违法违规行为或者重大风险的，国务院证券监督管理机构可以责令证券公司予以更换。

[3]　《中华人民共和国企业破产法》，第125条：企业董事、监事或者高级管理人员违反忠实义务、勤勉义务，致使所在企业破产的，依法承担民事责任。

[4]　《上市公司治理准则》，第23条第二款：控股股东高级管理人员兼任上市公司董事的，应保证有足够的时间和精力承担上市公司的工作。第33条：董事应根据公司和全体股东的最大利益，忠实、诚信、勤勉地履行职责。

[5]　参见黄辉：《现代公司法比较研究——国际经验及对中国的启示》（第二版），清华大学出版社2020年版，第189页。

权相比受托人而言要大得多。① 在受信义务的发展过程中,秉承了两个主要思想：第一,受信人在履行职责时绝对不存在任何利益冲突情形。对此,在应用于公司法制度的建设时做出了一定的调整,因为董事有时候也会因为持有公司股份而成为公司股东,此时其既为受信人,也是受益人。第二,当事人自治原则,即认为可以通过契约变更董事义务,例如通过股东大会或者章程。但是对于法定义务而言,并不能通过契约进行变更。② 虽然对于受信义务在发展过程中有很多理论和探讨,但由于本文并不是主要探讨董事义务,因此仅按照通说理论对受信义务的主要分类进行阐述。受信义务具体分为两种:一是注意义务；二是忠诚义务。

(1) 注意义务。注意义务从其定义上看可以简单表述为董事、高级管理人员在履行其职责时对公司负有合理的注意义务。③ 注意义务是过失侵权的基础,董事、高级管理人员在违反注意义务的行为是一种过失行为的表现,需承担侵权行为责任。但是公司法中董事、高级管理人员所承担的注意义务又有其特别之处,例如,我国《公司法》对于注意义务体现在第147条所规定的勤勉义务,但却没有对于勤勉义务进行详细的审查规定,导致认定董事、高级管理人员存在司法执行上的困难,虽然在《公司法》(2023年修订,2024年7月1日生效)第180条第二款④中对于勤勉义务的规定修改为"董事等在执行职务时应当为公司的最大利益尽到管理者通常应有的合理注意"。但何谓"通常应有合理注意"还是没有做出明确定义或举例予以说明,这样就使得在实践中判断董事是否违反勤勉义务时仍存在着可以争执的余地。且注意义务从其词义上不仅包括强调管理者的责任心,还包含了克服其懒惰的这一含义,在法律上可具体表现为作为与不作为。对此,借鉴美国法上对于注意义务的定义以及审查规则进行具体讨论。

在美国法上,注意义务的标准是:"①善意＋②应当像处于相似位置的普通谨慎人那样在类似情况下所应尽到的注意＋③须合理地相信其行

---

① 参见施天涛:《商法学》(第四版),法律出版社2021年版,第227页。
② 参见黄辉:《现代公司法比较研究—国际经验及对中国的启示》(第二版),清华大学出版社2020年版,第190页。
③ 参见施天涛:《商法学》(第四版),法律出版社2010年版,第227页。
④ 《公司法》(2023年修订)第180条第二款:董事、监事、高级管理人员对公司负有勤勉义务,执行职务应当为公司的最大利益尽到管理者通常应有的合理注意。

为是为了公司的最佳利益。"①当董事、高级管理人员符合上述三个要素时,可以免去其在管理经营公司日常业务时所承担的责任。由于标准还是存在一定的模糊性,因此还会使用"商业判断规则"作为其辅助进行判断。所谓"商业判断原则",即"董事、高级管理人员善意地进行商业决策即可满足注意义务的要求,如果:(1)他与所进行的商业决策事项不存在利害关系(He is not interested in the subject of his business judgment);(2)他对所进行的商业决策时了解的,并合理地相信在该种情况下是适当的(He is informed with respect to the subject of his business judgment to the extend he reasonably believe to be appropriate under the circumstance);(3)他理性地相信其商业决策符合公司的最佳利益(He rationally believes that his business judgment is in the best interest of the corporation)。"②该判断原则的基本观念在于,对于作出不好的商业判断的董事、高级管理人员在承担责任时给予的一定限制,由于商业判断的好坏并不容易定义,且会随着很多因素进行变化。因此按照上述商业判断的三个因素,只要董事、高级管理人员主观上是善意的,并在合理的调查基础上所作出的诚实的商业抉择是不受指控的,即使该抉择是错误的,也不承担相应的责任。因此结合前文中对于董事责任保险的定义,当董事、高级管理人在履行公司管理职责时,保险人判断其是否存在"恶意、违背忠诚义务、信息披露中故意的虚假或者误导性陈述、违反法律的行为"的这一过失因素时,便可以使用"商业判断原则"来确认董事、高级管理人员是否存在违反注意义务的行为。不过,为什么董事、高级管理人员因过失行为而判定其是否承担侵权责任的条件与一般普通人的过失责任的判定条件不同呢?该原因是否可以解释正是由于董事、高级管理人员在日常经营中的职业行为具有一定风险性,以及如果答案是肯定的话,那么也可以证明为其购买董事责任保险价值必要性。具体阐述如下:③

① 商业决策对错或者好坏无法实现预判,只能事后审查,但是事后审查往往很难,由于不能要求法官一定具备判断商业决策的能力或者说

---

① 参见施天涛:《商法学》(第四版),法律出版社2010年版,第227页。
② 参见上书,第227-228页。
③ 参见上书,第228页。

法官也不愿意介入涉及公司内部商业决策的是非当中。以及,商业判断经常需要迅速作出,因为商机往往瞬息万变,如果为了降低风险,搜集信息,为此耽误的时间会比没有搜集信息而犯下的经营错误所造成的损失更为高昂。①

② 损害结果的大小。不同于一般的侵权行为,董事、高级管理人员违反义务给公司造成的损失往往巨大,例如在中化化肥有限公司、中化化肥有限公司安徽分公司与乔因国、祖成华、中国平安财产保险股份有限公司损害公司利益责任纠纷案②中,原告诉称两被告乔因国、祖成华给其造成的经济损失高达人民币19,731,890.00元。不仅如此,还存在对公司声誉造成损失的可能。因此,面对如此之大的损失赔偿额以及消极影响,董事、高级管理人员所承担的风险是显而易见的,对此如果因普通过失就要求其对公司、第三人等承担责任,那么在实务中将不会有人愿意在公司中担任这样的职务。

③ 诉讼性质的不同。由于向董事、高级管理人员发起的诉讼是股东提起的派生诉讼,这其中难免出现律师为了赚取高额的代理费用而怂恿股东起诉,因为在股东代表诉讼中,作为原告的股东并不是为了自己的利益而是为了公司的利益。如果董事、高级管理人员所承担的责任是普通过失,很有可能出现恶意股东滥用派生诉讼干扰公司的正常经营活动。

(2) 忠诚义务。忠诚义务,顾名思义是为了克服董事、高级管理人员的贪婪和自私的行为。其主要表现为:一是董事、高级管理人员将自己的利益置于公司和股东之上;二是董事、高级管理人员利用职权为自己谋取利益。例如我国《公司法》第148条:"董事、高级管理人员不得有下

---

① 参见黄辉:《现代公司法比较研究—国际经验及对中国的启示》(第二版),清华大学出版社2020年版,第202页。

② 中化化肥有限公司、中化化肥有限公司安徽分公司与乔因国、祖成华、中国平安财产保险股份有限公司损害公司利益纠纷案,网址:https://hk.lexiscn.com/law/content_case_analysis.php?case_id=22299964&keyword=6JGj5LqL6LSj5Lu75L%2Bd6ZmpLOi0o%2BS7u%2BS%2FnemZqSzokaPkuos%3D&t_kw=6JGj5LqL6LSj5Lu75L%2Bd6ZmpLOi0o%2BS7u%2BS%2FnemZqSzokaPkuos%3D&eng=0&search_keyword=%E8%91%A3%E4%BA%8B%E8%B4%A3%E4%BB%BB%E4%BF%9D%E9%99%A9&prid=622dacc0-cfd0-1a7a-274d-6fb9002e3784&crid=35d21fa4-5748-4d5a-8ee0-ab2c396c248d,最后访问时间:2023年10月14日。

列行为:(一)挪用公司资金;(二)将公司资金以其个人名义或者以其他个人名义开立账户存储;(三)违反公司章程的规定,未经股东会、股东大会或者董事会同意,将公司资金借贷给他人或者以公司财产为他人提供担保;(四)违反公司章程的规定或者未经股东会、股东大会同意,与本公司订立合同或者进行交易;(五)未经股东会或者股东大会同意,利用职务便利为自己或者他人谋取属于公司的商业机会,自营或者为他人经营与所任职公司同类的业务;(六)接受他人与公司交易的佣金归为己有;(七)擅自披露公司秘密;(八)违反对公司忠实义务的其他行为。董事、高级管理人员违反前款规定所得的收入应当归公司所有。"公司法上对于忠诚义务在分类上有以下几类:自我交易;公司机会,即董事不得为了自己的利益冲突或者第三人的利益盗用公司的财产、信息和机会;其他的避免利益冲突义务,例如董事必须保持自己的自由裁量权和董事任职于多家公司的有关规则等。以下简要探讨:

① 自我交易。自我交易从定义上看就是董事、高级管理人员与公司之间进行的交易。在这样的交易当中存在利益冲突,因为董事、高级管理人员承担公司日常的经营活动,代表了公司的意志,而交易的另一方又恰恰是自己,在利己主义的催动下,他们也要为自己的利益争取到最好的交易条件,因此董事们与公司之间产生了利益冲突。自我交易在形式上可能表现为,董事、高级管理人员的亲戚与公司之间签订合同将公司的财产出售给其亲戚;同时担任两个公司董事、高级管理人员的公司之间,将其中一家的财产出售给自己;或者董事、高级管理人员贷款给公司等。①

那么,对于自我交易法律上的态度是什么呢?在早期,法律上禁止自我交易,无论在这场交易过程中公司是否获利。可以看出,利益冲突在本质上是不被允许的,法院也拒绝审查自我交易的实质公平问题。到20世纪,这种绝对禁止已经消失,法律开始承认自我交易,理由是:其一,如果自我交易处理得当,公司并不一定受损;其二,自我交易在激励和补偿董事、高级管理人员方面有所助益。且公司章程可以改变和缓和对于自我交易产生的道德问题,例如在公司章程中设置自我交易的审批程序,公司

---

① 参见施天涛:《商法学》(第四版),法律出版社2010年版,第229页。

可以通过这些程序性的规定保障董事的忠诚义务。①

在自我交易的司法审查标准上,外国法例如美国法是采用"公平标准","公平标准"有三个判断标准,由于自我交易涉及利益冲突,所以自我交易公平与否的最初举证责任在于董事、高级管理人员,只要他们可以证明其行为符合下述一种情况,则交易有效:①取得非利害关系董事同意;②取得股东会同意;③证明该交易是公平的。② 由于自我交易是解决信赖问题,换言之,是因为难以相信在自我交易中,董事、高级管理人员会将公司的利益置于自己的利益之上。因此需要对于自我交易的公平性以一定的程序形式来予以证明,如果不能满足上述的程序上的要素,则行为人则需要向法院证明该种交易在实质上是公平的。如果因董事、高级管理人员违反忠诚义务,导致公司、第三人遭受损失时,是否可以利用董事责任保险要求保险公司承担上述人员所需赔偿的金额时,需要自证其行为并不属于保险公司的免责范围,例如中国平安财产保险股份有限公司销售的《公司董事及高级职员责任保险条款》③第 7 条的免责条款第 1 款中约定了,本公司对被保险董事或高级职员因下列行为被提起的索赔不负责赔偿:董事、高级管理人员"不诚实、欺诈、犯罪、恶意或故意行为"。因此在该保险条款中,需要自证其不存在不诚实的行为即没有违反忠诚义务的,可以依据我国《公司法》第 148 条第一款第 4 项,"违反公司章程的规定或者未经股东会、股东大会同意,与本公司订立合同或者进行交易",只要证明在公司章程中存在有关自我交易规定,并取得股东会、股东大会的同意,那么自我交易是有效的,董事、高级管理人员未违反董事的忠诚义务。不过在实践当中,对于具体的自我交易其实很难预先在公司章程中进行详尽的约定,且事前取得股东会、股东大会的同意对于交易本身而言成本也较高,据此,保险公司对于被保险人的行为落入免责范围相对占在了更有利的地位。

② 公司机会。在公司的日常经营活动中,董事、高级管理人员可能利用公司机会为自己谋取利益。例如我国《公司法》第 148 条第一款第 5

---

① 参见黄辉:《现代公司法比较研究—国际经验及对中国的启示》(第二版),清华大学出版社 2020 年版,第 216 页。
② 参见施天涛:《商法学》(第四版),法律出版社 2010 年版,第 230 页。
③ 详见中国平安财产保险股份有限公司:《公司董事及高级职员责任保险条款》。

项规定,"未经股东会或者股东大会同意,利用职务便利为自己或者他人谋取属于公司的商业机会,自营或者为他人经营与所任职公司同类的业务"。董事、高级管理人员负有维护公司利益的义务,他们不能利用职务之便为了自己的利益利用属于公司的商业机会,除非得到了股东会或者股东大会的同意。不过,我国对于商业机会没有进一步的定义,如何判断商业机会是否属于公司成为了执法上的困难点。因此只能依旧借鉴外国法的经验,在美国法上有三点判断要求:其一,"利益或者期待利益"标准。如果公司对该机会具有利益或者期待利益,那么该机会属于公司;其二,"经营范围标准",按照这一标准,任何机会只要在公司经营范围内都属于公司机会;其三,"公平或者固有公平"标准。由于是否公平的判断多与道德因素相关联,并多依赖于法官的自由裁量,因此法院在运用该标准时会考虑很多因素,例如董事或者高级管理人员如何了解到该机会的,是否利用公司的资产,其主观上是否存在善意等。[①]

那么,如果经过判断一个商业机会构成了公司机会时,作为董事或者高级管理人员可能会放弃这个机会,也可能会争取机会,即向公司披露该机会的存在及他在其中的个人利益以期待公司成全自己。不过也有几种情况即使是被判定属于公司机会,董事、高级管理人员也可以加以利用:其一,公司拒绝利用该机会,这不言自明,如果公司明确放弃了机会,那么董事、高级管理人员便可以加以利用,只不过对于如何判断公司是否是真实地放弃了该机会需要通过判决。在实际判例中,法官在判断时会将董事利用公司机会分为正当与不正当,只要有充分证据表明董事会明确拒绝董事,且董事们拒绝是善意地并考虑了公司利益之下,那么董事利用公司放弃的商业机会属于正当地利用公司机会;[②]其二,公司实质不能,即如果公司实质上不能利用该机会,则董事、高级管理人员可以加以利用;其三,善意并不与公司竞争,即董事、高级管理人员在善意且不与公司竞争的情况下可以从事与公司相似的业务。[③]

③ 其他的避免利益冲突义务——董事必须保持自己的自由裁量权

---

① 参见施天涛:《商法学》(第四版),法律出版社 2010 年版,第 233 页。
② See (1966)58DLR(2d)1 Supreme Court of Canada,Peso Silver Mines Ltd. (NPL) v. Cropper.
③ 参见施天涛:《商法学》(第四版),法律出版社 2010 年版,第 234 页。

和董事任职于多家公司的有关规则。

公司法的基本原则在于董事必须在行使权力时为了公司最佳利益而进行独立判断,"即禁止董事在没有公司章程授权的情况下将自己的自由裁量权授予其他人,或者以任何方式束缚自己的自由裁量权。"[①]鉴于信赖关系,无论是站在传统公司法理论还是当代公司契约理论,董事、高级管理人员作为受信人,都必须负责地为了公司最佳利益而进行决策,而不能随意将该决策的责任委托给他人,或者通过协议等方式束缚自己的自由裁量权。正如丹宁勋爵所言,"任何负有信义义务的人都不能通过协议让自己不履行信义义务……他们必须独立地作出负责的抉择。如果一个议员接受他人的报酬而答应按照其指示进行投票,放弃自己的自由裁量权,那么,此协议显然无效,因为其违背公共政策"[②]。

(二)影响公司治理的因素

按照我国公司法的规定,董事由股东会选任,董事会为股东会负责,但是董事利益与股东利益按照当代公司契约理论由于所有权与经营权的分离其各自的利益也存在偏离,因此公司机构中形成了固有的代理成本问题,即"董事可能隐秘地从事符合自身利益而损害公司利益的行为。代理成本突出表现为在董事和高级管理人员的自我交易和懈怠渎职行为。"[③]而这些问题,在股权高度分散的公司中体现得尤为明显,例如在上市公司中,股权分散,很多小股东没有能力也没有心情去有效监督公司管理层,因此如若董事出现自我交易、懈怠的行为很难被有效地察觉。为了解决因两权分离所带来的代理成本高导致的问题,各国公司法在立法上对于董事义务作出了规定,本书上文中已详细阐述。

诚然,在目前的公司治理机制当中,虽然公司法上对于董事规定了其必须承担的义务,从而解决了上述董事代理成本问题,但是鉴于董事在公司中的地位和权力,董事义务对于公司治理而言并不是唯一手段,其自身

---

① 黄辉:《现代公司法比较研究—国际经验及对中国的启示》(第二版),清华大学出版社2020年版,第230页。

② Boulting v. Association of Cinematograph,Television and Allied Technicians(1963)2 QB 606,626。

③ 黄辉:《现代公司法比较研究—国际经验及对中国的启示》(第二版),清华大学出版社2020年版,第148页。

也存在很多弊病。第一,按照公司法的规定,董事会有权决定公司内部管理机构的设置、聘任和解聘高级管理人员、制定公司的基本管理制度。①因此,董事作为制度的制定者并掌握权力在其违反董事义务时,很少有公司以违反义务为由起诉前任或者现任董事。简言之,"董事义务制度的一个固有缺陷就是将执行的权力交给了潜在的被告或者他们的继任者"②。虽然监事会的职权之一就是为了对董事、高级管理人员执行公司职务的行为进行监督,但是实践中无法避免出现监事尸位素餐的情况,因此为了避免这样不作为的情况出现,股东代表诉讼就成为弥补这一不足的措施。第二,在实践中,利用股东代表诉讼这一制度起诉董事、高级管理人员等,但是由于法官可能不具备判断董事作出的商业决策的能力,且这种事后司法审查在实施时,董事可以以各种理由进行抗辩。例如,第一,公司决策时存在时间紧迫或者信息成本较高而需要冒着风险决断的情形;第二,经营决策大体都是董事集体提案并不是一位董事独断专行;第三,经营决策虽然是董事会作出,但是批准决策议案的主体是股东会。因此,在事后审查时判断其决策存在疏漏或者不当,是不利于董事在管理公司时发挥主观能动性掌握商机为公司谋取利益的。所以法院通常都会尊重董事当时的商业判断。③ 这就导致法院难以辨别董事作出的商业判断中是正当风险、合理错误的结果还是存在被公司判定是否为不可接受的懈怠渎职和自我交易行为。为了更加深入地理解董事在公司治理中的作用,对于影响公司治理的因素需要进行简要地分析。

影响公司治理的因素在实务中,由于各国在公司治理结构上存在重大差异,导致其差异产生的因素也很多。虽不能在本文中一一阐述,但是会对已经得到学者们普遍认同的以下两个影响公司治理的因素进行简要探讨即股权结构与机构投资者。④

1. 股权结构

股权结构分为股权分散型与集中型,在英美法系国家,股权较为分

---

① 参见《公司法》,第46条。
② 黄辉:《现代公司法比较研究—国际经验及对中国的启示》(第二版),清华大学出版社2020年版,第148页。
③ 同上。
④ 同上书,第152页。

散,分散型股权体现出股票的流动性强,据数据表明例如在澳大利亚34%的上市公司中,持股超过5%的即为大股东。① 由此可以看出上市公司由于股权分散,会因此出现公司被收购的可能性高于股权不太流通的公司。不过公司的收购制度,在监督公司管理层方面也发挥了积极作用。而在大陆法系国家,公司股权结构相对集中,这些公司的治理体系是以大型关联公司集团为特征。持股的公司也多倾向于银行、保险公司。例如日本丰田汽车株式会社,据2023年的数据显示,其控股公司的第一位是信托银行,而前10位中有3家均为保险公司。② 银行成为大股东,向公司提供融资资金,并持有其大量股权,从而控制公司,监督其表现。这就导致外部人很难撼动公司的控制权,对于公司进行敌意收购的概率较低。

公司的股权结构不仅仅影响公司治理体系,还决定了公司治理的对象。例如,在英美法系国家,股权分散会导致股东的集体行动问题和对公司管理上的消极性。③ 具体而言,由于股权分散,股东众多,个人的持股比例较小,因此在对公司决策进行投票时,个人分散地投票对于决策结果没有影响,只有股东集体行动才能决定投票结果。但是协调股东集体行动需要大量的资金、精力和时间,即使投票成功"实际参与的股东也只是按照其很小的持股比例获取收益,其他股东则会选择'搭便车'的方式,即让别的股东去投票或者监督公司管理层而坐享其成。因此这些问题会导致股东没有足够的动力参与公司的管理,不愿意行使投票权和监督公司管理层,从而使得公司管理层掌握了公司的实际控制权,产生了所谓的'内部人控制'现象,导致经理人利益与股东利益可能存在偏离。"④

然而,在大陆法系国家,公司大股东的持股比例较高,例如日本丰田汽车株式会社,其金融机关·证券公司类股东的股份比例达到39.04%,⑤这些大股东既有动力也有能力去监督管理层,因此公司高级管理人员的内

---

① 黄辉:《现代公司法比较研究—国际经验及对中国的启示》(第二版),清华大学出版社2020年版,第153页。
② ToyoTa 株式の状況,网址:https://global.toyota/jp/ir/stock/outline/,最后访问时间:2023年8月14日。
③ 参见黄辉:《现代公司法比较研究—国际经验及对中国的启示》(第二版),清华大学出版社2020年版,第153页。
④ 同上。
⑤ ToyoTa 株式の状況,网址:https://global.toyota/jp/ir/stock/outline/,最后访问时间:2023年8月14日。

部控制与代理成本不是其主要问题。然而,由于股东过于强势,其存在的问题是前文中所述的第二个层次,即"股东之间的内部矛盾,即大股东对小股东的利益侵害和压迫问题"。所以在这些股权集中的国家,保证大股东不滥用权力而压迫小股东成为公司治理过程中所面临的问题。[1]

2. 机构投资者

如上文所述,由于在股权分散的公司中,股东缺乏动力和能力与行使投票权与监督公司管理。那么便如上述所举例,日本丰田汽车株式会社一样,大力发展机构投资者,即投资公司多为证券投资基金或者保险公司。相对于个人投资者,投资机构从专业度、财力以及技术方面更加成熟和理性,能够有效减少市场的投机程度与波动性,使得投资更加理性和健康。因此,在股票市场上,个人投资者相对于机构投资者而言,如果其不满公司的经营表现,他们往往是抛售手中的股票,而不会选择采取积极行动促使公司改进管理。其理由往往十分容易被理解因为有时候对于个人投资者而言,并不清楚作为股东的他们所享有的权利是什么,也可能存在哪怕通晓公司法上对于股东权利的规定但对于如何行使权利却并不清楚。因此,鉴于上文所述,股东存在集体行动问题与搭便车的心理,个人股东是不愿意积极地行使投票权与参与公司管理的,只是当发现公司经营出现问题导致股价下跌时,会为了自己的利益不再进一步受损而采取抛售股票的方式予以离开,而流动的股票市场也为股东提供了便捷的通道。因此,只有在私人公司或者公司股票并不流通等情况下,股东才会被迫积极行使其权利或者寻求法律救济。[2]

第二节 公司补偿制度

一、公司补偿制度的概述

(一)公司补偿制度的概念

公司补偿制度是指,公司根据法律或者公司章程等规定,在董事、高

---

[1] 参见黄辉:《现代公司法比较研究—国际经验及对中国的启示》(第二版),清华大学出版社2020年版,第154页。

[2] 参见陶循:《论我国公司补偿董事制度之条件》,载《经济与法》,2011年2月,第88页。

级管理人员因履行职务而被起诉时,对董事、高级管理人员的民事、刑事或者行政责任的成功抗辩而由公司替代其承担律师费用、诉讼费用等有关费用,以及根据法院判决或者和解协议应支付的赔偿数额或者罚款予以补偿的法律制度。①

(二) 公司补偿制度的演进历程

公司补偿制度是"源于判例法,是各种观念相互冲突和协调的产物。"②早期时候,"凡是出于为董事转移风险的目的而由公司开支费用,不能认为是为了公司的最佳利益。因为,如果允许公司给董事以经济补偿,其实际效果是个人获利,而公司并不因此而受益。基于这样的理由,公司为其董事提供资助,从而减轻个人经济责任的做法被认为是一种越权行为"③。因此,按照传统公司法立法,由公司对董事、高级管理人员的损失给予任何程度额度补偿都是不能容忍的,导致该制度长期未得到立法的确认。但随着公司法制度的不断发展,判例法开始有条件地承认董事、高级管理人员对公司的补偿请求权。对此英国、美国、日本等国在公司补偿制度上表现出不一样的态度。

在英国,虽然该请求权没有正式确认于立法当中,但是从上述对于公司补偿制度的定义可以看出,公司对于董事、高级管理人员的补偿可以来自于公司的章程,即在公司章程中规定,如果董事作为被告在违反法定义务的诉讼中获胜时,公司会补偿其参与诉讼所承担的相关费用。但这前提是只有当董事、高级管理人员胜诉时才能申请补偿,其理由在于董事、高级管理人员向公司请求补偿的权利只适用于补偿费用出自董事的合法行为,董事不能就自己的违法行为获得补偿。但是,当补偿制度发展到20世纪早期,在1926年通过调查发现,在公司章程中免除董事责任的范围不仅仅及于董事、高级管理人员的过失行为,还扩展到哪怕是明知情况下的故意甚至是实际的欺诈行为。调查报告认为,这些章程条款对于董事、高级管理人员过于慷慨,是有悖法理需要修改的。对此,这种在董事经由公司为其补偿而免于承担个人责任的问题,司法界存在较大争议。

---

① 参见宋一欣、孙宏涛:《董事责任保险与投资者权益保护》,法律出版社2016年版,第153页。
② 王伟:《董事补偿制度研究》,载《现代法学》2007年第29卷第3期,第40页。
③ 同上文,第40-41页。

对此报告认为,通过成文法对于董事义务进行硬性规定并不可取,好的做法是禁止章程免除董事、高级管理人员在普通法上的过失责任、义务违反责任和信托责任,因此,从1928年开始,英国通过立法明确规定在哪些情况下公司可以免除董事、高级管理人员的责任,补偿相关的费用或者为其购买责任保险。①

在美国,早期时候对于公司补偿制度的态度也是消极的,但随着股市大跌,公司董事、高级管理人员经常面临来自投资者的诉讼,如果要求董事、高级管理人员用自己的财产进行抗辩并承担败诉后的赔偿,那么对其而言巨大风险会导致没有人愿意再担任这些职务。其理由非常容易理解,即参与上述诉讼的过程所需承担的抗辩费用无论其是否胜诉,其风险远远高于其担任这些职务所带来的收益。② 对此,董事、高级管理人员可能会拒绝担任其职务,或者为了避免风险而采取保守的公司经营方式,这样对于公司未来的发展是十分不利的。自此法官们开始认为公司补偿制度有助于鼓励负责人的经营者哪怕在面临着日常经营的风险也愿意接受董事、高级管理人员的职务,为公司、股东谋取利益。随着公司补偿制度发展,人们对于建立公司补偿制度的态度发生了变化,尤其是在判例的推动之下,例如我们在第一章节中提到的"New York Dock Co., Inc. v. McCollom案"③。最终于1941年,美国纽约州率先在《公司法》中确立了公司补偿制度,时至今日,美国50个州等的公司法中都规定了公司补偿制度。④

在日本,公司补偿制度虽然经常被学者们进行讨论,但在立法上一直不被得到承认。不过,随着经济全球化发展为了确保吸收多种多样能力的董事、高级管理人员,企业价值的提高成为必要的课题,而无论在公司内外,在渴求全球化下多种多样人才过程中,在日本,对于董事、高级管理

---

① 参见黄辉:《现代公司法比较研究—国际经验及对中国的启示》(第二版),清华大学出版社2020年版,第239页。
② 参见孙宏涛:《美国公司补偿制度及其对我国的启示》,载《甘肃政法学院学报》,总第116期2011年,第132页。
③ See George T. Washington, Litigation Expenses of Corporate Directors in Stockholders' Suits, Columbia Law Review, Vol. 40, No. 3 (Mar., 1940), pp. 431-452.
④ 参见孙宏涛:《美国公司补偿制度及其对我国的启示》,载《甘肃政法学院学报》,总第116期2011年,第133页。

人员包含补偿环境的保险环境在国际上是滞后的。因此作为公司治理改革的一部分，日本的学者和实务界人士正在努力为改善上市公司的董事、高级管理人员的任命条件，以确保他们有适当的激励措施，不会过度规避风险。对此所作出的改善措施有二，其一为对于董事、高级管理人员的薪酬的构造改革，其二就是对董事、高级管理人员的公司补偿及董事责任保险。在本书第四章将提到日本经济产业省于2015年7月25日出台的解释指南中，首次将公司补偿制度与董事责任保险进行了明确规定，这意味着时代的指针又向前转动了一步。在该解释指南所揭示的公司补偿制度表明，当董事、高级管理人员承担损害赔偿责任被起诉时，公司会为其承担损害赔偿额或者诉讼费用等费用，在按照解释指南所规定的一定程序之下，在日本的公司法得以承认。①

（三）公司补偿制度的价值

在公司补偿制度被创立的初期，确实因为担心在其运行过程中引发董事、高级管理人员的"道德问题"，即由于公司补偿制度的建立为其在一定程度上建立"保护伞"，而导致其容易出现降低其在日常经营活动中的责任心与注意程度，并可能助长过失甚至恶意行为的产生。但是随着公司补偿制度的不断发展完善，其"道德问题"可以被程序条件来解决其制度的重要性也逐渐被凸显出来，该制度的价值所在如下所述。

随着全球化的发展，公司规模的扩大，在公司日常经营过程中，董事、高级管理人员所承担的被诉风险也在不断上升，以美国和日本为例。在美国，通过统计，合资公司的董事、高级管理人员面临的索赔是独资公司或者封闭式公司的2～3倍。无论合资公司还是独资公司，有500个以上股东的公司被索赔的概率远远大于其他小规模公司。资产在1亿以下的公司面临这种索赔的概率为12%，资产在10亿以上的则为63%，而资产在100亿以上的平均被索赔了1.64次。② 不仅如此，即使董事、高级管理人员与提起诉讼的原告方达成和解，该和解费用也是非常高昂的，具体调查，如安然公司、世通公司分别达成的77亿美元、70亿美元的和解费外，

---

① ［日］武井一浩：「会社補償及びD&O保険の最新動向と課題」，「ジュリスト」2016年7月，第39-40頁。

② 参见孙宏涛：《美国公司补偿制度及其对我国的启示》，载《甘肃政法学院学报》，总第116期2011年，第133页。

其他的案件中,例如 AOL 时代华纳为了与原告达成和解支付了 24 亿美元的和解费,Ahold 公司是 11 亿美元,Mckesson 公司是 9.6 亿美元。①在日本,1993 年商法修改后股东代表诉讼的数量也出现了激增的情况,虽然由于司法判断的基准在一定程度上得到了明确导致 2000 年以后诉讼数量有所下降,但是在 2007 年后,由于重视公司治理风潮的出现,以及投资者的权利意识的提高,诉讼数量又开始有所上升(详见下图 3-1)。② 以及,在日本 2014 年的统计数据中显示,在调查整理的被诉原因的种类当中(详见下图 3-2),由于经营判断失误所导致的时间有 22 件,占比高达 44%。③

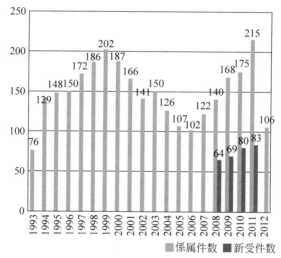

出典：リスクマネヅメント最前線2014No17(资料版/商事法务(2014年3月号)ポリ 京海上日動リスクコソサルティソク作成)

图 3-1　股东代表诉讼案件数量(1993 年至 2012 年间)

从上述调查结果可以看出,董事、高级管理人员尤其是在大型上市公司中任职时所面临的经营风险还是较高的,由此带来的过于严苛的责任负担可能导致他们的权利义务失衡,并严重挫伤其经营的积极性,最终公

---

① 参见孙宏涛:《美国公司补偿制度及其对我国的启示》,载《甘肃政法学院学报》总第 116 期,2011 年,第 133 页。
② 役員責任の最新動向 Tmn-do.jp/latest/,最后访问时间:2023 年 10 月 16 日。
③ 同上。

● 訴因と争訟結果

訴因 経営判断の誤りを問う事例と違法行為に絡んだ事例が約半数ずつ。

訴因		件数（割合）
経営判断の誤りを問う事例		22（44%）
違法行為に絡んだ事例	カルテル・談合	14（28%）
	不正経理	4（8%）
	贈賄・違法献金	2（4%）
	社員のインサイダー取引	1（2%）
	その他	4（8%）
不明		3（6%）
合計		50（100%）

出典：リスクマネジメント最前線 2014 No17(資料版/商事法務(2014年3月号)より東京海上日動リスクコンサルティング作成)

图 3-2 被诉原因的种类

司和股东可能会由于董事、高级管理人员在经营决策中瞻前顾后或者过于小心谨慎而受到损失。此时，公司补偿制度所发挥的作用可以很好地解决这一顾虑，而在该制度设立之初被提出的"道德问题"也可以通过设置相应的适用条件进行规避其发生的可能性，因此公司补偿制度的设立可以达到更好地保护那些为了公司和股东的利益而勇于做出经营判断决策的董事、高级管理人员。

（四）公司补偿制度的具体模式

在美国法上，对于公司补偿制度分为强制性补偿与任意性补偿，具体介绍如下：

1. 强制性补偿也称法定补偿

强制性补偿的适用要件是董事、高级管理人员能够抗辩成功。这与该制度在演进的过程中已经被提出，即"只有在事实上证明在促进公司利益最大化方面无过错的董事才能获得抗辩费用的补偿，具言之，对董事给予强制性补偿必须考虑作为被补偿人的董事的行为是否符合公司的最佳利益,如果董事、高级管理人员不能成功抗辩索赔或者其在促进公司利益最大化这一问题上存在一定过错,其要求公司给予补偿就失去了相应的根据。"① 强制性补偿在补偿的范围上仅限于抗辩费用,因为这些费用是董事、高级管理人员在应诉过程中确实或者合理产生的。按照上述适用要件,"抗辩成功"作为董事、高级管理人员是否能够获得公司补偿的重要条件,但是如何理解"抗辩成功"却存在一定的差异。例如,董事、高级管理人员只是在程序上抗辩成功或者部分抗辩了第三人的诉讼请求时,是否可以视为抗辩成功?还是抗辩成功必须以与第三人的诉讼中取得胜诉作为证明条件?对此,如果没有明确的标准,公司补偿制度只是纸上谈兵,没有用武之地。对此美国立法上对于抗辩成功的标准进行了规定:(1)部分抗辩成功,即董事只要根据案件的性质及在有关的法律部分胜诉时,即可要求公司对其所承担的费用予以补偿;(2)完全抗辩成功,即当董事、高级管理人员完全成功地抗辩了对方的全部诉讼请求时,才可以请求公司对于其参与诉讼的抗辩费用进行补偿;(3)实质上的抗辩成功,由于完全抗辩成功的这一条件较为苛刻,难以使公司补偿制度发挥作用,而部分抗辩成功的标准又存在弹性较大的因素,例如,如果只有少部分甚至1%抗辩成功便要求公司予以补偿的话,会发生有失偏颇而引发道德问题。因此第 3 种方式上采用了折中方式,即只要董事、高级管理人员成功抗辩了原告方的主要诉讼理由,即可以被视为其抗辩成功,对此公司需要负担相应的抗辩费用。②

2. 任意性补偿制度

在上述公司制度的演进过程中可以看出,在英国法上,除了强制性补偿规则以外对于补偿的内容可以通过公司章程、合同等方式对董事、高级管理人员给予补偿,即任意补偿制度。与强制性补偿不同,任意补偿的存在与否完全取决于公司章程、合同等是否有明确的规定或者约定,而不是只要董事、高级管理人员遭受了损失就自动适用有关补偿制度。③ 对此从立法模式、适用的条件上进行详细讨论。

(1)立法模式。诚然,如上述所言,在强制性补偿之外对董事、高级

---

① 王伟:《董事补偿制度研究》,载《现代法学》2007 年第 29 卷第 3 期,第 42 页。
② 同上。
③ 同上。

管理人员通过章程、合同等方式给予的补偿机制可以对其加大保护,但如果这种方式不加任何限制,则有可能出现公司盲目扩大补偿范围而违反社会公共利益的情况,导致减轻董事、高级管理人员的义务和责任。因此对于任意公司补偿制度而言,立法者需要考虑的是在何种程度上允许公司在董事、高级管理人员的法定补偿之外扩大补偿范围。对此,形成两种立法模式:

① 排他型补偿模式。即"法律明定公司可以提供补偿的范围,无论是由股东通过章程、细则规定,还是由公司与直接签订补偿协议约定,凡与立法规定相抵触的补偿条款,均无效。"[1]排他型模式的特点是公司补偿范围被严格控制在法定范围之内,具有较为强烈的强行法特性。美国采取的是这种立法模式。在《示范公司法中》的1999年修订版第8.59条中表明"公司只能在本分章允许的范围内对董事或者高级管理人员提供补偿或者预支开销。"不过,虽然补偿范围被法定化,但是第8.59条在制定者的认识中认为快捷、简便的程序规定对董事、高级管理人员的补偿具有重要意义,因为在当事人提出补偿或者预支费用时,有效的程序规定可以使公司认真考虑、快捷地行动等。[2]

② 非排他型补偿。即"法律规定的补偿范围仅供公司参考适用,公司可以根据自己的自由裁量,扩大补偿范围。"在这种形式下,法律对于补偿范围的规定只是一种任意性的条款,不能限制董事、高级管理人员根据章程、合同等获得更大范围的补偿。如今,美国大多数州已经采纳了非排他型补偿模式,其他采取排他型补偿模式的如纽约州、加利福尼亚州也开始转变态度,允许公司给予董事更大范围的补偿。[3]

(2)适用的条件。在公司补偿制度中,对于赔偿的适用条件上有一个特点。将董事与公司的诉讼与董事与第三人的诉讼区别对待。对于董事与公司之间的股东代表诉讼,当董事、高级管理人员胜诉时,对于其应诉所承担的抗辩费用和争讼费用,公司应该给予补偿。而当前者败诉时,可以一定能程度地证明其在任职期间做出的行为可能存在违反公司章程

---

[1] William Knepper & Dan A. Bailey. Liability of Corporate Officers and Directors,Lexis Law Publishing. 1998,at273.
[2] 参见王伟:《董事补偿制度研究》,载《现代法学》2007年第29卷第3期,第43页。
[3] 同上。

或者董事义务的情况,对此公司不再向其承担参与诉讼的抗辩费用,否则,这将使得法院做出的判决失去应有的意义,且会导致董事、高级管理人员在经营中放松对自己的要求,会对公司、股东造成更大的损失。不过,在董事、高级管理人员与第三人的诉讼当中,即使前者败诉,公司还是会对其承担的抗辩费用予以补偿。其理由在于,董事、高级管理人员即使败诉,也并不意味着其行为给公司的利益造成了损害。有时,董事、高级管理人员对第三人的赔偿责任恰恰是实施了有益于公司的行为而造成的。[1]

(五)公司补偿制度与董事责任保险之间的关系

从公司补偿制度与董事责任保险的设立初衷与定义来看,二者之间是存在共同的目的,即,都是补偿董事、高级管理人员因经营管理行为所遭受诉讼而承担的抗辩费用、诉讼费用、赔偿金等。从广义的理解上看,公司为董事、高级管理人员购买的董事责任保险也是公司补偿制度的一个组成部分,即保险公司承担上述人员在执行公司职责过程中,因实施的不当行为而导致其对公司或者第三人造成损害而给予的赔偿,通过公司向保险公司购买的保险合同中约定的赔偿限额向被保险人即董事、高级管理人员支付保险金。以保险的方式鼓励优秀的企业管理者担任公司的管理职位,分散其履职过程中承担的经营风险。不过,公司究竟选择购买董事责任保险还是在章程中规定补偿制度或者与董事、高级管理人员签订合同各有其选择的道理,有些看法是,董事责任保险虽然将公司承担的补偿金额转嫁于保险公司之上,但是高额的保险费用、苛刻的免责条款使得很多公司对于购买董事责任保险望而却步。而且,当发生与公司之间或者第三人之间的诉讼时,即使购买了董事责任保险,符合了赔偿条件,保险公司能够给付的赔偿额也是有限的,按照日本三井住友海上保险公司出售的保险条款,在给付额度上最低为5000万日元,最高为仅为10亿日元,[2]而按照前文中举例的案例中的赔偿金额动辄几千万美元,因此如

---

[1] 参见孙宏涛:《美国公司补偿制度及其对我国的启示》,载《甘肃政法学院学报》,总第116期2011年,第134-135页。
[2] 三井住友海上火災保険保険株式会社「会社役員賠償責任保険(会社役員プロテクターのご案内)」,网址:https://www.ms-ins.com/pdf/business/indemnity/executive_corporation.pdf,最后访问时间:2023年10月17日。

果赔偿额度高于保单中选择的给付额度,董事、高级管理人员还是不免会落入自己承担部分赔偿金额或者是抗辩费用的窘境,毕竟没有保险公司会做出无论遭受多少损失都会照单全部赔偿的承诺。但是,相比之下公司补偿制度也不是完美无缺的,其自身也存在一定的弱点,如在公司财务状况恶劣濒临破产时,公司已经无力向董事、高级管理人员提供补偿,此时,如果公司购买了董事责任保险,则可以由保险公司为其承担高额的抗辩费用、赔偿金额。由此可见,二者不是对立的关系而是如果结合适当,更有利于完善对于董事、高级管理人员的经营责任救济制度。①

二、日本公司的补偿制度

日本法上,目前为止仍旧没有在法律上正式承认公司补偿制度,只是按照日本经济产业省出台的解释指南明确了,当满足一定的条件下,根据现行法律得到承认,对此引起了实务界和学术界的瞩目。

(一)公司补偿制度与民法的关系

按照日本《公司法》第330条的规定,股份公司与董事、高级管理人员之间的关系适用委托相关的规定。② 而委托关系的规定源自于日本《民法》第650条。按照该条的立法宗旨在于"受托者为了委托者处理其委托业务过程中,问题的关键在于,委托人必须减轻受托人在处理其事务时必然承担的负担,只要他不疏忽职守,不越权行事即可。有鉴于此,受托人可要求偿还的'被认为是处理委托事务所必需的开支'是指受托人在有关情况下本着善意和适当谨慎的态度认为必需并事先支出的费用"③。因此,按照委托关系的规定,有以下几个问题需要探讨。

1. 费用偿还请求权中的"费用"

为了使费用偿还请求得到承认,这些费用必须仅被认为是处理任务所必需的,据理解,这里的"费用"是指受托人为了处理委托业务而提供的

---

① 参见孙宏涛:《美国公司补偿制度及其对我国的启示》,载《甘肃政法学院学报》,总第116期,2011年,第135页。

② 日本《公司法》第330条:股份公司与公司负责人,即会计监察人员之间的关系从有关委托的规定。「ポケット六法」,平成30年版,有斐阁,第881页。

③ 松本绚子,「「コーポレート・ガバナンスの実践」を踏まえた会社補償とD&O保険の在り方」,「損害保険研究」78巻1号(2016年)第138页。

具有财产价值的费用。在董事、高级管理人员因其履职行为而被追究责任的情况下所产生的损害赔偿责任和争讼费用等（包含律师费用），都是因其履行职责而产生的，除了处理争议本身可被视为处理委托事务的情况外，在许多情况下，这些费用不能说属于处理委托事务的必要费用。

2. 受托者的损害赔偿请求

受托者提起的损害赔偿请求中的赔偿必须与遭受的损失有直接关系，以及主观条件上的"无过失"需要进行举证证明。以及，委托者对于该损失是否已经预见以及是否是因为委托者的指示因其他委托者的过失所引起的再所不问，而委托者也不能因为委托事务的处理结果对自己没有利益而以此作为拒绝接受损害赔偿请求的理由。[①]

（二）事先补偿契约的签订

什么情况公司可以接受董事、高级管理人员在履职过程中无过失而遭受的损失的请求权呢，由于日本《民法》第650条属于任意性规范条款，而公司法上对此并没有明确的规定，因此可以理解为按照契约自由的原则各公司可以自行设置有关补偿的条件和程序。不过按照解释指南所明确的内容那样，作为确保合法性与合理性的观点，有必要考虑作为一种激励机制的功能，即通过设定适当的补偿条件来适当降低风险，使董事、高级管理人员能够毫无顾虑地履行其职责，同时考虑决策程序中类似利益冲突的结构性关系，因为董事、高级管理人员实际上是在补偿公司的资产和弥补自己的损失。对于补偿对象上，主要有损害补偿金以及争讼费用两种：

1. 损害赔偿金

作为董事、高级管理人员因履职懈怠所招致的损害赔偿责任，分别为对股份公司的责任，以及对第三人的责任。二者在赔偿范围上的区别在美国德拉瓦尔州的公司法中可以明确看出，对于第三人责任，法律规定可以赔偿实际且合理发生的费用、判决金额、罚款和和解金，而对于公司责

---

① 松本絢子,「「コーポレート・ガバナンスの実践」を踏まえた会社補償とD&O保険の在り方」,「損害保険研究」78巻1号（2016年），第139-140页。

任,法律规定仅限于实际且合理发生的费用。①

（1）对股份公司的责任。在日本,由于《公司法》第 425 条规定了,对于董事、高级管理人员设立了责任减轻制度,其为了防止董事、高级管理人员因轻过失而害怕承担巨额赔偿而导致在执行职务时畏首畏尾,以及为了确保可以较为容易地引入公司外部董事。其实质要件即作为该制度对象的董事、高级管理人员在履行职务时必须是善意且无重大过失的。鉴于此,在公司补偿制度中对于设定赔偿范围中由于前述制度的存在,因此在此次的解释指南中将对股份公司的责任排除在外。但是,由于解释指南只举例说明了可以合法执行的程序,并没有说明其他程序,因此,将其排除在解释指南范围之外并不一定意味着公司不能获得公司赔偿。此外,鉴于上述减轻责任的法定制度,在类似的情况下,只要对适用的情况加以适当限制,理论上似乎不一定排除公司赔偿金涵盖损害赔偿。②

（2）对第三人责任。由于责任减轻制度中对此没有规定,因此可以被认为是公司补偿制度的对象。在日本,人们的理解是,从公序良俗的角度来看,被保险人的利益必须是合法的,保险合同才能有效,而且考虑到罚金制度的目的,对被保险人处以罚金基本上是不可接受的。但是,公司补偿,与具有公益和社会意义的保险不一样,从私法上看,董事、高级管理人员必须负担什么样的责任,或者应采取哪些保护措施来确保他们的负担不会过重的这些观点是必须进行探讨的,虽然我们必须谨慎地遏制不当行为,但是没有任何理由一定要一刀切地排除罚金。实际上,在美国按照德拉瓦尔州的公司法的规定,在对第三人的赔偿中是包含罚金的。③

2. 争讼费用

按照日本《民法》第 649 条规定,在委托事务中,委托人在为受托人处理委托事务时,有必要避免给受托人造成损失,因此,委托人在处理委托事务需要费用时,可根据受托人的要求预收费用。④ 特别是针对争讼费

---

① 松本絢子,「「コーポレート・ガバナンスの実践」を踏まえた会社補償とD&O保険の在り方」、「損害保険研究」78 巻 1 号（2016 年）,第 142-143 页。
② 同上书,第 144-145 页。
③ 同上书,第 146-147 页。
④ 日本《民法》第 649 条：如处理委托事务需要费用,委托人应按受托人的要求预付此种费用。「ポケット六法」,平成 30 年版,有斐閣,第 498 页。

用,随着追究责任诉讼的提起,在长时间的对应争讼活动中,董事、高级管理人员不得因无力支付这笔费用而无法参与适当的诉讼活动。因此,作为处理委托事务的费用,或者以此为标准,预先支付的这一制度是被认为是非常重要的。由于须预付的费用仅限于那些客观上实际需要的费用,因此,如果以货币形式支付了预估的必要费用,如果仍有余额,则委托人可以请求返还。以及,由于在民法上,对于费用的预先支付并不是强行性规定,因此是否可以通过明示或者默示的合意方式进行放弃,但是从必要性的观点上来看,对于董事、高级管理人员而言费用的预先支付还是有必要保留的。

3. 补偿契约相关的程序

在美国,例如德拉瓦尔州的公司法上对于程序条件进行了明确规定,应采取的程序选项如下:(1)董事的过半数;(2)由过半数的董事任命董事的委员会;(3)独立的法律顾问的意见书;(4)股东。这4种条件。由于日本法上并没有对于公司补偿制度中的程序要件进行明确规定,此次在解释指南中对此进行了可供探讨的内容:a. 事前与董事、高级管理人员之间签订补偿合同;b. 对于前述合同的签订,需要公司的董事会进行决议且需要外部董事的干预(例如,获取外部董事的全体同意或者取得由外部董事过半数的自愿委员会的同意);c. 作为必要条件,在履行职务过程中没有出现恶意或者重大过失的情况。不过,在2019年的日本公司法修改中,已经将前述条件b进行了删除,董事责任保险合同内容由董事会决议即可,且对于股东代表诉讼特别条款部分中公司负担保险费用的部分已经无须特别的决定程序。①

(三)公司补偿制度给董事责任保险带来的影响

诚如上文所述,公司补偿制度与董事责任保险在设立目的上存在相似性。从董事责任保险的内容上看,一般来说,如上一年中所述的那样可分为三类:SideA 用于支付与董事、高级管理人员个人责任有关的损害赔偿;SideB 用于面向公司的补偿,由于通过公司补偿制度补偿了董事、高

---

① 坂本佳隆「D&O 保険の活用と保険契約の締結手続のポイントーグループ会社における活用も視野に」、2023 年 7 月 5 日、3 ページ、https://www.amt-law.com/asset/pdf/bulletins1_pdf/230705.pdf,最后访问时间:2023 年 10 月 24 日。

级管理人员个人的损害承担责任的情况导致公司受损对此向公司进行补偿；SideC 用于支付公司本身以及董事、高级管理人员在证券诉讼等案件中承担损害赔偿责任的情况下的公司损害赔偿。① 由于 SideB 的前提是建立于公司补偿制度之上，而以前在日本并没有明文规定公司补偿制度。虽然有公司补偿担保特别约定的加持但该补偿制度存在没有被普及，因此，按照此次的解释指南内容，通过日本董事责任保险相关实务进行的补充被特别瞩目和期待。由此也从这一点看到，鉴于董事、高级管理人员本就可以通过 SideA 得到补偿，那么公司补偿制度是否还有必要存在呢？以及，即是进行了公司补偿这由公司负担的补偿金额如果也可以通过 SideB 进行填补的话，有的意见认为公司干预公司补偿的意义又来自哪里呢？

虽然公司补偿制度与董事责任保险在设立目的上存在相似性，但是毕竟其制度的本质上存在差异，导致其条件本身也有所不同。特别是，保险也是契约的一种，从公共利益方面修改了合同自由原则，但由于保险法有强制性规定，即使合同有效，从保险公司能否承保的角度看，也有免责自由，因此难以根据具体情况采取灵活措施。因此，考虑到激励功能，让董事、高级管理人员和公司都有这两种选择是有意义的，因为可能会出现只选在其中一种保护措施的情况，甚至在董事、高级管理人员的履职行为等引起的损害赔偿责任中也会出现这种情况。此外，由于董事责任保险以支付限额和免赔额的形式规定了金额上的限制，导致并不是在所有的情况下保险公司都可以进行承保，因此，除了设计公司补偿制度外，还应重新审视董事责任保险的承保范围是否适合所有的公司。②

本 章 小 结

本章分为两个部分，其一简述了公司治理的相关内容，其二介绍了公司补偿制度。这两节的内容均是为了厘清董事责任保险的内在创设原理以及存在价值。如上文所述，由于董事责任保险是法官造法的产物，且创

---

① 松本绚子,「「コーポレート・ガバナンスの実践」を踏まえた会社補償とD&O保険の在り方」,「損害保険研究」78 卷 1 号（2016 年），第 156-158 页。
② 同上书，第 158 页。

设的背景与经济环境的发展有很大关联,因此在诸多研究该问题的著作中,学者们都偏重介绍董事责任保险设立的背景、演进过程以及为何引入我国等内容。

对此,在研究董事责任保险内在创设的原因时,笔者思考,董事责任保险设立原因与投保对象是反映了公司治理理论的发展变化以及对公司目标的讨论,那么研究其内在创设原因,首先需对公司治理结构中的不同理论进行梳理与研究,弄清楚基础理论内容。

在本章第一节中,笔者首先介绍了公司治理的结构。在传统公司法理论之下,存在不同的公司治理结构模式,承认公司的存在与否,体现出公司决策权力的内部分配的不同样态。根据不同的权力分配,发展出"股东会中心主义""董事会中心主义""经理中心主义"的治理模式。学者们结合不同主义的发展原因及在法律条文上的设置,将公司经营主体的变化过程及其作用进行了分析。

当代公司法契约理论不同于传统公司法理论,其核心是以法经济分析为基础,并在此基础上使用契约理论。该理论认为:公司只是法律的拟制,是公司利害关系人之间一系列契约关系的联结。因此,既然与公司相关的主体之间是契约关系,那么建立契约关系与履行契约必然涉及成本。由此,科思在企业理论的基础上发展出了交易成本理论以及代理理论。在代理理论中涉及成本的部分中,学者们又发展出关于"所有权与经营权的分离"的讨论。对此,笔者阐述了其产生的经济因素与政治因素,以及代理成本产生的根本原因。

在研究公司治理核心时,无论上述传统公司法理论还是当代公司法契约理论,都涉及董事在公司治理、经营中的作用,因此由于董事责任保险的对象是公司的董事、高级管理人员等这些实际掌握公司运营、负有做出经营决策的人员,对其义务性的约束内容与其产生的作用密切相关。

在对董事义务的分析中,无论是对董事的受信义务所包含注意义务、忠诚义务的研究,其本质上都在说明董事、高级管理人员在公司中的地位以及作用。通过研究表明,在市场经济中经营管理公司的董事、高级管理人员面临着高度的经营风险,其常会因为经营过失行为而引发股东、债权人或其他第三人对其提出的索赔,并引发董事、高级管理人员个人承担民事赔偿责任。过重的个人责任对董事、高级管理人员造成了任职风险,同时也对公司、股东及第三人赔偿请求权的实现产生消极影响。

由于需要对上述人员面临的责任风险的转移找到解决方法,为此,首先在经济发达的国家和地区,市场创设出对董事、高级管理人员风险转移机制,从而使其能够充分利用这些机制分担职业风险。

本书的论点是围绕着董事责任保险进行的,本章的核心问题在于探讨该保险的创设原因以及价值,因此风险转移的机制除了该保险本身以外,还有一个重要的制度就是在第二节中介绍的公司补偿制度。

笔者在第二节中介绍了公司补偿制度的概念、演进过程、价值所在以及与董事责任保险的关系,并以日本公司补偿制度为例,对于该制度创设的法理依据、程序性要求、补偿内容,以及与董事责任保险之间的关系进行了探究。

通过研究,无论是大陆法系的日本还是英美法系的英国、美国在该制度创设的早期都是不被立法所认可的,学者担心在该制度被运用的过程中易引发"道德问题",且反对者们认为如果允许公司给董事以经济补偿,其实际效果是董事等个人获利,而公司并不因此受益,因此公司补偿是一种越权行为。但随着公司规模的扩大,董事、高级管理人员在公司经营中承担的风险愈来愈高,当其个人无法承担抗辩费用及败诉时的赔偿责任时最终受损还是公司、股东及第三人。因此,上述国家缓慢地通过立法等承认了公司补偿制度,并对其适用条件进行了规定。公司补偿制度的目的与董事责任保险有异曲同工之处,都是在于补偿董事、高级管理人员因经营行为遭受诉讼而承担的抗辩费用、赔偿金等。不过,其设计原理与董事责任保险并不一致,导致各自存在自己的短板,二者只有相互弥补地使用才能更加全面地保障董事、高级管理人员在当下经济环境中不会因为担心承担高风险的任职责任而退缩不前最终影响公司、股东的利益。

在第四章节中,笔者将以日美两国为例,对董事责任保险在创设、发展的数十年间所产生的变革为中心,并就其变革的原因以及存在的问题进行分析,并以此为范本对中国的董事责任保险的未来发展提出一些建议。

第四章 日美两国董事责任保险的现状与变革

第一节 日本董事责任保险的演进及构造

一、日本董事责任保险的演进

(一)产生的背景

20世纪90年代初期,由于日本受泡沫经济崩溃的影响,金融公司破产以及上市公司投资失败的事件屡见不鲜,公司经营的阴暗面也随之大白于天下。面对公司遭受的巨大损失,股东们不再仅关心股价的升降,愈发关注起公司的经营状况。但随着经营失败的案例增多,股东们逐渐意识到董事、监事及高级管理人员们(以下简称"董事等")的行为严重影响着公司的运营,因此一旦上述人员的行为损害公司的利益,如何通过法律追究其责任不仅引起了日本学者们的关注,也被股东们愈发重视起来。同时,也正是因为经营失败导致诉讼案件的增多,作为为公司承担日常经营活动的董事等,也时常陷入诉讼风波。然而股东、债权人们可以通过法律途径维护自己的利益,但因履行职务而参与诉讼承担赔偿的董事等却因有可能承担损害赔偿以及抗辩费用而导致其任职风险的加剧,公司也因此会失去管理人才。为此,一方面为维护股东(公司)、债权人的利益,另一方面也为降低董事等的任职风险,日本于1993年引入了董事责任保险。下文中,笔者将从日本法律条文入手进行分析,并结合外部环境情况证明引入该保险的必要性。

（二）引入的必要性探讨

1. 立法环境

（1）损害赔偿请求权的种类。按损害赔偿请求权行使主体的不同，在日本法上可以分为三类：第一类，第三人的损害赔偿请求，其法理来源于日本《公司法》第429条①，①即董事等在执行职务时因恶意或者重大过失给第三人造成的损失承担赔偿责。同时，按照日本民法的责任归属原则，《民法》第650条③②规定了，在被委任者无过错的情况下有权向委托方行使损失赔偿请求权，由此董事等可以获得补偿。因此，董事等因为日常经营活动而承担的法律责任应由公司承担。但是，据调查日本的小规模公司众多，受经济环境变化影响破产的情况多有发生。因此，为了保护与小规模公司之间交易的第三人的权益，日本《公司法》第430条③规定，董事对第三人负有连带责任。由于这一规定的存在，当公司营业状况恶化时，如果董事"驱使"公司大量借债和进货却不偿还债务或支付货款导致第三人受损时，按照《公司法》规定可追究董事的连带责任。对此可看出，在日本中小企业的董事、高级管理人员由于损害第三人利益而被追究赔偿责任的风险很大，且这样的诉讼案例发生频繁。第二类，股东因股东代表诉讼享有的损害赔偿请求权。销售董事责任保险的保险公司按照保险合同的约定需要负担当判决董事等因经营行为损害公司利益而承担的赔偿金以及抗辩费用（包括但不限于诉讼费用、律师费等）。第三类，公司诉讼事例，例如在原代表董事任职期间，未经过董事会决议而接受公司债券的，该董事违反了善良管理义务以及忠实义务，公司可作为原告，向该原代表董事提出损害赔偿请求。

---

① 日本《公司法》第429条①（董事等对第三者的损害赔偿责任）：董事、高级管理人员因在业务执行中恶意或者重大过失，给第三人造成损害的负损害赔偿责任。「ポケット六法」、平成30年版、有斐閣、第907页。

② 日本《民法》第650条③：受托者在没有过错的情况下因处理委托事务而受到损害的，可以向委托方请求予以补偿。「ポケット六法」、平成30年版、有斐閣、498页。

③ 日本《公司法》第430条（董事、高级管理人员的连带责任）：董事、高级管理人员对公司、第三人负有损害赔偿责任的情况下，其他的董事对该损失也应该负有赔偿责任，这样的董事被称为连带债务者。「ポケット六法」、平成30年版、有斐閣、第907页。

（2）对董事等的损害赔偿责任。有关涉公司中责任追究等的诉讼条款，多规定于日本《公司法》第 847 条。例如，在日本《公司法》第 847 四②①中规定了，当股东提起诉讼时，法院可根据被告的申请要求其提供适当的担保。但前项的适用还有一个前提，即同条③②中规定了，只有被告可以证明原告的告诉行为存在恶意。从其规定的目的来看，虽然有利于防止滥诉导致公司受损，但也达到了为作为被告的董事等可能遭受的损害提供一定担保的效果。

具言之，其一，如果股东明知被告董事等没有责任但仍旧提出诉讼的，那么股东的告诉行为对被告而言负有损害赔偿责任。该赔偿范围包括律师费用及其他费用，这些费用以董事等在参与诉讼中为自己辩护所需支付的合理程度为限。因此，由于被告董事等并不存在侵权的行为，并且如果其胜诉，上述费用将由股东提供的担保来承担。其二，虽然被告董事等胜诉，但是股东提起的告诉并不构成对其权利的侵害时，也就会出现被告们因无法证明原告在提起诉讼时存在恶意而不能申请原告股东提供担保，那么这些被告董事等负担的因参与诉讼的抗辩费用则无法由他人负担。这样不免会出现即使作为被告的董事等胜诉其负担的高昂抗辩费用也需要自行负担的结果。在此情况下，对于当董事等不能获得包含律师费用在内的补偿时，是否可以向公司请求补偿就成为学界与实务界探讨的问题。对此，有两派不同的观点，少数派认为，虽然董事等在诉讼中获胜，但是对于其负担的费用如果不存在可证明原告股东存有恶意而申请获得担保的情况的，由于其承担的抗辩费用因缺乏法律规定，只能由个人负担而无权向公司请求。多数派认为，由于公司和董事等之间是委任与被委任的关系，因此按照日本《民法》第 650 条③③的规定，董事等可以获得补偿。④

---

① 日本《公司法》第 847 条四②：股东等（股东是指适格旧股东或者最终完全母公司等的股东）向法院提起责任追究诉讼时，法院根据被告的申请可要求该股东提供相当的担保。「ポケット六法」、平成 30 年版、有斐閣、第 1004 页。

② 日本《公司法》第 847 条四③：被告进行前款的申请时，必须证明原告实施的追究等诉讼的提请存在恶意。「ポケット六法」、平成 30 年版、有斐閣、第 1004 页。

③ 日本《民法》第 650 条：受托者在没有过错的情况下因处理委托事务而受到损害的，可以向委托方请求予以补偿。「ポケット六法」、平成 30 年版、有斐閣、第 498 页。

④ 甘利公人『会社役員賠償責任保険の研究』（多賀出版社、1997 年）3、4 页。

2. 法律修改导致的外部环境的变化

日本《商法》在 1993 年进行了大幅度的修改,此次的修改对于股东通过股东代表诉讼制度维护公司的权益,同时也是间接地维护了自己的利益提供了帮助,这为董事责任保险的引入带来了契机。主要体现在以下几个方面:

(1) 少数股东权的强化。日本商法即《公司法》第 433 条①①的规定修改了,股东提出会计账簿阅览等的请求权条件,即将持股比例从 10% 下降到 3%,且对这 3% 没有作出特别限定。这导致行使会计账簿请求权的股东人数不受限制,且只要达到 3% 的比例即可。这一修改为股东随时掌握更多的公司信息提供了便利,从而使得他们可以真正行使对于公司经营的监督权。

(2) 监督机能的强化。日本法上的监事分为业务监事与会计监事,业务监事的监事责任与非法定代表人的董事具有相同的法律性质。自 1993 年日本商法修改后,按照《公司法》第 335 条③②的规定,在设置监事会的公司,一般为大型公司,监事的人数从 2 人增加到 3 人以上,且其中半数要求为外部监事。这样的规定不仅将监事从公司经营者中独立出来,且任期也从 2 年修改为 3 年。而后,又按照《公司法》第 336 条③的规定,再次将监事的任期延长至 4 年,且该条②更是规定了非公开股份公司,可按照章程的规定将监事的任期延长至 10 年。上述这些修改都表明了立法者希望提高监事的独立性,使其可以更好地开展监察工作,以维护公司及股东们的利益。

(3) 股东代表诉讼的活用。股东代表诉讼如董事责任保险一样也是

---

① 日本《公司法》第 433 条①:享有全体股东(对在股东大会傻姑娘的全部可决议事项不得行使表决权的股东除外)表决权的百分之三(章程规定低于此比例时,为该比例)以上表决权的股东或者已经发行股份(自己的股份除外)的百分之三(章程规定低于此比例时,为该比例)以上股份的股东,在股份公司营业时间内,可随时提起下列请求。此时,必须明确该请求的理由。「ポケット六法」、平成 30 年版、有斐閣、第 908 页。

② 日本《公司法》第 335 条③:在设置监事会公司中,监事应为三人以上,其中半数以上为外部监事。「ポケット六法」、平成 30 年版、有斐閣、第 882 页。

③ 日本《公司法》第 336 条:1.监事的任期为在选任后 4 年内结束营业年度中关于最终的定时股东大会终止之日;2.前款的规定,在非公开公司的股份公司,不妨碍依章程将同款的任期延长至选任后 10 年内结束营业年度中关于最终的定时股东大会终止之日。「ポケット六法」、平成 30 年版、有斐閣、第 882 页。

舶来的制度,其引入的原因,1950年日本商法修改时,为实现缩小股东大会权限,扩大董事会职权,严格董事责任,确保股东地位这一立法目的,日本从美国予以引入。① 日本引入股东代表诉讼制度后,其主要功能表现为:其一,损害恢复机能,即通过股东代表诉讼使公司能够获得赔偿;其二,确保经营的健全性,即股东有权提起诉讼,以起到对董事在经营活动中不法行为的抑制作用。对此,1993年商法修改案中出现了两处较大的变化:其一,诉讼费用的定额化,即按照日本民事诉讼费用等有关法律规定,推定股东代表诉讼的标的额为95万日元的诉讼费用一律变更为8200日元。直至今日,即使外部经济环境发生了变化,诉讼费用的金额也仅提高至1,3000日元;其二,胜诉股东权利的扩充,按照商法第,260条即《公司法》第852条的规定,股东在提起代表诉讼后胜诉的,可以向公司请求因参与诉讼而承担的律师费、调查费用等必要费用。② 对此,股东代表诉讼制度在日本实践中发生了如下变化:

① 诉讼案件的增加。1993年商法修法之后,仅东京地方法院受理股东代表诉讼案件就达39件。到了1995年,全日本股东代表诉讼的案件为174件。至1996年,增加到188件。自2000年开始,诉讼案件数量到达了202件,此后虽有短时间下降,不过在2007年后有开始激增(详见图4-1)③。

② 请求金额的高额化趋势。在2006年以后,从股东代表诉讼的损害赔偿额调查表可以看出,赔偿金额在2亿日元以下的请求最多,但超过100亿日元损害赔偿金额的案件也是存在的④(详见图4-2)。直至今日,在股东代表诉讼中,原告主张的赔偿金额仍旧十分巨大。例如,据《日本经济新闻》报道,东京电力福岛第1核电站事故所引发的股东代表诉讼,原告提出的请求金额为22兆日元(大约为1兆多人民币),该案最终在东

---

① 松本絢子,「「コーポレート・ガバナンスの実践」を踏まえた会社補償とD&O保険の在り方」、「損害保険研究」78巻1号(2016年),第275页。
② 日本《公司法》第852条:1.提起责任追究等诉讼的股东胜诉(含部分胜诉)的场合下,有关该责任追究等诉讼的相关诉讼,负担了必要费用(诉讼费用除外)时或者应当向律师或者律师法人支付报酬时,可向该股份公司,请求其费用额范围内或者其报酬额范围内支付被认为相当的数额。2.提起责任追究等诉讼的股东即使在败诉的情况下,除由恶意时,该股东也不对该股份公司承担赔偿由此所发生的损害的义务。「ポケット六法」、平成30年版、有斐閣、第1006页。
③ 役員責任的最新动向,网址:Tmn-do.jp/latest/,最后访问时间:2023年10月16日。
④ 同上。

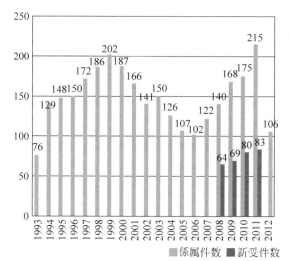

出典：リスクマネツメソト最前線2014No17(资料版/商事法務(2014年3月号)ポリ 京海上日動リスクコソサルティソク作成)

图 4-1　股东代表诉讼案件数量（1993 年至 2012 年间）

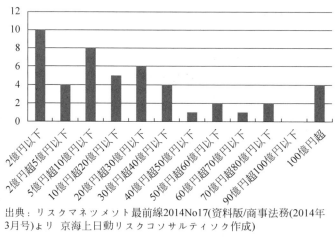

出典：リスクマネツメソト最前線2014No17(资料版/商事法務(2014年3月号)より 京海上日動リスクコソサルティソク作成)

图 4-2　股东代表诉讼的赔偿金请求额

京地方法院的判决中,对于旧经营团队的4人法院做出应向东电公司赔偿13兆3210亿日元赔偿额的决定。①

按照以上的分析可以看出,由于股东代表诉讼的诉讼费用是固定数额且金额并不高,导致股东提起代表诉讼的成本较低,但请求赔偿的金额相比之下却十分巨大。因此如果作为被告的董事等败诉,因无法承担高额的赔偿金额、抗辩费用等而面临破产的风险是十分现实的。即使董事等胜诉,在这类诉讼中律师费用也并不低廉,高额的律师费也会成为其严重的负担。对此为了降低董事等在经营活动中的风险,安心为公司创造更大的价值,稳定公司的经营,董事责任保险制度的引入作为降低上述风险被日本实务界、学界予以接受,并对这一项作为保障公司正常发展的法律制度进行了诸多探讨②。

在1993年,日本政府终于颁布法律,伴随着上述法律的变化以及日文版董事责任保险的销售,正式标志着董事责任保险开始进入日本市场。③ 例如美国AIG公司率先在日本销售董事责任保险产品。日本的董事责任保险由两部分组成:一为普通董事责任保险,其主要规定了董事责任保险的基本内容,包括被保险人、保险范围、免责条款等。二为特约董事责任保险,其主要按照各个公司所需追加了新的内容,例如将股东代表诉讼、美国特定危险等作为特别风险予以承保。

(三)发展现状——以日本《医疗法》改革契机为例证

如上文所述,董事责任保险的引入与国家的法律及外部政策环境息息相关,因此其发展也受到上述因素的影响。随着日本对公司治理的重视及伴随公司治理相关法律的修改、政策的颁布,董事责任保险在日本的发展也蒸蒸日上。

在2015年5月施行公司法修改案中,对外部董事、监查董事的要件进行了严格规定以及导入了多重代表诉讼制度。对此,同年6月日本经济产业省发布了公司治理规则(以下简称"CGC"),在该规则中对于董事

---

① 東電旧経営陣に13兆円賠償 なぜ責任認定、判決の影響は,网址:https://www.nikkei.com/article/DGXZQOUE134G50T10C22A7000000/,最后访问时间:2023年10月19日。
② 宋一欣、孙宏涛:《董事责任保险与投资者权益保护》,法律出版社2016年版,第111页。
③ 董事责任保险实务研究会「编」『董事责任保险的先端I』(商事法务、2017年)3页。

责任保险的变革点进行了提案(在本章第二节中将做详细介绍与探讨)。2018年6月,日本经济产业省对CGC进行了再次修订,伴随2019年12月再次修改的日本《公司法》,日本董事责任保险的相关规定终于通过法律予以确立。

2016年9月,日本《医疗法》也做了修改。在这次修改中,日本病院会呼吁各医疗机构考虑购买董事责任保险,以应对其董事、监事等在日常业务中所承担的任职风险。

不仅如此,自日本第四次产业革命,以及出现的少子化、高龄化社会现象加剧引发了国内市场的不断缩小,为了实现企业(公司)中长期的收益、生产的提高与持续性成长,在2017年秋季以后借以日本子公司不良问题发生的契机,国内对于确保子公司管理的实效性这一具有"守护"作用的"公司治理"的重要性的呼声被不断提起。[①] 因此,董事责任保险作为公司治理的一个工具也因上述法律、政策、社会环境的变革得到了进一步的发展。

具体可以通过日本保险公司的统计数据予以证明。据日本东京海上日动保险股份公司在2022年12月7日[②]发表的统计数据显示,在作为调查对象的3849个(统计调查期间:2021年4月至2022年3月)上市公司中,购买董事责任保险和引入公司补偿制度的状况如下(详见图4-3,图4-4,图4-5):

(1) 购买董事责任保险的公司比例达到78.6%,未购买的为21.4%。

(2) 引入公司补偿制度的上市公司比例为96.3%,只有不到4%的公司尚未引入。

(3) 在引入公司补偿制度的上市公司中购买董事责任保险的公司比例为93.6%,只有6.8%的公司还未购买。

---

① 東京海上日動保険株式会社「D&Oマネジメントパッケージのご案内」アクセス:yakuin_goannai_20220401.pdf (tokiomarine-nichido.co.jp)、2024年1月10日。

② 東京海上日動保険株式会社「会社役員賠償責任保険(D&O保険)および会社補償の導入状況に関する調査結果について」アクセス:221207_02.pdf (tokiomarine-nichido.co.jp)、2024年1月10日。

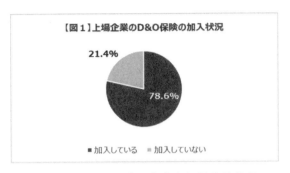

图 4-3　上市公司购买董事责任保险的状况

图 4-4　引入公司补偿制度的上市公司状况

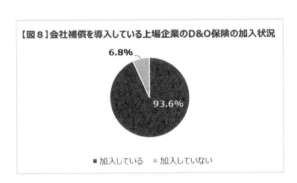

图 4-5　在引入公司补偿制度的上市公司中购买董事责任保险的公司的状况

同时,为了再次说明董事责任保险在日本的发展状态,以其在医疗行业中的实际应用情况作为一具体实例予以介绍。

如上文所述,日本于 2016 年对《医疗法》进行了修改,此次修改制定了严格的医疗法人治理规则并明确医疗法人中董事和高级管理人员的法律责任,例如,在修订后的《医疗法》第47条1项中规定了,医疗机构的董事、监查人员因职务懈怠给医疗机构造成损害的承担相应的赔偿责任。随着修订后的《医疗法》的实施,可能会出现针对医疗机构中董事等的日常管理决策及其作为董事等的职责对其个人提起诉讼的风险。如"法人诉讼""成员代表诉讼"以及"第三者诉讼"。为了防范此类诉讼风险的发生,"日本医院协会的董事责任计划"可对作为医疗机构法人的董事等的行为所产生的损害进行赔偿。①

对此,日本医院共济会股份公司与损害保险JAPAN股份公司携手向医疗机构法人发布了《医疗法实施规则修改等应对案》(以下简称"应对案")②。笔者在下文中将通过该应对案把医疗企业中的董事等作为被保险人购买的董事责任保险进行介绍,以及通过该应对案可以展现出日本董事责任保险在各行业的具体应用情况及特点。下面截取部分应对案中的内容予以说明:

1. 医疗行业董事责任保险承保的责任种类

按照对责任对象不同分为以下两大类,具体详见表4-1:

表4-1 医疗行业中董事责任保险承保责任种类

	责任的种类	内 容
对医疗机构法人的责任(义务)	善良管理注意义务	作为一名董事,他必须以合理程度的谨慎地履行职责
	忠实义务	作为董事,他们必须遵守法律、公司章程和员工大会决议,忠实地履行公司职责
	避免竞业义务	在董事进行竞争性交易之前,必须事先获得员工大会的批准
	避免利益冲突交易的义务	如果董事参与利益冲突交易,必须事先获得员工大会的批准
	监视·监督义务	必须对其他董事等的行为进行监督,以确保其符合法律和公司章程,以及行为得当

---

① 「日本病院会 医療法人向け 役員賠償責任保険 団体制度」アクセス:スライド 1 (nichibyo.co.jp)、2024年1月10日。

② 「医療法施行規則改正等対応」アクセス:スライド 1 (nichibyo.co.jp)、2024年1月10日。

续表

	责任的种类	内容
对第三者责任	一般不法行为责任	故意或者过失侵害他人权利的应赔偿相应的损害
	对第三者的损害赔偿责任	如果董事在履行职责时有恶意或者重大过失,则必须赔偿由此给第三者造成的损害

2. 由董事责任保险承保的诉讼类型

在保险合同有效期间内,如果因董事或者高级管理人员个人在履行职责过程中的行为(包含不作为)导致提起损害赔偿请求的,由保险人支付的保险金为上述人员承担法定赔偿责任·争讼费用所遭受的损失。对此,其不同于以下所介绍的董事责任保险一般条款的特点在于,对于"雇佣上的差别""不当解雇""各种职场骚扰"可以通过购买选择性条款予以补偿。以下,将整理在医疗行业中出现的各种由董事责任保险所承保的诉讼并附带相应的示例,以便于理解,具体详见以下表4-2:

表4-2 医疗行业董事责任保险涉及诉讼种类及示例

对象	诉讼/赔偿的种类	具体内容	示例
对医疗机构的责任	医疗机构法人诉讼	医疗机构诉讼是指当医疗机构的董事违反善良管理注意义务或者忠诚义务导致医疗机构产生损失时,医疗机构为获得上述损害的赔偿而向其提起的	(1)医院院长未能履行职责,也没有在组织内部报告该医院明显需要进行抗震加固工作。因此当地震发生后,该院长因地震使医院建筑物造成的巨大损害而被医院予以起诉。
	成员代表诉讼	如果医疗协会的董事违反了善良管理注意义务或者忠诚义务等,给医疗协会造成损害,由其成员代表医疗协会提起诉讼,要求董事赔偿损失	(2)医院计划购买土地用于扩建。定金付给中介后,因中介突然失踪导致定金未能得到偿还。该院担当理事因在选择业者的妥当性以及实际管理上存在重大过失而被提起诉讼

续表

对象	诉讼/赔偿的种类	具体内容	示例
对第三者责任	第三者诉讼	如果医疗机构的董事对第三方（如交易相对方）造成损害，第三方可根据日本《民法》第709条或者《医疗法》第48条①提起损害赔偿诉讼	（1）当住院患者对所提供的医疗服务不满时，医疗机构发现员工出现盗用医院资产的行为。因医疗机构董事在管理和监督方面存重大过失导致医院未能提供充足的医疗服务为由，向董事提起损害赔偿诉讼。 （2）发生了一起与销售合同有关的纠纷，合同相对人声称因不当交易给其造成了损失为由向负责监督的董事提出利润损失赔偿要求
选择性条款	雇佣行为赔偿	医疗机构的董事因其在履行职责时，使他人遭受"就业歧视""不当解雇""职场性骚扰、职场霸凌、护理骚扰、生育骚扰、精神骚扰"而对该董事提出的损害索赔	（1）因遭到上司的职场霸凌行为侵害，该员工向疏于管理的担当董事提起损害赔偿诉讼。 （2）当一名员工因工作态度恶劣遭到解雇。该员工辩称，其被解雇的真正理由是出于上司个人的感情判断。因此该员工向担当董事提起撤销解雇以及损害赔偿诉讼

3. 医疗行业董事责任保险的保险费用构成以及负担

（1）在医疗行业中，保险公司计算保险费用的构成时给投保公司两个选择，其一是以"最近财政年度的营业收入"为基准，其二是"最高赔付金额"，且保险费用的多寡与作为被保险人的董事人数无关。

（2）在本章第二节中，笔者将介绍随着日本经济产业省自2015年公布CGC以来，董事责任保险费用的负担主体以逐渐由个人负担转为公司负担的问题，以及根据日本《公司法》在2019年的修改，有关投保董事责任保险的相关规则也被法律予以明确。但是，在此要特别说明的是，在医

---

① 日本《医疗法》第48条：医疗机构的评议员或者理事或者监事（以下，各条及第49条三均成为"董事等"）因其在履行职务时恶意或者重大过失导致第三者产生的损失，应承担相应的赔偿责任。

疗行业中,即使 2016 年日本对《医疗法》进行了改革,对于保险费用的负担问题上仍旧保留了可以要求董事个人负担的情况,因此在该应对案中可以看出费用负担的主体上仍旧区分医疗机构法人与董事个人,具体可参考下表 4-3 中的负担情况:

(1) 医疗机构法人负担:A、B、C、E 各项;
(2) 董事个人负担:D、F 两项。

表 4-3　医疗行业董事责任保险的赔偿

	董事胜诉	董事败诉或者和解 (承担法律上的损害赔偿责任)
除以下情况外的损害赔偿要求	A 项:承担争讼费用	B 项:承担损害赔偿金及争讼费用
员工代表诉讼	C 项:承担争讼费用	D 项:承担损害赔偿金及争讼费用
法人诉讼	E 项:承担争讼费用	F 项:承担损害赔偿金及争讼费用

按照上述内容的介绍可以看出,董事责任保险在日本国内医疗行业中的应用情况以及其发展状态。在下文中,笔者将以日本董事责任保险的一般条款为例与美国董事责任保险在构造、特点上的不同之处进行比较与探讨。

二、日本董事责任保险的构造和特色

(一)董事责任保险的构造

有关日本董事责任保险的构造,学者们在著作、论文中均以论理的方式进行了介绍,但保险是一种实践性的产物,是一种商业产品。笔者认为,介绍董事责任保险制度可以通过日本目前正在销售的保险产品为例,来帮助读者更好地了解董事责任保险的构造。因此,笔者以日本三井住友海上保险股份公司的保险条款为例进行阐述。

三井住友海上保险公司保险条款主要包括:(1)董事等负担的责任;(2)董事等可能会卷入的诉讼类型;(3)赔偿内容的分类和具体赔偿对象;(4)具体赔偿内容;(5)保险费用的负担;(6)免责范围。

1. 董事等负担的责任

在实践中按照上文所介绍的那样,董事等在任职期间履行职务过程中所负担的责任是多种多样的,不过鉴于保险合同是双方当事人自治下签订的合意结果,保险公司在制定条款时,主要针对以下责任进行了约定(详见下表4-4):

表 4-4 日本董事责任保险的构造

对公司的义务	内容	违反义务的后果
善良管理注意义务《公司法》第 330 条	作为董事等必须以合理程度的谨慎履行职责。他必须监督其他代表董事或董事的行为,确保其行为符合法律和公司章程,并得到妥善执行	招致股东代表诉讼/公司诉讼提起的风险
忠实义务《公司法》第 355 条	作为董事等必须遵守法律、公司章程及股东大会的决议,为了公司忠诚地执行公司业务	
竞业禁止义务《公司法》第 356 条	如果董事等别无选择,只能参与竞争性交易,则必须事先获得股东会的批准	
防止利益冲突交易义务《公司法》第 356 条	如果董事等别无选择,只能参与利益冲突的交易时,则必须事先获得股东会的批准	
监视/监督义务《公司法》第 362②二	必须对其他代表董事和董事的行为进行监督,以确保其符合法律和公司章程,并得到妥善执行	
对第三人义务	**内容**	
一般的不法行为责任《民法》第 709 条	因故意或者过失导致他人权利受损时,应向其予以赔偿。	招致第三人提起诉讼的风险
公司法上的特别责任《公司法》第 429 条	董事等在履行职务时,因恶意或者重大过失导致第三人遭受损失时需向其承担损害赔偿责任	

2. 董事等被诉情况的分类

当公司的董事等因违反上述义务致使公司或者第三人遭受损失时,可能会招致下述 3 类诉讼:

(1)股东代表诉讼,即当公司董事等因为违反善良管理注意义务或者忠实义务而导致公司遭受损失时,股东可以代表公司根据《公司法》第 847 条的规定向前述董事等提起损害赔偿诉讼。

（2）公司诉讼,当公司董事等因为违反善良管理注意义务或者忠实义务而导致公司遭受损失时,公司可以根据《公司法》第 423 条的规定向前述董事等提起损害赔偿诉讼。

（3）第三人诉讼,因公司股东、高级管理人员故意/过失致使第三人（债权人、股东）遭受损失时,该第三人可以根据《民法》或者《公司法》第 429 条的规定,向前述董事等提起损害赔偿诉讼。

3. 赔偿内容的分类和具体赔偿对象

董事责任保险的基本的补偿内容是,当向董事等请求损害赔偿时,保险公司不仅可承当董事等因承担损害赔偿的法律责任而遭受的损失,也可承保董事等以及公司遭受的一系列损失,包括董事等因损害索赔而产生的费用、公司负担的费用以及与公司赔偿有关的补偿。针对不同的补偿对象,具体分类（详见下表 4-5）：

表 4-5　日本董事责任保险补偿内容 1[①]

补偿的类型		补偿内容的概要
对董事等的补偿	损害赔偿请求的风险	在保险合同有效期间内作为董事等因履行职务被要求承担损害赔偿时,因承担法律上的损害赔偿责任而遭受的损害由保险金进行赔付
	争讼费用负担风险	董事等为被提起损害赔偿请求的情况下,由其负担的顾问费用等由保险金进行赔付
对公司的补偿	损害赔偿请求的风险	由于商业报告等披露文件的不完整或者缺失,导致公司被要求承担损害赔偿时,公司因承担法律上的损害赔偿责任而遭受的损失由保险金进行赔付
	争讼费用负担风险	如果公司发生不当行为,该保险金会支付公司承担的例如成立第三方委员会的费用
公司补偿有关的补偿		赔偿公司根据法律、公司章程和其他相关法律对董事等进行合法赔偿而遭受的损失

---

① 三井住友海上火灾保险株式会社「会社役員賠償責任保険（会社役員プロテクターのご案内）」,网址：https://www.ms-ins.com/pdf/business/indemnity/executive_corporation.pdf,最后访问时间：2023 年 12 月 26 日。

根据上述不同的补偿类型，董事等因承担法律上的损害赔偿责任所招致的损失有以下 3 种模式（详见下表 4-6）：

表 4-6　日本董事责任保险补偿内容 2[①]

诉讼的类型	诉讼提起者	被损害对象	可赔偿损失的范围	
			董事等胜诉时	董事等败诉时
股东代表诉讼	股东	公司的财产	争讼费用 （普通保险条款）	损害赔偿金＋争讼费用 （股东代表诉讼补偿特别条款[②]）
公司诉讼	公司	公司的财产	争讼费用 （公司诉讼补偿特别条款[③]）	损害赔偿金＋争讼费用 （公司诉讼补偿特别条款[④]）
第三人诉讼	第三人	第三人的财产	争讼费用 （普通保险条款）	损害赔偿金＋争讼费用 （普通保险条款）

（二）董事责任保险的特点

1. 构造上的特点

日本自 1993 年引入董事责任保险时，由于来自美国的保险条款内容与日本的法律在用语上无法相适应，导致日本的董事责任保险在构造上区别于美国、德国的保险。具体为，以董事责任普通条款（以下简称"普通保险条款"）为基础保险合同，附带"公司补偿担保特别约定条款"及"股东代表诉讼担保特别约定条款"（以下将两特别约定条款合称"特别约定条款"）（详见下图 4-6[⑤]）。直至今日，在购买的董事责任保险时，公司可以

[①]　三井住友海上火灾保险株式会社「会社役员赔偿责任保险（会社役员プロテクターのご案内）」，网址：https://www.ms-ins.com/pdf/business/indemnity/executive_corporation.pdf，最后访问时间：2023 年 12 月 26 日。

[②]　此为一个可以自愿设定的特殊条款，即当股东代表诉讼被提起时，其结果为董事、高级管理人员一方对公司承担法律上的损害赔偿（即败诉时）情况下，该附加险承保其在承担损害赔偿责任时所遭受的损失，最高赔偿额为基本保单的最高赔付金额。

[③]　此亦为一个可以自愿设定的特殊条款，即当公司诉讼被提起时，其结果为董事、高级管理人员一方对公司承担法律上的损害赔偿的情况下，该附加险承保其在承担损害赔偿责任时所遭受的损失，最高赔偿额为基本保单的最高赔付金额。

[④]　此为一个可以自愿设定的特殊条款，即当股东代表诉讼被提起时，其结果为董事、高级管理人员一方对公司承担法律上的损害赔偿（即败诉时）情况下，该附加险承保其在承担损害赔偿责任时所遭受的损失，最高赔偿额为基本保单的最高赔付金额。

[⑤]　三井住友海上火灾保险株主会社［编］『株主代表诉讼と会社役员赔偿责任保险（D&O 保险）の解说』(保险每日新闻社、1994 年) 17 页。

选择以普通条款为基础,再根据公司的需求附带不同类型的特别约定条款,如对金融机关特定危险不担保特别约定条款、社团法人专用特别约定条款、网络安全损害担保特别约定条款、诉讼应对费用担保特别约定条款等。由此可以看出,如今日本的董事责任保险可以由当事人公司按照自己的需求任意搭配条款内容,充分体现了该保险的契约自由当事人自治的合同特点。

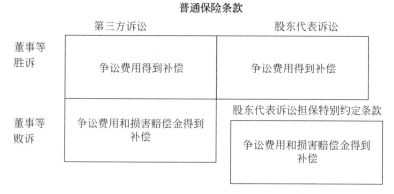

图 4-6 日本董事责任保险条款的构造①

2. 条款内容的特色

由于该保险需适用于不同的商事环境,还具有以下特点:

(1) 在被保险人范围中,包含执行董事、以及公司法上规定的会计顾问、经理及其他重要的使用人雇员以及公司外部派遣的董事等;

(2) 公司法上的子公司的董事等也在无名担保范围内;

(3) 为设置免责金额以及缩小偿付比例;

(4) 无限期溯及(对于购买保险前的行为,在被请求损害赔偿时也作为补偿对象);

(5) 保险合同未被更新的情况下,卸任的董事等的保险责任期被延长 10 年;

(6) 对外部董事等的继承人,在基本保险限额的基础上增加支付限额赔偿。

---

① 三井住友海上火灾保险株主会社[编]『株主代表訴訟と会社役員賠償責任保険(D&O 保険)の解説』(保险每日新闻社、1994 年)18 页。

3. 董事责任保险的主要内容(详见下表 4-7)[①]

表 4-7 董事责任保险条款内容

项　　目	保险条款的主要内容
保险合同当事人	投保人：公司/保险人：保险公司
被保险人	① 公司以及子公司[②]的所有董事等[③]； ② 已经卸任的董事等以及在保险合同有效期间内新当选的董事等； ③ 董事等死亡时其继承人或者继承法人； ④ 当董事等破产时，其本人与破产财产管理人也被视为被赔偿对象
适用地区	全世界
保险期间	1 年，在这期间被请求的损害赔偿作为补偿的对象
赔偿金的适用范围	损害赔偿金：因承担法律上的损害赔偿责任而负担的赔偿金。但是，不包括税金、罚金、罚款、过失罚款、遭受惩罚的损害赔偿金、加倍的赔偿的加重部分，以及如果被保险人与他人之间有关于损害赔偿的特别协议，则不包括根据该协议加重的损害赔偿金
	争讼费用：因被保险人被请求损害赔偿所参与的争讼中(诉讼、调解、和解或者仲裁等)所产生的费用(被保险人或者公司的员工的报酬、奖金或者工资除外)
	各种费用的保险金：董事或者公司负担的各种费用
赔偿金的额度	通常有 11 种类型(从最低 5000 万日元，到 10 亿日元)
保险费用的折扣适用条件	在日本政府设立了对某些特别对象或者为了激励经济的制度之下，只要满足其制度条件即可以享受 5% 的保险费折扣

[①] 三井住友海上火灾保险株式会社「会社役員賠償責任保険(会社役員プロテクターのご案内)」，网址：https://www.ms-ins.com/pdf/business/indemnity/executive_corporation.pdf，最后访问时间：2023 年 12 月 21 日。

[②] 但是，不包括其证券在证券交易所上市的公司等。

[③] 公司法上规定的董事、审计人员和执行董事、高级管理人员，以及在保险证券的被保险人栏所记载的担任类似职务的人员。以及，虽然不是公司法上的董事、高级管理人员，会计顾问、经理和《公司法》规定的其他重要人员、执行董事、高级管理人员以及在外部公司担任行政职务的派遣外部董事、高级管理人员也属于被保险人。

续表

项　目	保险条款的主要内容
程序规则	缔结董事责任保险的前置程序要件是必须经过股东大会的决议
披露规则	在公开公司购买董事责任保险时,必须将保险条款的内容纳入事业报告当中,主要包含被保险人的范围和主要的其他条款,如保险费负担的比例、被作为赔偿对象的保险事故的概要等
免责事由 (仅列举主要事由)	1. 有关董事等的违法行为 ① 被保险人非法获得私人利益或好处;① ② 被保险人的犯罪行为;② ③ 非法向被保险人支付报酬或奖金; ④ 被保险人实施了其知晓的违法行为; ⑤ 被保险人违法利用未公开的信息,实施买卖股票和公司债券等行为 向下列人员非法提供利益: a. 政治团体、公务员或者客户公司的董事等、员工等;③ b. 向其非法提供利益的任何其他人。 2. 有关董事责任保险本身的免责: ① 保险购买前的董事等实施行为所引起的一连损害赔偿请求; ② 与购买保险前董事等被提起的损害赔偿请求有事实关联的损害赔偿请求权; ③ 保险购买前可能存在被提起损害赔偿请求的危险,购买保险后被正式提起的损害赔偿请求权; ④ 保险购买前已经申告的损害赔偿请求权; ⑤ 在保险单生效日时,被保险人知道④可能会引起对被保险人索赔的情况的行为

---

① 在日本,董事、高级管理人员为获取个人利益的违法行为主要是指未经董事会同意的自我交易行为。在这一行为中不论行为人是否认识到行为的违法性,只要构成这一事实,在董事责任中便被排除赔偿范围外。

② 被保险人的犯罪行为不但是指依刑法的规定构成的犯罪行为,还包括按照公司法、反垄断法、证券交易法等特别法律的规定所构成的犯罪。其主观条件上不论是故意还是过失,都被会认定为排除赔偿的适用范围。

③ 包括这些人的代理人、代表或家庭成员以及与这些人有关的组织。

④ 所谓知道,这包含有合理理由相信他们知道这种情况的情况。

第二节　日本董事责任保险的变革

自1993年董事责任进入日本市场以来，该保险已经销售了20余载。① 在日本公司法施行10年之时，②日本经济产业省研究会公布了公司治理有关报告书③（以下简称"本报告书"）以及解释指南④（以下简称"解释指南"）。

研究会在解释指南中，多次强调董事责任保险的重要作用，即董事责任保险为日本公司中的优秀管理人才提供了安稳的职业环境，促进了国内公司的快速发展。在解释指南中，研究会指出，涉及董事责任保险中的变化点如保险费负担的解禁，免责条款的分离，告知义务条款的分离、争讼费用的先予支付等，在理论界与实务界引起了热烈地探讨。在董事责任保险进入日本市场的二十几年中，日本国内的经济、立法、企业规模等也发生了不同程度的变化，因此董事责任保险只有顺应外部环境的变化，完善自身的制度才能得到更好的发展。

在下文中，笔者将对于研究会公布的解释指南中提及的保险费用负担的解禁、争讼费用的先予支付以及免责条款的分离做详细地分析与探讨。

一、董事责任保险费用负担的解禁

（一）最初的负担方法

董事责任保险自1990年从美国引入日本市场，由于美国的董事责任

---

① 松尾眞＝勝俣利臣『株主代表訴訟と役員賠償責任保険』（中央経済社、1994年）222頁。
② 神田秀樹「ジュリスト」（有斐閣、2016年7月）14頁。
③ コーポレート・ガバナンス・システムの在り方に関する研究会（経済産業省）「コーポレート・ガバナンスの実践～企業価値向上に向けたインセンティブと改革～」（2015年）(http://www.meti.go.jp/press/2015/07/20150724004/20150724004-1.pdf、2017年11月5日アクセス)。
④ コーポレート・ガバナンス・システムの在り方に関する研究会（経済産業省）「法的論点に関する解釈指針（別紙3）」（2015年）(http://www.meti.go.jp/press/2015/07/20150724004/20150724004-4.pdf、2017年11月5日アクセス)。

保险条款的用语与日本法律并不相适应,因此日本的董事责任保险在条款构造上发生了变化,见上节图4-2中所示,将适用于股东代表诉讼中的担保特别约定保险从董事责任保险中剥离出来,组成"普通保险条款+特别约定条款"的模式。因此日本在1993年修改《商法》时,有学者指出,公司为其董事等因对公司负有责任而遭受的损失购买保险并承担保险费用的行为,可能会引起与《公司法》有关的报酬规定、责任免除规定发生冲突问题。为了避免这些问题的发生,日本董事责任保险条款约定了,由保险公司承担上述因董事等行为遭受的损失赔偿,并设置特别约定条款来应对股东代表诉讼情形下的赔偿问题。对于在这一特别情形下,保险费用由董事等自行承担,[①]具体承担比例可以参考美国的董事责任保险的实务经验,由董事等负担全部保险费用的10%。[②] 但对于如何计算出应由董事等承担的比例,山越誠司先生提出质疑,他指出,"对于董事负担费用这10%的比例的依据不明,是否真的有10%的案件需要董事等承担损害赔偿责任,或者换一种说法,是否有90%的案件可以由公司在对董事等诉讼中承担保险费用,这些都是值得怀疑的。这种情况由于无法定量分析,考虑到损害的频率和强度,个人认为沿用美国保险条款的比例规定缺乏其合理性"[③]。

（二）保险费用负担主体的变革

1. 支付主体的转变

在2015年前,日本对于保险费用的承担问题有2种方式,即或采取经过一定程序由董事等从其报酬中先行扣除,或直接由董事等负担。如果由公司为董事等承担保险费用则属于对董事等给予经济性利益而需要缴税。随着董事责任保险在日本市场销售经过20余年后,2015年日本经济产业省在本报告书和解释指南中提出,如果对董事责任保险的保险费用以一定的程序(①经董事会批准;②取得由过半数为外部董事组成

---

① D&O保险実務研究会編『D&O保険の先端Ⅰ』(商事法務、2017年)33頁。
② 山越誠司＝大田桂介＝増島陽香「D&O保険見直し時の検討事項—会社全額負担へ変更可に」ビジネス法務(2016年)101頁。
③ 山越誠司『先端的D&O保険(会社役員賠償責任保険の有効活用術)』(保険毎日新聞社、2019年)164-165頁。

的任意委员会的同意,以及取得所有外部董事的同意)予以规定后,便可以由公司承担全部保险费用,而不再去区分是普通保险条款还是针对股东代表诉讼的担保特别约定条款。①

虽然出现了上述变化,但董事责任保险自进入日本市场以来,对于是否应该由公司承担全部保险费用的讨论一直没有停歇,在学界与实务界逐渐形成"肯定说"与"否定说"两种不同的意见,对于他们相互之间的观点纷争,笔者采用对比的方式整理如下(详见表4-8):

表4-8 关于保险费用承担主体的探讨②

No.	"肯定说"观点	"否定说"观点
1	—	如果公司支付保险费用,其实等于公司财产的减损(这种投入没有获得相应的回报)有损公司利益
2	—	因董事等人员的违法行为给公司或者第三人一方面造成损失,另一方面公司又为其承担保险费用,其效果导致风险被转嫁于保险公司而董事等无需承担任何责任
3	就像汽车保险一样,没有人会因为保险的存在而认为交通事故的发生就是可以接受的,因此保险对于违法行为的威慑作用并不会因购买了保险而消失。董事责任保险的存在不鼓励违法行为,因为即使保险赔偿了损失,董事等在股东代表诉讼中的败诉结果,对其自身而言也是一种耻辱,对其职业生涯也是致命的打击。因此董事责任保险不存在鼓励违法行为的发生	公司承担保险费,从公序良俗的角度来看,使得对于董事等违法行为的抑制、警告效果容易因此丧失

---

① D&O保险实务研究会[编]「D&O保険の先端 I」(商事法务、2017年)34页。
② 山越誠司「先端のD&O保険(会社役員賠償責任保険の有効活用術)」(保険毎日新聞社、2019年)162-163页。

续表

No.	"肯定说"观点	"否定说"观点
4	如果董事等的损失得到保险的赔偿,为此公司更严格地追究董事等的责任,这有利于确保董事等按照法律、公司章程等规定履行相应的义务,有利于公司的发展。 (1)就董事责任保险在现实中的作用,该保险真正发挥作用的情况是有限的,因为所有的董事等共享一个额度的赔付金额,而且还有各种责任免除条款,用以避免更多的道德风险。 (2)虽然董事责任保险的功能是使董事等免于未来索赔的不确定性,但它并不是万能的,因其不能避免所有的不确定性事件的发生。因此,如果说董事责任保险构成对公司损害赔偿请求权的事先和一般性地放弃,那就不免有些言过其实了	公司承担保险费并通过董事责任保险赔偿董事等的损失,实际上是放弃了《公司法》第423条①①规定的因董事等行为损害公司而对其享有的损害赔偿请求权,而《公司法》第424条②规定,未经全体股东同意,公司不得免责,因此公司不得承担保险费用
5	在股东派生诉讼中,公司不是代表原告股东,而是代表全体股东追究责任。因此只要公司和原告股东的法律地位不同,即使公司支付了保险费,也不存在直接的利益冲突,公司购买董事责任保险是为了保护股东。 即使存在利益冲突,保险费用的支付是在签订保险合同后约定的时间内进行的,此时保险事故尚未发生且并不确定是否会发生。保险期间所确定的时间段始于保险合同签订之后,因此不可能对在保险合同签订前已经发生的保险事故进行赔偿。而且在一般情况下,保险费用也远低于赔偿的最高支付金额。因此保险公司赔偿损失的行为与投保公司承担保险费的行为也不能等同视之。换言之,保险合同的签订并不能使公司董事等立即受益,从此点上来看这与公司自身提供的补偿或者免除董事等的责任是不一样的	对于公司为董事等支付保险费用,有些学者指出,董事等与公司之间的交易,是否构成所谓的"自我交易"而导致在程序上需要通过董事会批准?因为有学者观点认为,让公司支付保险费用的行为被认为是形式上和类型上的利益冲突,违反了公司董事的忠实义务。 那么,如果需要通过董事会批准,那就没有问题。因为日本《公司法》第369条②③规定了,具有利害关系的董事不能参与董事会决议。这也就意味着董事会不能通过一项决议来购买将所有董事都作为被保险人的保险

---

① 日本《公司法》第423条①:董事、会计参与人、监事、执行董事或者会计监事,因为怠慢其职务,承担对股份公司因其产生损失的赔偿责任。「ポケット六法」、平成30年版、有斐閣、第905页。

② 日本《公司法》第424条:前条所规定的责任只有在全体股东的同意之下才能够予以免除。「ポケット六法」、平成30年版、有斐閣、第905页。

③ 日本《公司法》第369条②:前款所述的决议,具有特别利害关系的董事等不能参加。「ポケット六法」、平成30年版、有斐閣、第889-890页。

通过以上的讨论，笔者赞同公司全额为董事等人员负担保险费用的观点，即支持"肯定说"，不再区分是适用普通保险条款，还是股东代表诉讼的担保特别条款，理由如下：

（1）支付比例确认的困难性。对于股东代表诉讼情况下需由董事等负担保险费用时，不论其负担形式是董事等直接支付还是由其报酬中先行支付，如何确认比例都是比较困难的。因为当发生保险事故时，保险公司支付的赔偿金适用于所有被保险人，他们共享一个额度的赔偿金额。但实际中每个人对于赔偿承担的责任却不一定是相同的。因此在计算支付保险费用的比例时，需要考虑：①董事等的人数比例；②按照比例分摊的董事等的报酬；③按每个职位（如代表董事、董事和监察董事）确定的金额分摊等因素。① 加之每个公司具体情况也不相同，因此如何确定一个适用于所有公司的较为公平的比例在技术上是难以操作的，况且美国的经验是否可以完全适用于日本也存在质疑。美国的董事责任保险在经过几年的实践应用之后，其保险费用也从按比例分别承担修改为由公司全额负担。②

（2）是否属于对被保险人给予的经济利益。1994年日本国税厅长官发布的《董事责任保险保险费用的税处理》一文指出，"作为保险合同当事人的公司由于考虑到《商法》上的问题为董事等支付了保险费用或者以董事等的报酬中先行扣除的方式支付的，如果现实中由公司负担保险费用的，则公司相当于为董事等提供了经济利益而需要进行纳税"③。对此，笔者的意见是，结合上述的讨论，购买董事责任保险后并不意味着保险合同中约定的赔偿事项一定会于某一时刻发生，这类保险不同于以人为销售对象的人寿保险，以被保险人的寿命为保险标的，以被保险人的生存或死亡为给付条件，因为人终有一死所以给付条件总有一天会兑现。如果董事等的行为在保险合同的约定期间内从未给公司或者第三人造成利益的损害而致使自身受损的，那么其不可能获得保险公司赔偿的保险金，所以其支付的保险费用就很难理解为是公司给予的经济利益。

---

① D&O保险实务研究会编『D&O保険の先端Ⅱ』(商事法務、2017年)35页。
② D&O保险实务研究会编『D&O保険の先端Ⅱ』(商事法務、2017年)40页(武井一浩发言)。
③ 太子堂厚子「会社役員賠償責任保険の活用をめぐる論点」東京株式懇話会16号4页。

以及,对于公司支付的保险费用是否可以算做给付董事等的报酬也需要讨论。对于判断是属于报酬还是一般的向董事等支付的费用,需要综合考虑以下几个因素:①与职务的关联性;②执行职务的必要性;③该董事等是否在履行职责之外收受个人好处。对此,结合在股东代表诉讼中由董事等支付的保险费用,可以看出:①董事责任保险的填补对象仅限于董事等因执行职务导致的损失。②在董事责任保险的免责条款中约定了,如果董事等是在认识到自己的行为属于犯罪行为或者违反法律而继续实施的,保险公司对此予以免责。因此董事责任保险承保了因董事等违反注意义务给公司造成损失的责任,并承担了董事等在履行职务时无法避免的风险。对此可以认为保险对董事等履行职责是必要的,保险为董事等提供了适当的激励。③基于同样的理由,即使被董事责任保险填补损失也不能视为董事等在履职之外收受了好处。由此可以推导出,为董事等负担保险费用不能视为属于按照日本《公司法》第361条①[1]的规定那样需要通过股东会的决议。[2]

综上,通过表4-5中对于是否应由公司全额负担保险费用的对比讨论,以及笔者赞同"肯定说"观点的分析,公司全额支付保险费用是符合董事责任保险制度的发展趋势,在全球化的影响下,日本实务界人士也指出保险费用由董事等个人支付的国家已经不多,且这种特殊的负担费用方式会成为董事责任保险在日本普及的阻碍,也是导致保险补偿额度停滞在低额度水平的一个主要原因。[3]

2. 支付方式程序的变革

自2015年日本经济产业省公布的解释指南中对于当保险费用由公司全额负担后,日本国税厅在2016年发布"新董事责任保险的保险费用的税务上的对应方法",其明确指出:按照解释指南的规定,当公司全额负担保险费用时无需要求董事等个人缴纳相关税费。[4] 同时,解释指南

---

[1] 日本《公司法》第361条①:董事等的报酬、奖励以及其他作为履行职务的对价从股份公司获取的财产上的利益的下列事项,公司章程中没有规定该事项时,由股东大会通过决议进行规定。「ポケット六法」、平成30年版、有斐閣、第888页。
[2] 太子堂厚子「会社役員賠償責任保険の活用をめぐる論点」東京株式懇話会16号5-6页。
[3] 同上书,4页。
[4] 同上书,6页。

为公司负担费用设置了程序上的条件：(1)取得董事会的同意；(2)取得由过半数为外部董事组成的任意委员会的同意，以及取得所有外部董事的同意。

对解释指南为公司负担费用设置程序上的条件，笔者做以下具体阐释：

(1)取得董事会的同意。解释指南中，规定了以取得董事会的同意为程序要件，其理由，公司为董事等支付保险费用与利益冲突有关，即如果公司为董事等全额负担保险费用，是因为在这种决策程序中存在着结构性的利益冲突。因为在这种关系中，由于公司支付了全部保险费用，董事等从公司的资产支出中获益。① 对此日本学界与实务界展开讨论，律师武井一浩(以下称为"武井律师")先生认为："从有一种谨慎的观点来看，该程序性条件从一种广义的角度理解应考虑到了所谓实质性和结构性的利益冲突，即公司的财产支出最终可能导致董事等获利，因为一旦董事等对损害赔偿等承担责任，董事责任保险将为该损失提供保障"②。但同时，松本绚子律师(以下称为"松本律师")认为，"董事责任保险的保险合同每年都需要更新，因此是否真的需要每次都召开董事会进行表决，例如在与董事等的报酬规定一样，无需每年都对此做出决议，只要没有重大变化，以前的决议事项就是有效的"③。

(2)取得由过半数为外部董事组成的任意委员会的同意，以及取得所有外部董事的同意。

对于解释指南中提出的第二个条件，即取得外部董事等同意一项上，学者与律师们也是众说纷纭。东京大学後藤元教授(以下称为"後藤教授")认为："公司全额支付保险费用是否可以只是因为由外部董事的同意就表明其支付行为没有问题呢？即使外部董事不同意，我认为也应该允许公司全额支付保险费。但是，这不代表公司在购买董事责任保险时没有任何限制，而解释指南规定的第二个程序性条件应该只是为了顺应最近引入外部董事的这一趋势，并没有给出十分合理的解释。④"後藤教

---

① 太子堂厚子「会社役員賠償責任保険の活用をめぐる論点」東京株式懇話会 16 号 7 頁。
② D&O 保险实务研究会编『D&O 保険の先端 I』(商事法務、2017 年)42 頁(武井一浩発言)。
③ D&O 保险实务研究会编『D&O 保険の先端 I』(商事法務、2017 年)41 頁(松本絢子発言)。
④ D&O 保险实务研究会编『D&O 保険の先端 I』(商事法務、2017 年)43 頁(後藤元発言)。

授并不否认引入外部董事制度的好处,他赞同落合诚一教授(以下称为"落合教授")的观点,认为对于外部董事而言它是一个强调其积极性、必要性和有用性的强有力的政策决定,而不是一个可以自然而然地通过法律逻辑来证明其合理性的规定。① 因此,後藤教授提出,对于子公司而言在其全额负担保险费用时是否在程序上也需要先设置外部董事,尤其是对于公司100%出资的子公司而言,如果也需要设置外部董事,其个人认为是一种形式上的浪费,尤其当解释指南的规定影响到公司法的内容时。②

综上,根据解释指南的规定,虽然政府部门同意由公司公司全额负担保险费用,但为其设置的程序性条件是否合理遭到日本实务界与学术界的批判讨论:一方面,解释指南认同保险费用全额负担的解禁是有利于董事责任保险在日本的发展,以及董事责任保险对日本的上市公司发挥出应有的作用。但是其在形式上给予了限制性条件,条件的设置固然有其价值,但该条件是否具有合理性、实践性操作性却值得深究。对此落合教授与武井律师提出,程序性条件设置时仅以外部董事作为判断的主体,而为何不考虑外部监察董事的意见,因为在日本的上市公司中多数属于有监察董事会设置公司性质。外部监察董事也享有监察权、意见陈述权以及监察报告权限,因此仅规定需要取得全体外部董事的同意,从客观上看并不是最严格的程序性要求。③

在董事责任保险费用负担的主体与比例这一问题上,从最初引入日本时,董事责任保险费用按照比例承担变更为目前由公司全额负担的模式,对董事责任保险在日本国内快速推广与发展起了非常大的作用,但同时对其变革也一直存在质疑之声。终于在2019年,日本《公司法》的再次修改中,立法正式将为董事等的利益签订赔偿合同,以及保险合同的内容纳入了法律规定之中,目的在于以激励董事等,确保其履行职责,并保障他们在履行职责过程中产生的费用得以补偿。④ 以及,根据2019年修订

---

① D&O保険実務研究会編『D&O保険の先端Ⅰ』(商事法務、2017年)43頁(落合誠一発言)。
② D&O保険実務研究会編『D&O保険の先端Ⅰ』(商事法務、2017年)43頁(後藤元発言)。
③ D&O保険実務研究会編『D&O保険の先端Ⅰ』(商事法務、2017年)43-44頁(落合誠一、武井一浩発言)。
④ 小野寺千世「会社役員賠償責任保険(D&O保険)の動向に関する一考察」保険学雑誌(2022年)168頁。

日本《公司法》时,立法负责人评述中指出,由于修订前的《公司法》没有明确股份公司签订保险合同需要哪些程序要求等,因此为了确保法律的稳定性,在修改后的《公司法》以第 430 条二、三①规定明确了股份公司签订此类合同的程序,使得对此不再留有解释的空间。该新增内容的确立使得日本经济产业省在 2015 年解释指南中,对于董事责任保险费用由公司全额负担的程序性条件再无用武之地。因为《公司法》的效力远高于政府部门公布的本报告书及解释指南,其以法律条文规定昭示着日本法对于董事责任保险发展的态度,以及为其实际适用在程序上给出了明确的要求。

二、争讼费用的先予支付

在 2015 年的解释指南的附件 2 中提到了有关争讼费用(为便于读者的理解,以下简称"抗辩费用")先予支付的问题,指南认为"如果依据争议的解决结果来确定抗辩费用,而后才能提出损害赔偿请求的话,那么在争议解决过程中则无法就抗辩费用提出赔偿,可能会妨碍开展适当的抗辩活动。因此,指南认为保险公司可以根据具体情况先行支付抗辩费用,而无需等待争议结果的确定。"②对此,抗辩费用是否应该预先支付、保险公司是否应该负担抗辩费用的义务等这些问题成为学术界与实务讨论的对象。

(一)保险人先予支付抗辩费用的讨论

一般情况下,股东代表诉讼的标的额相比其他民商事诉讼而言较高,从本章第一节图 4-2 中可以看出在股东代表诉讼中,原告主张的赔偿金额在逐年上升。因此在股东代表诉讼中,保险人是否可以先行支付抗辩费用对于保险人自身、被保险人、投保公司及律师会产生不同的影响。

1. 对于保险人

保险公司并不是慈善机构,投保公司支付的保险费用相较于保险公

---

① 日本《公司法》第 433 条:股份公司与保险人签订的保险合同,如保险人承诺承保董事等或者其他人员因履行职责而被追究责任或者因追究责任而被索赔可能造成的任何损失,且该董事等或者其他人员已购买保险的,则须由股东大会通过决议确定保险合同的内容。

② コーポレート・ガバナンス・システムの在り方に関する研究会(経済産業省)「コーポレート・ガバナンスの実践〜企業価値向上に向けたインセンティブと改革〜」(2015 年)別紙 2,网址:https://www.meti.go.jp/policy/economy/keiei_innovation/keizaihousei/pdf/150724_corp_gov_sys_3.pdf,第 5 页,最后访问时间:2023 年 12 月 26 日。

司支付的保险金而言十分"低廉",因此,保险公司按照合同约定在承担赔偿责任的情况下,也希望以支付较少的保险金来解决与被保险人之间的纠纷,否则保险公司也会由于经营不善而破产。此时,如果约定保险公司预先支付抗辩费用,则可以促使其积极参与诉讼活动,为案件的胜诉、减少赔偿金数额以及达成和解等起到积极的作用。

2. 对于被保险人

由于股东代表诉讼中的标的额往往很高,因此代理该股诉讼需要负担高昂的律师费用也是不言自明的。在日本,律师费用的支付方式有两种,一种是以"委托费·报酬"的名目进行支付,另一种是"按小时支付"。在后一种的方式下,被告即被保险人无需在律师刚刚接触案件时就支付大部分律师费,但是前一种的情况下,被保险人需在律师介入后预先支付一定的费用。因此,如上文所述,股东代表诉讼中的律师费由于价格高昂导致作为被告方而言很难以一己之力承担,这也是公司会为可能成为被告的董事、监事及高级管理人员购买董事责任保险的理由,即期待保险公司承保包含律师费在内的抗辩费用。因此,对于预先需要支付的律师费,从被告方即被保险人的立场而言希望保险公司可以尽早予以承担,以减轻其负担的压力。①

3. 对于投保公司

当诉讼中的律师费用因诉讼的延长而不断增加时,作为被告的被保险人所负担的压力也会直线上升,此时公司为了通过公司补偿制度解决先行支付抗辩费用的问题也会大费周章。②

4. 对于律师

虽然保险公司可以承担股东代表诉讼中的律师费,但是董事责任保险合同中存在各种各样的免责条款。因此,在律师刚刚介入案件的初期很难判断被告的行为是否会落入保险合同中的免责范围。所以对于律师而言,一旦免责成立会导致保险公司不承担相应的赔偿责任而出现,如若律师费由被告方自行承担是否能回收这一债权的风险。又因为,一般情

---

① 大江桥法律事务所编『株主代表訴訟とD&O保険』(金融财政事情研究会、2016年)136页。
② 甘利公人『会社役員賠償責任保険の研究』(多贺出版、1997年)223页。

况下被保险人是在纠纷解决后才向保险公司请求其承担相应的抗辩费用。对此,律师们为了维护自己的利益,会要求被告方在其进入诉讼代理的初期先行支付一定的律师费以降低上述的风险。此时,如果规定保险公司负有先予支付抗辩费用的义务则可以既减轻被告方承担律师费的压力,又可起到了保障律师自身的权益的作用。[①]

在 2015 年解释指南提及对于抗辩费用先行支付的建议后,日本的董事责任保险条款顺应其提案已经在出售的保险条款中约定了关于先行支付抗辩费用的内容。例如,在日本东京日动火灾保险股份公司中的董事责任保险第 25 条第(1)款[②]中约定了,如有必要可以向被保险人先行支付抗辩费用,但是如果诉讼的结果出现了落入免责条款时,被保险人需要将保险公司先行支付的费用予以返还。

同时,由此看来,保险公司承担预先支付抗辩费用是有利于自身、被保险人、投保公司及律师各方的。那么虽然在保险合同中可以约定由保险公司判断在一定情况下先予支付抗辩费用,但其是否因此应该承担预先支付抗辩费用的义务等成为值得讨论的问题,对此,笔者在下文中予以讨论。

(二)保险公司是否应负担预先支付抗辩费用的义务

在一般的责任保险中,当被保险人被要求赔偿损失时,保险公司是否承担抗辩义务需要通过合同的约定。例如,在日本销售的某些董事责任保险合同中,保险公司明确约定了不承担抗辩义务。[③] 对此,美国以判例的方式确立了保险人在什么条件下承担抗辩义务的原则,但有的判例(例如 Buss v. Superior Court,16 Cal. 4th 35(1997))也认同如果被保险人对保险公司承担抗辩费用享有合理的期待时,保险公司也需要负担抗辩义务。无论如何,如果保险合同中明确约定了保险人的抗辩义务,在抗辩义

---

① 髙木鈴雄=山越誠一「D&O 保険における防御費用補償の活用」Business Law Journal (2016 年)62-65 页。

② 详见附录一(王梓译),东京海上日动火灾保险股份公司《董事责任保险条款(普通保险条款)》第 25 条第 1 款:如果本公司认为有必要,可在损害赔偿解决之前预先支付争讼费用。但是,如果已经支付的全部或者部分争讼费用不在本保险条款的承保范围内,则被保险人必须将以已支付的金额为限返本公司。

③ 详见附录一(王梓译),东京海上日动火灾保险股份公司《董事责任保险条款(普通保险条款)》第 25 条第 2 款:本公司按照本保险合同的约定不承担抗辩义务。

务范围内只要包含一个诉讼原因,保险人都必须对包含该诉因在内的所有诉讼进行抗辩,因此,一般情况下,在董事责任保险中,均不在保险合同中约定保险人负担抗辩义务,而是约定其承担抗辩费用以及约定先予支付抗辩费用以和解所需的费用为限。① 至 Okada 判决作出的 1985 年之前,普遍确立的原则是,在按照保险合同最终确定责任之前,保险人对被保险人不承担预先支付抗辩费用的义务。然而,大多数保险合同中并没有约定何时对抗辩费用进行赔偿,虽然在有些保险合同中约定了,抗辩费用的赔偿可以由保险人选择提前支付。那么对于保险人而言,其是否应负担预先支付抗辩费用的义务将通过"Glenn K. OKADA,William E. Takabayashi 与 Richard A. Cook 诉 MGIC INDEMNITY COR.,案"②(以下简称"Okada 案"详见图 4-7)进行说明。③

1. 案情介绍

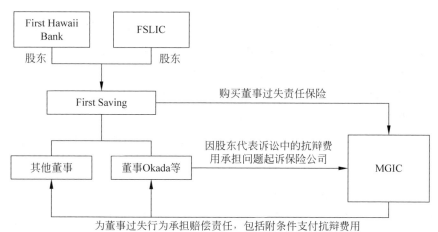

图 4-7 Okada 案案情介绍

原告:Glenn K. OKADA,William E. Takabayashi 与 Richard A. Cooke(以下称为"OKADA 等")为 First Savings & Loan Association of Hawaii(以下简称"First Savings")公司的董事

---

① 甘利公人『会社役員賠償責任保険の研究』(多賀出版、1997 年)223-224 页。
② Okada v. MGIC Indem. Corp.,795 F. 2d 1450(1986)。
③ 甘利公人『会社役員賠償責任保険の研究』(多賀出版、1997 年)224 页。

被告：MGIC INDEMNITY COR.，（以下简称"MGIC"）

原告所属公司为其董事共计8人购买了由MGIC保险公司出售的董事过失责任保险（Directors and Officers Errors and Omissions），按照该保险合同的内容，每位董事每年的保险金总额最高可达100万美元。1980年，First Savings由于陷入债务危机，致使Federal Savings and Loan Insurance Corp.，（以下简称"FSLIC"）对其享有控制权成为其股东。1982年，作为股东的First Hawaii Bank与FSLIC以直接方式和股东代表诉讼方式向First Saving公司的全部8位董事提起诉讼。为了应诉，8位董事分别雇佣了律师参与该诉讼，并要求MGIC向其负担律师费用。MGIC虽然同意负担费用，但是保留对赔偿提出异议的权利，以及如果按照保险合同保险人不应该承担赔偿责任时需返还该费用的权利。8名董事同意了MGIC在2年期间内保留上述权利的要求。2年期满后，8位董事中的3位，即Okada等拒绝了MGIC享有的上述权利，因此，MGIC停止为其负担律师费用。Okada等遂提起诉讼要求联邦地区法院作出MGIC无条件负担律师费用的判决。在联邦法院作出判决之时，因诉讼导致的抗辩费用已经超过了100万美元。

联邦地方法院以简易程序认同了作为被保险人Okada等的主张。其理由如下：

(1) 由于保险合同第5条(c)①和第1条(d)②的约定较为暧昧，将作

---

① 5. COSTS. CHARGES AND EXPENSE (C) The Insurer may at its options and upon request, advance on behalf of the Directors or Officers, or any of them, expenses which they have incurred in connection with claims made against them, prior to disposition of such claims, provided always that in the event it is finally established the Insurer has no liability hereunder, such Directors and Officers agree to repay to the Insurer, upon demand, all monies advanced by virtue of this provision.

② 1. DEFINITONS (d) The term "Loss" shall mean any amount which the Directors and Officers are legally obligated to pay or for which the Association is required to indemnify the Directors or Officers, or for which the Association has, to the extent permitted by law, indemnified the Directors and Officers, for a claim or claims made against the Directors and Officers for Wrongful Acts and shall include but not be limited to damages, judgments, settlements, costs (exclusive of salaries of officers or employees), and defense of legal actions, claims or proceedings and appeals therefrom and cost of attachment or similar bonds; provided however, such Loss shall not include fines or penalties imposed by law or matters which may be deemed uninsurable under the law pursuant to which this policy shall be construed.

出不利于起草该保险合同的 MGIC 的解释。以及,法院作出了 MGCI 应向被保险人承担因诉讼原因产生的抗辩费用的结论。

(2) MSIC 主张公司的损失只有一个,因此对于董事的赔偿费用应一共为 100 万美元。但是法院裁定,由于每一项损害都是独立的,因此针对每一项损害都可以提起单独的诉讼。在该案中导致 First Saving 破产的这一单一结果的损害行为是复数的,因此保险公司应对多个损害进行赔偿。以及,联邦地区法院认定,MGIC 的行为存在恶意,因为其在和解谈判中拒绝承认或者拒绝赔偿,也拒绝支付或者协商抗辩费用。

MGIC 拒绝接受上述判决结果遂后提起了上诉。

2. 判旨

本案的上诉法院即第 9 巡回法院对于联邦地区法院作出的判决进行了再次探讨,得出以下结论[①]:

"(1)本案中,MGIC 出售的保险合同在第 1 条(d)项中约定了承保范围。在该保险合同中,对于"损害",定义为"董事和高级管理人员因其非法行为而依法必须支付的赔偿金额"。根据这一措辞可以清楚地看出,该保险合同是一种责任保险,而不是损害保险。对此可以通过保单通知上的标题"责任保险"予以证实。

……由于该保险合同是责任保险而不是损害保险,因此,MSIC 对损害的赔付并不以董事对损害的赔付为条件。如果发生"损害"(例如,董事对于被担保的请求"有法律上的支付义务"时),则 MSIC 必须支付这笔费用。因此,可以保证投保人不必花费自己的财产来获得责任保障。

由于"抗辩费用"被包含在第 1 条(d)项定义的"损害赔偿"中。因此,在没有任何其他规定的情况下,根据保险合同的约定,董事可以要求在其开始承担支付抗辩费用的义务时要求 MSIC 承担该项费用。而本案的争点在于,MGIC 是否可以通过修改第 1 条(d)项中的一般原则,有效地排除适用同时支付该抗辩费用的请求。

(2) MGIC 主张,抗辩费用排除适用于保险合同第 5 条("成本、费用

---

① Okada v. MGIC Indem. Corp. ,795 F. 2d 1450(1986).

和支出")规定的同时赔偿原则。并根据第 5 条(a)项[①]赋予了 MGIC 批准费用支出的权利,限制了支付成本、费用和支出的义务。MGIC 认为,第 1 条(d)项中提到的"抗辩费用"包含在"成本、费用和支出"当中。

MGIC 还认为,第 5 条(c)项[②]进一步规定了支付的限额。第 5(c)条允许在索赔结果作出之前支付"抗辩费用"。但是,该抗辩费用的支付由 MGIC 自行决定。在本保险合同中未对抗辩费用进行定义,也没有解释这些抗辩费用与第 5 条(a)项规定"成本、费用和支出"这一更为宽泛的表述有何不同。因此,法院认为,保险合同应包含赔偿抗辩费用,以及 MGIG 应承认成本、费用和支出,支出(expense)不受同时支付的一般原则的限制。

(3) 法院必须考虑有关保险合同中第 5 条(a)项规定的同时支付一般原则所排除的"支出"是否包含第 1 条(d)项规定的"抗辩费用"。当然,这必须根据在一般情下保险合同订立时双方当事人的期待(expectation)来解释。然而,夏威夷州法律对保险合同的起草者适用严格的解释原则。因此,在对保险合同进行整体审查后,必须考虑该合同是否符合双方的合理预期(reasonable expectation),而且由于该保险合同由 MGIC 起草,因此任何利益冲突都必须以有利于被保险人的方式进行解决。

(4) 综上,作为责任保险的一般原则不能将保险合同的赔偿范围解释为不包含抗辩费用。而在本案中,当 First Saving 的股东提起诉讼时,MGIC 显然有意将同时支付抗辩费用排除在外。然而,在订立保险合同时,并没有明确说明被保险人将不受律师费用损失的保护。该保险合同第 1 条(d)项以明确地定义了保险人的承保范围,虽然第 5 条(a)项(法院目前承认的)意在引起索赔的责任作出最后判决前推迟赔偿,但是仅从第

[①] 5. COSTS,CHAEGES AND EXPENSES (a) No costs,charges and expenses shall be incurred or settlements made without the Insurer's consent which consent shall not be unreasonably withheld; however, in the event such consent is given, the Insurer shall pay, subject to the provisions of Clause 4, such costs, settlements, charges and expenses.

[②] 5. COSTS,CHAEGES AND EXPENSES (c) The Insurer may at its option and upon request, advance on behalf of the Directors or Officers, or any of them, expenses which they have incurred in connection with claims made against them, prior to disposition of such claims, provided always that in the event it is finally established the Insurer has no liability hereunder, such Directors or Officers agree to repay to the Insurer, upon demand, all monies advanced by virtue of this provision.

5条(a)项的行文来看,这一意图是完全不明确的。

(5)本案的诉讼是由拒绝接受 MGIC 保留支付抗辩费用返还权的 Okada 等董事提起,他们主张 MGIC 应预先支付抗辩费用。对于 MGIC 而言,其有权依据保险合同条款保留对是否补偿抗辩费用予以保留,直至最终确定该费用不在承保范围之内。例如,在向被保险人预付抗辩费用的同时,待最终判定董事的行为是故意而不是过失之前,MGIC 可以保留其根据第 3 条(a)(5)①项享有的权利。董事们虽有权同时获得抗辩费用的支付,但是其并不享有无条件地要求保险人支付其费用的权利,因为按照保险合同的内容对其限制的条款的表述是明确无误的。

最终,第 9 巡回法院认为,联邦地区法院认定 MGIC 有义务同时支付有关保险合同所包含的对索赔的抗辩费用是合理的。然而,如果最终在 First Saving 股东诉董事等的案件中证明该赔偿不在保险合同的承保范围之内时,MGIC 可以保留其根据保险合同要求被保险人退还预付抗辩费用的权利。

"Okada 案"判决作出后,一些法院的判决认为,一旦诉讼开始,被保险人就有法定义务支付抗辩费用,因此,根据损害赔偿的定义,保险人有义务在抗辩费用产生时支付辩护费用。② 然而,其他更多的判决认为,保险人没有义务预付抗辩费用,其理由在于保险合同规定的赔偿要等到引

---

① 3. EXCLUSIONS (a)Except for Loss for which the Association is required to indemnify the Directors or Officers, or for which the Association has, to the extent permitted by law, indemnified the Directors or Officers, the Insurer shall not be liable to make any payment for Loss in connection with any claim made against the Directors or Officers; …(5) brought about or contributed to by the dishonesty of the Directors or Officers. However, notwithstanding the foregoing, the Directors or Officers shall be protected under the terms of this policy as to any claims upon which suit may be brought against them, by reason of any alleged dishonesty on the part of the Directors or Officers, unless a judgment or other final adjudication thereof adverse to the Directors or Officers shall establish that acts of active and deliberate dishonesty committed by the Directors or Officers with actual dishonest purpose and intent were material to the cause of action so adjudicated.

② See, e. g., National Fire Ins. Co. v. Brown, 787 F. Supp. 1424; 1991 U. S. Dist. LEXIS 19984 (S. D. Fla. 1991), aff'd, 963 F. 2d 385; 1992 U. S. Dist. LEXIS 10134 (11th Cir. 1992); Gon v. First State Ins. Co., 871 F. 2d 863 (9th Cir. 1989); Little v. MGIG Indem. Corp., 863 F 2d 789;

起抗辩费用索赔的诉讼结束之后才能确定。① 以及,一些认为没有义务向被保险人预付抗辩费用的判决还指出,除其他原因外,要求保险人预付抗辩费用会迫使保险人可能支付保险合同中未承保的损失,这样的结果有悖于公共政策。② 因此,在"Okada 案"及其后的案件中,在选择权条款似乎可能含糊不清的情况导致被保险人和保险人之间可能会产生利益冲突,如果法院只优先考虑其中一种利益,则可能会导致不公平的结果发生。然而,需要注意的是,某一合同条款是否含糊不清并不是董事责任保险特有的问题,而是一般保险条款解释的一般原则问题。③

(三) 关于预付防御费用的重要性

如上所述,在美国的判例中,虽然通过判例明确规定了保险人应负有预付抗辩费用的义务,但如果法院作出以属于选择性条款而不承担预付抗辩费用的义务的裁决时,则该条款可以作为明确的依据表示预付抗辩费用显然是一种权利,而不是一种义务。因此,对于保险人是否有义务预付抗辩费用,不应只根据"Okada 案"一概而论,还应考虑保险人与被保险人之间的协议。

另外,无论是否有义务预付抗辩费用,预先进行防御活动都会对诉讼结果产生影响,因为许多案件并不都一定会分出胜负而往往是以和解告终的。例如,在大和银行案中,49 名董事和高级管理人员(包括一审被判无责任的外部董事和高级管理人员)在大阪高等法院达成和解,和解金为 2.5 亿日元。该案中,原告股东一方的律师费和诉讼费用为 7000 万日元。④ 然而根据被告监察人员的统计,该案的诉讼律师向所有接受和解的被告收取了比原告更多的律师费用。该监查人员认为:"假如在本案中被告胜诉,那么他们则不需要董事责任保险,但是如果案件以和解告终

---

① See, e.g., In re Kenai Corp. v. National Union Fire Ins. Co. V. Goldman, 136 Bankr. 59; 1992 U. S. Dist. LEXIS 826 (S. D. N. Y. 1992); Thompson v. Allied Bank of Tex., 1991 U. S. Dist LEXIS 20247 (M. D. La. 1991).
② Kenai Corp. v. National Union Fire Ins. Co. V. Goldman, 136 B. R. 59 (S. D. N. Y. 1992).
③ 甘利公人「会社役員賠償責任保険の研究」(多賀出版、1997 年)229 頁。
④ 西村一郎「告発手記大和銀行頭取との我が闘争——830 億円賠償からなぜ私は和解に応じたか」文芸春秋 5 月号(2002 年)318 頁以下。

时,会怎样呢？到目前为止,还没有任何钱被支付"①。因此,对双方当事人来说,保险人在保证预付辩护费用的基础上,如果根据被保险人提供的辩护信息向辩护律师提供帮助,并开展各种辩护活动,就可以大大降低诉讼风险,并有可能鼓励案件以和解告终,这样的做法是有利于各方的。

在诉讼中,作为被保险人并不当然负担抗辩费用,因为只要判决导致其产生损失就可以按照保险合同的约定要求保险人支付保险金。因此,只有约定保险人负担先行支付抗辩费用的义务,保险人才会更加积极地参与诉讼。又因为其承担了先行支付抗辩费用的义务,导致一般情况下也会自行聘用更为熟悉的律师以确保诉讼可以以有利于被保险人的一方终结,这样其所承担的抗辩费用也是可控的。

值得欣喜的是,我国董事责任保险条款中也对此进行了约定,例如在《太平洋财产董事责任保险》B款的第5条a款②中约定了,保险公司承诺会先行支付因抗辩的支出或者调查费用。

三、免责条款的分离

在解释指南的附件2有关董事责任保险的实践探讨中提到了"免责条款的分离"问题。③ 所谓"免责条款",是指董事责任保险合同中约定,当某些约定的事由发生时保险公司不负赔偿责任。因此,在附件2中,对于免责条款的适用现状是"如果一名被保险人被适用免责条款,那么可能对另一名被保险人也当然适用,这将导致被牵连的'他'无法获得保险合同的保护。"对此,解释指南提出了免责条款的分离,即分开适用的问题具言之,对于免责事由而言,一被保险人适用并不影响其他被保险人。解释

---

① 西村一郎「告発手記大和銀行頭取との我が闘争——830億円賠償からなぜ私は和解に応じたか」文芸春秋5月号（2002年）319页。

② 中国太平洋财产保险股份有限公司《董事和高级管理人员责任及公司补偿保险（B款）条款》第5条a款：预付抗辩支出及调查抗辩费用 在索赔最终处理完成前,本公司同意在收到抗辩律师账单的30天内预付本保险承保的抗辩支出或调查抗辩费用。

③ コーポレート・ガバナンス・システムの在り方に関する研究会（経済産業省）「コーポレート・ガバナンスの実践～企業価値向上に向けたインセンティブと改革～」（2015年）,网址：https://www.meti.go.jp/policy/economy/keiei_innovation/keizaihousei/pdf/150724_corp_gov_sys_3.pdf,最后访问时间：2023年12月24日。

指南提出的这一观点立刻引起了学术界与实务界的讨论。

（一）免责事由的分类

在董事责任保险合同中，各家保险公司都约定了各种各样的免责事由，对此学者们以学术研究的角度进行了分类，具体详见表4-9所示：

表4-9 董事责任保险中免责事由的分类①

类　　型	具体的免责事由
类型1	从公序良俗的角度来看，不适宜列入保险范围的事由： (1) 董事等非法获取私人利益的犯罪行为； (2) 在明知违法的情况下实施的行为(如获取非法报酬、非法内幕交易、非法向他人提供利益等)
类型2	考虑到时间因素，不适宜列入保险范围的事由： (1) 因保险承保生效前的行为而引起的一系列损害赔偿要求； (2) 在保险承保生效之前，对公司而不是对高级管理人员提起的诉讼所涉及的事实引起的损害赔偿要求； (3) 在保险合同生效之前，被保险人已经知道可能会对其提出索赔的情况下，对引起这种情况的行为所造成的损害提出的一系列损害赔偿请求； (4) 在保险合同生效之前，针对被保险人的损害赔偿请求中指控的行为所引起的一系列损害赔偿要求
类型3	可能造成巨大损失的特殊风险，应由其他类型的责任保险承保的风险 (1) 因环境污染造成的损害赔偿； (2) 核能引起的损害赔偿； (3) 因他人身体伤害或精神痛苦、他人财产损失或他人人身权利受到侵犯而提出的损害赔偿要求
类型4	从防止因高级管理人员之间的熟识和公司内部矛盾造成的道德风险的角度排除： (1) 其他被保险人、公司(记名法人)或其子公司对高级管理人员提出的损害赔偿要求，或者在这些人的参与下购买了公司(记名法人)或其子公司证券的人提出的损害赔偿要求； (2) 由一定数量的大股东和在大股东参与下购买公司(指定法人实体、指定子公司)证券的人提出的损害赔偿要求

---

① D&O保险实务研究会编「D&O保险の先端Ⅱ」(商事法務、2017年)75页。

续表

类　　型	具体的免责事由
类型 5	其他： (1) 如果被保险人在股东衍生诉讼中对公司败诉,即承担损害赔偿的法律责任(与税收相关的除外); (2) 在保险期间,如果公司与另一家公司合并、转让所有资产或控制权发生变化,在交易生效后采取的行动所引起的损失索赔; (3) 基于违反某些美国法律、法规(如《雇员退休保障法》《反诈骗腐败法》和 1934 年《证券交易法》第 16(b)条)指控而提出的损害赔偿要求

(二) 是否应承认免责事由的分离

对于是否应设立免责事由的分离条款,笔者以表 4-5 中类型 1、类型 2、类型 3 不同的免责事由进行分别讨论,以判定分开适用免责事由是否存在的合理性。

1. 类型 1

从公序良俗视角出发,董事责任保险合同中约定了表 4-5 类型 1 中的免责事由。对此,笔者认为对于该类免责事由发生时,应适用免责事由的分离条款。理由如下：董事责任保险也是保险的一种类型,其设立的法理基础不应该偏离于保险法的内容。在日本,按照《保险法》规定,对于如果发生违反公序良俗的事件时,应承认对此适用免责事由分离约定的。例如,在寿险中,作为受益人的一家人中的长子,如果将作为被保险人的亲属之一杀害时,其以外的受益人按照《保险法》第 80 条①但书的规定,仍旧受到因适用免责事由的分离而得到的保险保护。其内在法理认为,向实施杀人行为的受益人支付保险金是当然违反保险设立的本意(如果承认对实施杀人行为的受益人支付保险金,则相当于法律鼓励这些违反公序良俗行为的发生),但是对于其他受益人而言如果不支付保险金则会使其陷入困境。因此,同意向其他受益人支付保险金的行为是保险法体

---

① 日本《保险法》第八十条(对保险人的免责)：保险人对以下情况不负担给付保险金的责任。但是,不限于第三项所述的情况,即,使得给付保险金事由发生的收益人以外的收益人继续承担保险责任。三、保险受益人故意或者重大过失导致给付保险金事由的发生时。「ポケット六法」、平成 30 年版、有斐閣、第 1172 页。

现其价值判断的表现。因此,类比董事责任保险的情况,由于很难想象存在比杀人行为更夸张的违反公序良俗的行为存在,那么在上述情况下尚且可以适用免责事由的分离则其他情况也应予同等适用。即在董事责任保险免责事由中,如果被保险人实施了获取私人利益等犯罪行为的,此刻对于其他被保险人而言,适用免责事由的分离条款可保障其利益的这一措施与上述按照《保险法》予以例证中的结论并无违和,且应被理解为是一个基本原则。相反,因一人适用免责条款导致波及其他人反而被认为是一种例外情形。①

2. 类型2

在类型2中,主要以时间作为适用免责事由的关键点。因此结合具体事由分别予以讨论:

(1) 对于类型2(2)项,在保险合同签订前已经对投保人公司提起诉讼的,因该诉讼存在所导致承担损失的风险对于任何人而言都是显而易见的,这里无需再讨论被保险人A可以认识到前述风险但其他被保险人可能无法认识到的情况。因此,此时投保人应向保险人履行告知义务,保险人主张适用免责条款便是不言而喻的。以及,无论引起诉讼的原因是什么,一律适用免责且不设立免责事由的分离条款是合乎情理的。②

(2) 在类型2中的免责事由,如果并不是如诉讼这般地显而易见可以不适用免责条款的分离时,则需要进行具体分析,因为对于被保险人而言大家对于已经落入免责范围的理解可能存在差异。例如,在表4-5类型2中的第(3)项"在保险期开始之前,可能存在对董事或者高级管理人员提出索赔威胁的一系列损害索赔"。此时,所谓"可能存在的损害请求发生"的这一表述对于不同的被保险人可能会做出不同的理解。③ 此时,如果扩大不适用免责事由分离条款的适用范围对于被保险人而言是十分残酷的。

(3) 对于表4-5类型2中第(4)项,如果一名董事被指控实施了一项

---

① D&O保险实务研究会[编]『D&O保险の先端I』(商事法务、2017年)83-84页(武井一浩、後藤元発言)。
② D&O保险实务研究会[编]『D&O保险の先端I』(商事法务、2017年)84页(後藤元発言)。
③ D&O保险实务研究会[编]『D&O保险の先端I』(商事法务、2017年)85页(松本絢子発言)。

行为并因此提出了损害赔偿要求,而其他董事也被指控因该行为而违反了监查注意义务,则可将该损害赔偿请求被视为属于一系列的损害赔偿要求,导致均被适用免责条款,这种被成为"行为免责"的情况适用免责事由的分离是存在必要性的。对此,由于在日本适用免责事由的案例并不多见,因此援引美国的判例予以说明。① 例如,有两起诉讼,一起是在保险开始前提起的,另一起是在保险期限内提起的,每起诉讼的当事人并不完全相同,诉讼原因和争议行为也不相同。但是,法院认为,如果这两起诉讼之间存在足够现实的联系,那么作为保险生效前事故的免责条款,会导致第二起案件中也同样适用免责条款。还有一例,在一家银行的案例中,有三起诉讼涉及与不动产融资有关的虚假陈述。借款人和担保人提起的2项诉讼虽然与分包商在前一个保险合同期限内提起的诉讼在诉因上不同,但被认为属于是同一行为所引起的。因此法院认为,虽然后两起诉讼与保险合同生效前的由分包商提起的诉讼原因不同,但均被视为一系列事故,导致后两起诉讼均不在保险理赔范围之内。

对于上述这种被提起多项诉讼而言,情况十分复杂。当董事认识到可能存在以粉饰决算或者行业内的伪造问题为由提起损害赔偿诉讼时,由该行为引起的所有可能的相互关联的诉讼都会导致适用免责条款,因此如果没有免责事由适用的分离条款,将会导致被适用免责条款的被保险人范围扩大。②

对于上述分别讨论的免责事由适用情况,笔者认为均适用免责确实存在不合理的情况。不仅如此,考虑是否适用免责事由的分离还需要从公司的规模、董事的类型情形予以考虑。例如,松本律师认为,在免责事由的分离是否需要设立还需要按照公司规模的大小予以区分。在规模小公司中,董事等经常一起行动,因此分离条款不设立是合乎情理的。但是在上市公司,由于很重视董事等的独立性,因此设立免责事由的分离条款存在必要性。③

---

① 山越誠司『先端的 D&O 保険(会社役員賠償責任保険の有効活用術)』(保険毎日新聞社,2019 年)121 頁。
② 山越誠司「D&O 保険の免責条項解釈と告知の分離条項」研究ノート(2016 年)120 頁。
③ D&O 保険実務研究会[編]『D&O 保険の先端Ⅰ』(商事法務、2017 年)87 頁(松本絢子発言)。

後藤教授指出,对于公司内部董事和外部董事在适用免责事由的分离条款上应该"一视同仁",否则只有内部董事适用而排除外部董事的,容易被认为这是公司对外部董事不信任的表现。对外部董事而言,并不如内部董事那般十分了解公司的行为或者董事等的业务状况,因此希望适用免责事由的分离也是合乎情理的。尤其是,在表 4-5 类型 2 中出现的"可能存在的损害请求发生"的这一情况对外部董事而言是十分危险的。①

最后,在回顾对于免责事由的分离适用问题,并结合日本其他保险条款的内容,笔者做进一步讨论:例如,在日本的伤害疾病保险中,存在一个名为"合同前疾病不承保条款",具体举一示例说明。有一被保险人 A 接受了癌症检查,但是 A 却未将其被确诊癌症的事实告知保险人,此时 A 属于违反保险合同中的告知义务条款。由于在伤害疾病保险中存在"合同前疾病不承保条款",即如果事实证明肿瘤在保险合同签订之前已经存在的,那么保险人将不承担该赔偿风险,因为从医学角度讲,风险在保险合同签订时就已经发生了。即使被保险人完全不知道肿瘤的存在,也没有发现任何症状,其结论也是一样的。② 对于"合同前疾病不承保条款",存在两种情况:一种是上文中提到的即使投保人对于被保险人在签订保险合同前的病症一无所知也无法获得保险利益,另一种是,即使投保人在签订保险合同前将被保险人所患疾病诚实地告知保险人,如果在保险合同签订后被保险人发病或者既有病症的恶化时,此时仍旧无法获得保险利益。对此在这两种情况下,投保人均丧失了对保险利益的期待而导致容易与保险人之间发生纠纷。③ 因此,在日本尚未通过判例判定该条款无效,因为对于保险人而言这是一种抑制自身风险的方法,但是实务中对于该条款的适用是十分谨慎导致尚未出现很多问题。这种以被保险人不可能了解的前提为基础订立不承保条款,与免责条款相比仅仅是名称不一致,但在实质上的问题是一样的。因为在董事责任保险条款中,作为董事的你对你的同事是否存在过错的行为可能一无所知,但如果不存

---

① D&O 保险实务研究会[编]「D&O 保険の先端Ⅰ」(商事法務、2017 年)87 页(後藤元発言)。
② 同上文,86 页。
③ 竹濱修「契約前発病不担保条項の解釈とその規制」アクセス:https://www.ritsumei.ac.jp/acd/cg/law/lex/07-6/teisei%20takehama.pdf,第 99-102 页。

在免责事由的分离条款,将导致"你"仍旧被同样适用了免责条款。对此可以看出,由于谁也无法时时刻刻约束他人的行为,这种"连坐"的规则似乎是不太合乎法理人情的。但从限制保险人承担过度风险的角度出发,"合同前疾病不承保条款"和表 4-5 类型 2 的免责条款非常相似,它们的设立都是为了更广泛地约束违反告知义务的行为。在董事责任保险中,借鉴上述对于"合同前疾病不承保条款"讨论,可以看出免责事由的价值判断在于,任何足以成为公司董事的人都应该清楚地了解表 4-5 类型 2 中的免责事由,且该免责应适用于所有被保险人。如果免责事由的分离适用于表 4-5 类型 2 时,则应该追加对投保人的保险费用,因为保险人所承受的风险不再受到限制。①

在实践中,对于当出现被保险人与保险人因免责条款适用发生纠纷时,是商议删除某些免责条款还是设立免责事由的分离其实是一个法律技术的问题。笔者认为,鉴于上述的种种探讨,设立免责事由的分离看似比较简单,但是无论采取何种方法都不得不承认保险条款的构造非常复杂,因此,保险人和投保人最好对他们希望为谁提供保险保护以及在多大程度上提供保险保护达成共同的意向,以做到公平合理以及减少纠纷的产生。②

3. 类型 3

从类型 3 的内容来看,其本来属于其他保险应承保的内容,也就无需对该情况下适用于董事责任保险的免责条款进行讨论,当然这也与是否适用免责事由的分离毫无关系。③ 例如,核能或者环境污染引起的损害赔偿,此种情况下无法在被保险人之间将免责事由分开适用。

综上,通过分析在不同免责条款下是否可以设置免责事由的分离问题,可以看出其答案并不能用简单的"是与否"来回答,而需要结合不同的情况以平衡保险人与被保险人之间的利益,做到尽量减少纠纷,以及更合理地设计保险合同的内容。对于日本经济产业省在 2015 年发布的解释指南中所提出的变革之处,笔者认为是非常值得思考和借鉴的,在中国的

---

① D&O 保险实务研究会[編]『D&O 保険の先端Ⅱ』(商事法務、2017 年)86 頁(後藤元発言)。
② 山越誠司『先端的 D&O 保険(会社役員賠償責任保険の有効活用術)』(保険毎日新聞社、2019 年)125-126 頁。
③ D&O 保险实务研究会[編]『D&O 保険の先端Ⅱ』(商事法務、2017 年)87 頁(後藤元発言)。

董事责任保险条款以及学者们发表的完善意见中鲜少看到对此问题的讨论。因此笔者认为,由于免责条款作为董事责任保险中的一个非常重要部分,中国的立法和实务界应借鉴日本的经验,通过深入研究保险条款的每一处细节,促使中国公司法确立的董事责任保险制度发挥出应有的作用。

本 章 小 结

  本章共分为两个部分,在第一节中首先介绍了日本董事责任保险的演进过程,其中对于引入的背景,以及当时的立法环境进行了分析,有助于读者理解引入董事责任保险的内在必要性。而后经过分析,正是由于立法环境的变化导致外部环境也相应发生改变,例如股东代表诉讼案件激增、请求金额的上升,这些变化为引入董事责任保险带来了契机。然后,通过日本保险公司提供的数据介绍了日本董事责任保险的发展现状,并特别以医疗行业董事责任保险为例,将其内容和特点进行了介绍,以此为例证表明该保险在日本各行业的发展情况。第二,对日本的董事责任保险的构造和特色进行了阐述,以日本正在销售的保险条款为例,介绍了其构造、主要条款,以及在结构与内容上的特点。

  在第二节中,主要介绍了日本经济产业省在 2015 年发布的公司治理报告和解释指南中提及的有关董事责任保险的变革。此时也正值日本《公司法》改正 10 周年,随着全球化的发展,日本的公司需要吸收更多优秀的管理人才,为此,董事责任保险的引入可以为董事等提供安稳的职业环境,便于促进公司的发展。对此,笔者选取了变革中的几个问题进行了介绍与探讨。具言之,在保险费用负担的解禁中探讨了是否应该由公司全额负担保险费用,以及日本对于该负担主体变革所附带的程序性条件的变化。在争讼费用的先予支付中,以美国的"Okada 案"为中心探讨了保险人是否应负担先行支付争讼费用的义务,以及论述了先行支付争讼费用对于保险人、被保险人、投保公司以及律师各方的益处。在免责事由的分离中,由于各类董事责任保险中都设置了不同的免责事由以起到保险人限制其风险的目的,因此在每种免责事由下,是否可以针对性地对其设立分开适用条款成为了解释指南关注的问题。在介绍了免责事由分离的概念之后,针对免责事由的学术性分类内容,笔者对于类型 1、2 和 3 的情况进行了分别讨论,以便于读者理解在不同情况下的免责事由是否可以分开适用于被保险人。免责事由的分离在我国对于董事责任保险的检讨中鲜有出现,但其存在的意义不能小觑,因此该变革之处可以作为我国在完善董事责任保险时作为参考的经验予以借鉴。

诚然,日本董事责任保险的变革并不能作为经验一一复制于中国的董事责任保险制度当中,但是可以通过分析其变革的始末及对变革内容的讨论进一步深入了解该保险制度存在的意义和价值。

第五章 日美两国董事责任保险制度对中国的启示

在本书前几章中,对于董事责任保险的概况、产生来源、在日美两国的演进过程以及变革内容进行了探讨。本章主要以中国董事责任保险为探讨对象,对于该保险被引入中国的必要性因素进行梳理,并透过案例对董事责任保险在中国的发展状态进行分析,最终借鉴日美两国的董事责任保险制度对中国的董事责任保险制度创立与发展提出笔者的浅见。

第一节 中国董事责任保险的历史沿革

董事责任保险作为舶来品引入中国的时间相较于其他国家而较为迟延,正式进入我国起始于2002年1月15日的最高人民法院颁布的《关于受理证券市场因虚假陈述引发的民事侵权纠纷案件有关问题的通知》。之后,在中国从事保险业务的几大保险公司,中国平安保险、美国美亚保险、华泰财产保险、中国人保保险等公司,相继推出了董事责任保险。

中国安徽省诞生的第一单董事责任保险象征着我国于实践中确立了董事责任保险制度。[①] 随着社会的不断发展,责任保险业已成为保险重点发展的领域之一,从承保的范围上看,责任保险已经由工业生产领域逐

---

① 参见崔世海(本栏编辑):《事件:皖诞生"董事责任险"第1单》,载《中国经济快讯》2003年第8期,第6页。

步发展到农业、服务业,涉及金融、教育、医疗、运输等各行各业。[①] 2003年,中国平安财产保险股份有限公司合肥分公司与安徽丰原集团签订保额达1000万元的"公司董事及高级职员责任"保单;万科集团、南纸股份、云南白药等许多知名企业也均购买了董事责任保险。但遗憾的是,董事责任保险在我们的销售情况仍然是令人失望的,即使是2006年《公司法》修正后,在国内也只有极少数的上市公司购买了董事责任保险。据统计,我国董事责任保险的购买率在该保险被引入的初期阶段的不足5%,直至2020年为止,在董事责任保险引入中国的18年后,其在中国A股上市的4400家公司中,只有不到300家左右的公司购买了该保险,购买率仍旧不足10%。[②] 对于这一现状,不禁令人质疑,为什么这一在他国创设、使用几十年的制度在中国的使用率如此之低,我国的营商环境、公司的经营模式、法律的制定现状是否不符合该保险制度在中国"生根发芽"?当然,不是任何在他国被创设、使用的制度都有必要引入我国,对于法律制度的移植不仅仅要考量该制度本身的作用及价值,也要考量被引入国内的实际情况,不能因为立法上的欠缺就盲目地接受并强行推广。对此,在本章中,笔者将从董事责任保险在中国是否有存在的现实理由,比较其他国家的实践经验,以论证该制度引入的必要性,以及如果我国也需要这样的制度,应该采取的具体措施。

第二节　董事责任保险制度引入中国的必要性探讨

一、中国将董事责任保险制度引入的现实必要性

在第一节中,对于我国董事责任保险的历史沿革做了简单介绍,2002年以中国平安保险公司与美国丘博(Chubb)保险集团共同推出的保险条款,以及在中国安徽省诞生的第一单董事责任保险标志着我国在实践中正式引入了董事责任保险制度。然而,在实务界董事责任保险虽然进入

[①] 参见宋一欣、孙宏涛:《董事责任保险与投资者权益保护》,法律出版社2016年版,第62-65页。

[②] 参见孙溪:《一文读懂董事责任险》,新浪财经,网址:http://finance.sina.com.cn/money/insurance/bxdt/2020-04-02/doc-iimxxsth3357697.shtml,最后访问时间:2020年4月2日。

了中国市场,但在立法层面上,我国却没有将该保险制度纳入法律条文当中。那么,为何立法上迟迟不予承认董事责任保险制度?为何购买该保险的比例相较于其他国家仍旧很低?该保险引入我国的必要性是否存在等一些问题成为本章开篇笔者希望予以探讨的内容,以及这些问题的答案对深入探讨董事责任保险制度在中国的发展状态、产生的问题以及制度建设的都存在一定建议意义。因此,本节会从董事责任保险制度引入时的公司目标及治理情况的变化、独立董事制度的引入、证券市场的发展与海外上市的风险增加、立法环境等多方面入手进行分析,试着回复上述问题。

(一)公司目标的转变

在 2002 年董事责任保险制度被引入我国时,现行《公司法》为 1993 年颁布的版本。通过对《公司法》的分析,可以看出当时从国营经济体制脱胎而来的公司经济,还残存着清晰的共同体主义[①]烙印,对于股东地位和利益尚未足够重视。具体分析如下:(1)《公司法》(1993 年)第 5 条第二款规定,"公司在宏观国家调控下,按照市场需求自主组织生产经营,以提高经济效益、劳动生产率和实现资产保值增值为目的"。(2)按照《公司法》(1993 年)第 14 条至第 16 条的规定内容,立法者的立法意图体现在对利害关系人的价值关注。具言之,第 14 条[②]从法律和道德两个方面对公司行为进行了约束,强调其社会价值,而第 15 条、16 条[③]则针对职工利益进行了规定。(3)《公司法》(1993 年)第 57 条至 63 条中,虽然规定了董事不得利用职权收受贿赂、不得侵占公司财产、不得泄露公司秘密、不得自我交易等禁止性规范,但没有直接明确董事应承担的忠实义务与勤勉义务。(4)《公司法》(1993 年)第 8 条、11 条规定了公司的成立条件,必

[①] 参见王文钦:《公司治理结构之研究》,中国人民大学出版社 2005 年版,第 110 页。"共同体论:共同体论植根于人文主义和方法论上的集体主义。强档社会的一面强调个人活动的社会性,认为个人是社会成员,个人之间相处承担契约之外的义务。"

[②] 《公司法》(1993 年),第 14 条:公司从事经营活动,必须遵守法律,遵守职业道德,加强社会主义精神文明建设,接受政府和社会公众的监督。

[③] 《公司法》(1993 年),第 15 条:公司必须保护职工的合法权益,加强劳动保护,实现安全生产。公司采用多种形式,加强公司职工的职业教育和岗位培训,提供职工素质。第 16 条:公司职工依法组织工会,开展工会活动,维护职工的合法权益。公司应当为本公司工会提供必要的活动条件。

须以登记为前提,并要求公司在登记的范围内从事经营活动。(5)《公司法》(1993年)第24条明确限定了股东的出资种类,以及对无形资产出资的比例。

通过对于上述法律条文的列举,可以发现1993年的《公司法》立法意图有以下特点及缺陷不足:(1)未强调追求股东价值,而"提高经济效益、劳动生产率和实现资产保值增值"的目标虽然是为了追求公司利润,但各自的侧重不同。"提高经济效益"是为了强调资本、劳动等各种要素;"提高劳动生产率"是特别强调了劳动价值;而"实现资产保值增值"则侧重于资本价值。(2)更重视公司的社会责任,从条文上将强调对于社会主义精神文明的建设,把公司需接受政府和社会公众的监督放在前列,之后才规定公司的合法权利受法律保护不受侵犯。(3)股东价值的观念并未深入人心,股东权益的实现还缺乏有效的制度保障,[①]具体可以表现在公司治理的制度设计上没有以维护股东利益为目标,导致从立法层面没有强化对董事义务的明确规定。因此,董事在公司所处的地位及担任的职责存在若因其违反法律、法规,公司章程,易使公司、股东造成损失。(4)从公司的成立条件上我国公司法采用了"公司拟制论"这一传统理论,即法人只能通过法律拟制的方式获得如自然人所享有的法律关系主体地位,这不同于"公司否认论"。"公司拟制论"不注重股东的地位,并不认为股东处于公司治理决策的权力中心。(5)从股东出资种类明确限定和对无形资产出资比例的严格限制,可看出立法意图上并没有以追求股东利益最大化为目标。虽然这可以在立法模式确立之初,出于确保公司资本真实,降低公司设立难度等都起到积极作用,但随着科技的发展,经济全球化的融合加快,无形资产价值的提供对于股东在出资选择上出现因立法的限制而制约了股东通过公司获取收益的方法的困难。

1993年颁布《公司法》后,随着我国经济的加速发展,中国企业不断受到国际化、全球化发展的影响,对外贸易增多,公司规模扩大,在公司的经营目标上以及立法者的目光从开始只关注公司社会责任价值,逐步转向对股东利益追求的注目。对此笔者赞同王文钦教授的观点,"我国公司法和公司治理必须顺应当今世界共同体主义向契约主义转变的发展趋

---

① 参见王文钦:《公司治理结构之研究》,中国人民大学出版社2005年版,第132-133页。

势,牢固树立股东价值第一、股东本位的指导思想,坚持以股东价值最大化为公司目标的契约主义理念,明确公司法和公司治理制度设计的目标就是要建立维护股东利益最大化的法律框架"[①]。因此,现行的法律需要随着经济发展环境和理论研究的变革进行调整,于是立法者开始不断修正《公司法》。

在董事责任保险通过实际案例确已引入中国的前后阶段,我国《公司法》已经修改了两次。在《公司法》2005年的修正案中可以看出,立法者的立法意图已经发生了转变。具体体现在:(1)明确了董事应承担的法定义务,并对于董事与公司的自我交易不再持严格限制态度,只要是不违反公司章程或者经股东大会同意的即可。(2)不再过度限制出资的种类以及无形资产出资的比例。(3)不再明确要求公司必须在经营范围内从事经营活动等。从上述的修正结果来看,我国《公司法》的立法目的亦已开始更多地向股东利益角度做转变。

笔者对于公司法的修改及公司治理发展趋势的理论颇为赞同,由此得出,公司目标可以理解为追求股东利益及非股东利害关系人利益。那么在以股东利益最大化为目标的前提下,由于股东并不一定都实际参与公司经营,因此为了实现股东利益则需要体现在公司的经营人员上。作为经营公司日常业务的董事、高级管理人员由于其在法律上对公司承担受托义务,因此是否完好地履行义务与其在公司经营中发挥的作用以及承担的风险息息相关。由于公司目标的转变,公司治理模式上也转变为以董事、高级管理人员为主导负责公司的日常经营活动。这不仅使得董事、高级管理人员在履职过程中因不当行为产生损害公司、股东以及外部第三人的权益而引发赔偿诉讼的可能,对其任职的风险也因其承担的职责和义务在不断增大。

从保护股东利益的视角出发,换言之,降低董事、高级管理人员的任职风险上,在美国,相比于董事责任减免制度以及公司补偿制度,董事责任保险的创设更具有针对性。按照 Tillinghast-Tower Perrin 公司在1999年所做的调查,全美针对董事、高级管理人员的诉讼中,在原告类型上,股东占全部诉讼的44%,雇员为29%,第三人为14%。到了

[①] 参见王文钦:《公司治理结构之研究》,中国人民大学出版社2005年版,第130页。

2002年,根据其调查,股东向董事、高级管理人员提起的诉讼已经达到50%以上。

在这些诉讼中,股东向董事、高级管理人员提出了高昂的赔偿金额(见下表5-1[①]),因此即使以和解结案,高昂的和解金也不是个人可以承担的。

表5-1 股东向董事、高级管理人员提起诉讼的赔偿金额

公司名称	起诉事件（年）	和解时间（年）	和解数额（百万美元）
Cendant	1998	2000	3692
Lucent	2000	2001	563
Bank of America	1998	2002	490
Rite Aid	1999	2003	320
Oxford Health Plans	1997	2003	300

从表5-1数据来看,如果公司购买了董事责任保险,其最大的受益者更容易被理解是股东而不是董事、高级管理人员,但是无论最大的受益者是谁,董事责任保险可以为董事、高级管理人员负担所需承担的赔偿金额,既降低了他们的履职风险,也可以使利益受损的股东得到应有的赔偿。

在我国,虽然股东对董事、高级管理人员提起的损害赔偿数额远低于美国的同类案件,但随着证券赔偿诉讼的增加,索赔数额也越来越大。在"东方电子案"[②]"银广夏案"[③]"佛山照明案"[④]中,由于赔偿金额巨大、涉案

[①] 参见宋一欣、孙宏涛:《董事责任保险与投资者权益保护》,法律出版社2016年版,第81页。

[②] 2003年1月17日,烟台中院对东方电子信息产业股份有限公司相关责任人判处提供虚假财会报告罪。随后,全国7000余名股民先后起诉该公司——烟台东方电子信息产业股份有限公司,诉讼总标的为人民币44,242.00亿元,涉及原告达6989人。2006年9月6日,该案进入庭审阶段。同年12月,经过再次开庭,诉讼最终以和解结案。

[③] 2002年4月23日,中国证监会对银广夏的虚假陈述行为进行处罚。此后,投资者对银广夏及其董事和高级职员提起赔偿诉讼。截至2004年8月16日,共有847名投资者向法院提起诉讼,诉讼标的高达人民币1.8亿元。加上大成基金管理有限公司起诉的标的额人民币2.4亿元,合计金额人民币4.2亿元。后来,银广夏通过与部分中小股民和解,索赔金额中1.03亿元以和解方式终结,7165万元的赔偿额通过判决方式解决。

[④] 2013年3月7日,佛山照明公司公布了《关于收到广东监管局行政处罚决定书的公告》,披露公司因虚假陈述被中国证监会处以行政处罚。同年3月27日,投资者提起对佛山照明公司的民事赔偿案。截至2015年5月22日,佛山照明案起诉标的额达到3.8亿元人民币,涉及原告2749人。

原告众多，无论这些案件是否以和解为终局，对于涉案的被告而言承担高额的赔偿金或和解金将成为其巨大的生活负担。①由此可见，随着《证券法》的再次修订与证券民事赔偿司法解释的进一步完善，证券民事赔偿案件的数量还会加剧，赔偿金额会增大，涉案原告人数也会越来越多。在上述证券民事赔偿诉讼中，可以看到提起诉讼的原告大部分都是中小股东，因此能否获得切实有效的赔偿直接关系到能否通过法律保护他们的合法权益，甚至可能直接影响到广大中小股民对中国证券市场的信心与投资热情。因此，如何保护股东、第三人（债权人）利益不仅要依赖公司法程序制度上关于股东代表诉讼的运用，更在乎如何执行其诉讼判决的结果。国内诉讼后的执行难已经是公认的事实，因此事前购买责任保险不仅可以对公司股东的赔偿予以实现，也可以监督公司的经营者们更好地履行自己的职务。

（二）独立董事制度的引入

独立董事源于早期公司治理中董事会职能的失效。按照具有一定通说性的公司治理原则，由于董事承担着受托义务，因此由其组成的董事会具有信托作用，具体体现在利用其忠诚和能力去审视公司的经营策略、计划和重大决策，并为维护股东利益监督与管控公司的管理层。在功能上体现为：其一向经理层提供建议和咨询；其二监督经理层，要求经理层向董事会提供信息并对自己的商业决定作出解释。然而在实践中，由于董事们可能受到有限的时间信息、专业知识等因素制约，导致在公司的日常经营活动，处于主导地位的是公司的首席执行官（以下简称"CEO"）或者其他高级管理人员，董事会慢慢被边缘化，甚至沦为"顾问机关"。"这与公司法规定其为政策制定者即股东和公众权利守护人的形象大相径庭，更有甚之被美国学者戏称为董事会是公司圣诞树上的装饰品。"②

到了20世纪60至70年代，美国各大公司的股权越来越分散，董事会被CEO为首的经理人操控，而无法发挥对其的监督作用。对此，由于这样的情况也发生在其他国家，人们开始从理论上质疑在现有制度下的

---

① 参见宋一欣、孙宏涛：《董事责任保险与投资者权益保护》，法律出版社2016年版，第83页。
② 李建伟：《独立董事制度研究——从法学与管理学的双重角度》，中国人民大学出版社2004年版，第47页。

董事会运作的独立性、公正性、透明性与客观性。对此,学者们提出在董事会中引进独立非执行董事可以增加董事会的客观性与独立性,这样可以降低经理们相互串通的概率,且由于当经理人进入董事会后容易沦为管理层的工具,此时进入董事会的独立董事便可以保证董事会对公司的基本控制关系不再受经理层介入的影响。自 20 世纪 70 年代以来,因美国学者在理论上的讨论及公司在实践中的迫切需求,立法机构及中介组织加速了以立法方式推进独立董事制度的进程直至其最终确立。[1]

那么,我国的独立董事制度是如何建立、发展起来的呢?独立董事制度不是我国的独创制度,同样是法律移植的结果。在我国的初次适用是从 1993 年青岛啤酒在香港发行 H 股,并按照香港证券市场的有关规定设立了两名独立董事开始的。

独立董事制度引入的前后时间里,我国刚刚颁布《公司法》,国有公司改制也在进行当中。自《公司法》颁布以来,我国的上市公司大部分是由国有企业转制而来,股权结构中存在控股股东,且均为国有股。按照《2002 年上市公司董事会治理蓝皮书:现状、问题及思考》的统计数据,国有股权比例超过 30%的上市公司占 65.64%,超过 50%的公司占 40.62%,超过 70%的占 9.25%,国有股权处于控股股东的比例很高。[2] 因此,由于控股股东的存在,使得公司治理中的不足凸显出来,为独立董事制度的移植找到了合理性。有关公司治理问题具体体现在:

1. 滥用控股股东地位,侵害公司资产

按照我国公司法的规定,董事会由股东会选举产生,那么处于控股状态下的股东在选任董事时必然会派任自己信任的人进入到董事会中,董事会的成员比例会偏重于控股股东一方。不仅如此,鉴于监事会的选任也是股东会决定的,这也会导致一旦控股股东滥用自己的股东地位操纵董事会、监事会,导致侵犯公司利益和其他中小股东利益的风险会增高。滥用大股东地位的行为具体体现在,例如大股东会利用关联交易侵占公司资产,主要形式为无偿占有、延迟支付欠款、让公司为大股东借款担保、将过高估价的资产卖给公司等。具体案例有,洛阳春都食品股份有限公

---

[1] 参见李建伟:《独立董事制度研究——从法学与管理学的双重角度》,中国人民大学出版社 2004 年版,第 47 页。

[2] 同上书,第 120 页。

司被其大股东洛阳春都集团占用资金3.3亿元人民币,由于无力投资新项目,导致失去竞争优势濒临破产。2000年济南轻骑摩托车股份有限公司的大股东济南轻骑集团拖欠前者25.89亿元人民币,导致其业绩大幅下滑,面临严重经营风险。① 由此看出,大股东滥用其股东地位会严重影响公司的经营甚至导致公司面破产等风险。

2. 控制董事会,侵害中小股东权益

不同于我国上市公司中出现的控股股东情形,在英美等国家,因"厌恶"股权过度集中而处于股权分散的状态,股东们将公司交付于具有专门管理才能的人员进行经营,使得这些职业经理人实质控制着公司的经营。公司的控制权从股东手中转移到管理层手中,出现了所有权与控制权分离的治理模式。然而在我国,由于上市公司的股权结构中国有企业持股比例很高形成了控股之势,导致控股股东通过行使选择管理者的权力达到控制董事会,使其以自己利益为中心进行公司的经营与管理,导致董事会的独立地位受到损害,丧失其监督职能。最终结果是:在我国的上市公司中各方难以形成制约关系,董事会沦为控股股东个人的工具,进而损害中小股东的利益。

由于上述我国所面临的公司治理问题,引发了学者们,特别是立法者希望引入独立董事制度以改善上市公司的治理结构、提高上市公司质量的讨论,希望可以通过独立董事们的专业知识、独立的判断能力为公司发展提供有建设性的意见,协助管理层推进经营活动。强化董事会的独立地位以及制约机制,一方面增强避免大股东利用其绝对控股优势实施不利于公司和外部股东的行为,另一方面以独立监督管理层,减轻内部人控制带来的问题,实现保护中小股东利益的作用。② 不过,在我国独立董事制度的发展过程中,对于该制度是否可以真正达到治理公司的效果产生了诸多质疑:

例如,(1)公司治理结构导致独立董事无法真正独立。由于我国上市公司股权过于集中,董事会尚且落入控股股东手中,独立董事的独立性是否能够践行?且管理层与股东利益一致,董事会可以以其行为是获得由

---

① 参见李建伟:《独立董事制度研究—从法学与管理学的双重角度》,中国人民大学出版社2004年版,第122页。

② 同上书,第137-138页。

独立董事组成的董事会下设委员会同意而进行抗辩。

（2）人才短缺。在人才储备方面无法获得大量具有专业知识和能力的人员，且大部分的独立董事虽然在某些领域具备一定的专业知识，但却欠缺公司管理的才能和经验导致在面对公司经营问题时无法给出回应。在公司中任职的独立董事，一般均为外聘的经济学家或者高职称学者，他们往往没有充足的时间参与到公司的日常经营当中，但却要承担非常重要的决策与监督职能，这就导致了能力与职责的不匹配以及不作为的情况时有发生。[1]例如在"郑百文虚假陈述案"中，中国证监会于2001年9月27日作出处罚决定，对作为董事长的郑百文和其副董事长处以人民币50万元的处罚，以及对独立董事及其他董事处以人民币10万元处罚，这一处罚结果导致2002年间超过100位独立董事辞职。对此，被处罚的独立董事并不理解，于是向法院起诉，要求证监会撤销对他们的处罚，理由是自己没有领取公司的任何报酬，也不参与公司管理，即使应该被处罚也不能等同于其他在公司履职的董事，这样做有失公允。证监会认为，1993年的颁布的我国现行《公司法》中没有区分董事与独立董事。因此独立董事也应该按照公司法、证券法中关于董事的规定，需同公司董事一样遵守法律规定承担法律责任，而不应以没有获取报酬而免责。在面对没有获得报酬或者报酬非常少，却需要与董事承担相同责任的独立董事，其所承担的公司经营风险也是不言而喻的，对此董事责任保险的引入可以在一定程度上分担了独立董事承担的经营风险。

（三）证券市场的发展与海外上市的风险增加

按照下表5-2（2019年北京统计年鉴）是自1993年至2018年间北京证监局对北京地区上市公司的数量、总股本、股票首发量等进行了统计，数据表明仅在北京一地上市公司的数量从最开始的3家增长到316家，如此多的上市公司对于社会经济上的影响力非同小可，表现出证券市场的蓬勃发展。但也正是如此如果上市公司由于董事和高级管理人员的错误或疏忽行为出现问题，导致的后果必将十分严重，不仅会给公司本身造成极大的损失，同时公司的股价下跌还会波及为数众多的投资者。

---

[1] 参见王雪娇：《董事责任保险制度研究》，河北大学法学硕士学位论文（2013年），第20页。

表 5-2 1993 年至 2018 年上市公司基本情况[①]

年份	年末上市公司（家）	上市公司总股本（万股）	股票首发数量（万股）	首发募集资金（亿元）	增发募集资金（亿元）	配股募集资金（亿元）
1993	3	24 592	3924	58		28.8
1994	7	124 038	20 300	11.7		0.5
1995	7	133 309				3.8
1996—2000			439 955	304.4	33	85.8
1996	13	198 956	29 763	12.8		1.9
1997	26	470 026	80 200	52.2		7
1998	33	723 561	52 750	32.9		20.2
1999	43	1 439 894	121 242	63	10.8	10.7
2000	54	2 015 049	156 000	143.5	22.2	46
2001—2005			764 200	413.8	49.2	26.3
2001	63	9 764 783	345 500	191.6		17
2002	68	11 929 954	23 800	16.8	14.9	
2003	74	11 493 598	373 600	188.7	2.8	2.2
2004	83	12 553 074	21 300	16.7	28.4	7.1
2005	83	13 159 721			3.1	
2006—2010			11 456 582	6506.1	1665.5	852.8
2006	92	58 156 652	2 667 911	1073.4	79.4	
2007	104	86 151 941	2 428 976	2433.3	304.7	12.1
2008	109	90 486 962	698 853	546.9	502	63.8
2009	126	97 911 881	2 179 290	1154.2	430.7	
2010	165	137 726 461	3 481 552	1298.3	348.7	777
2011—2015			1 232 164	1040.8	4024	282.1
2011	194	143 088 054	420 483	462	661.7	175.6
2012	217	146 788 089	211 752	191.4	436.2	69.1
2013	219	151 694 399			183.9	32.5
2014	235	214 359 521	67 787	74.9	1319	4.9
2015	264	225 020 500	532 142	312.5	1423.3	
2016	281	232 028 500	149 046	130.3	1859.3	49.4
2017	306	240 045 300	224 743	127	1281.4	7.7
2018	316	255 999 835	266 223.06	127.3	1963.8	10.7

① 上市公司基本情况，中经数据网，网址：https://ceidata.cei.cn/new/detail_yearbook?entityCode=bjtjnj2019&fdID=782f5959464b62686236642b4b736d72544e567165434e314536496b5670734d4f545372386464466d6a5345415971676d34513450753265a6a4776326166679373043736f4f417236354866626e2b696c634d5d636d414e753350553676，最后访问时间：2023 年 10 月 26 日。

不仅如此,为了满足融资的需要,大批的国内公司选在海外上市。根据 Thomson Financial 公司的调查数据显示,2007 年在美国上市的外国公司中,中国公司数量最多,且筹资总额已达 22 亿美元。不过,按照 2005 年纳斯达克中国论坛的数据显示,在纳斯达克上市的 23 家中国公司中,有 7 家已经或者正在面临诉讼,其中包括 UT 斯达康、空中网、网易、亚信、中华网等,占中国概念股的近 30%,在整个纳斯达克上市公司的诉讼率为 18%。① 自 2011 年 3 月以来,24 家在美上市的中国公司的审计人员提出辞职或者曝光审计对象存在问题,19 家在美上市的中国公司遭遇停牌或者退市,且屡屡发生"反向收购"问题,使得纳斯达克开始收紧反向上市规则。2013 年"东南融通证券集团诉讼案"中,法庭对该公司及前任 CEO 作出缺席判决,判其赔偿 8.823 亿美元。一年后,法庭认定该公司前任 CEO 对该公司虚假陈述承担 1% 的责任。2013 年年末,在加拿大上市的嘉汉林业因欺诈被提起诉讼,这让提供法律服务的国内两家知名律师事务所卷入高达过亿的加元的巨额诉讼,这个案例给中国的中介机构敲响了警钟。

2014 年 9 月 19 日,阿里巴巴登陆美国纽约证券交易所,股票代码 BABA,开盘报价 92.7 美元每股,相较发行价大涨 36.32%,总市值高达 2314 亿美元,这使阿里巴巴成为了中国最大的互联网上市公司,市值已接近百度与腾讯两公司之和,总排名仅次于苹果(6063 亿美元)、谷歌(4041 亿美元)、微软(3894 亿美元)。但 2015 年 1 月 23 日,国家工商总局发布白皮书《2014 年下半年网络交易商品定向监测结果》的调查结论,对阿里巴巴公司影响非常负面。之后国家工商总局新闻发言人称白皮书"不具有法律效力",但以主打证券集团诉讼而闻名的美国波默朗茨(Pomerantz)等五家律师事务所却称,为保护投资者利益,正在对阿里巴巴及其部分高管、董事进行调查,质疑阿里巴巴和某些高管、董事可能违反美国《1934 年证券交易法》中的第 10(b)条和第 20(a)条。

美国东部时间 2015 年 1 月 30 日,美国 Robbins Geller 律师事务所正式向美国纽约南区地区法院递交起诉状,提起集团诉讼,被告除了阿里巴巴公司,还将董事局主席马云、副主席蔡崇信、CBO 陆兆禧、CFO 武卫

---

① 参见宋一欣、孙宏涛:《董事责任保险与投资者权益保护》,法律出版社 2016 年版,第 84-85 页。

列为被告,这一切表明,阿里巴巴及其投保董事责任险的保险公司的法律风波刚刚开始。不仅如此,到 2021 年 4 月,国家市场监督管理总局官网发布《依法对阿里巴巴集团控股有限公司在中国境内网络零售平台服务市场实施"二选一"垄断行为作出行政处罚》,因其滥用市场支配地位触犯我国《反垄断法》第 17 条规定,最终遭受 182 亿元的行政处罚。① 由此可见,在中国企业海外上市的过程中,董事、监事、高级管理人员的责任风险是现实存在的。"事实上,与国内相比,海外资本市场的法律法规更加完整、健全,对证券市场的监管也更加严格,由此直接导致公司董事、监事、高级管理人员所面临的责任风险大大增加。为了分散董事、监事、高级管理人员的责任风险,同时增强董事、监事、高级管理人员的支付能力,有效保护受害人的合法权益,应当为其购买董事责任保险。"②

(四)立法环境

1. 实现公司的社会责任

本书第三章节对于董事责任保险产生的理论根源的讨论中,对董事、高级管理人员在公司经营活动中的地位和作用进行了分析,由此引出上述人员所应承担的法定义务的现实理由,以及如果违反该义务给股东、公司、第三人造成损害的事实。那么由董事、高级管理人员主导公司的经营活动,作为社会主体的一个重要类型,必然要在社会中承担一定的责任,即对社会中与公司发生各种权利义务关系的相关主体的照顾与保护的义务。③ 对此我国《公司法》(2005 年修正)中已经将第 5 条进行了修改,"公司从事经营活动,必须遵守法律、行政法规,遵守社会公德、商业道德,诚实守信,接受政府和社会公众的监督,承担社会责任"。因此当董事"操纵"公司损害了股东、第三人、公司利益时,由于其个人赔付能力有限,容易导致上述利益相关人的合法权益无法得到有效的保护。对此,董事责任保险的引入不仅可以使得董事、高级管理人员因参与上述损害赔偿诉讼而遭受的赔偿请求可以得到有效地满足,且更深层次地履行了公司应该承担的社会责任。

---

① 参见王民:《董事责任保险理论与实务》,中国金融出版社 2023 年版,第 285-286 页。
② 宋一欣、孙宏涛:《董事责任保险与投资者权益保护》,法律出版社 2016 年版,第 86 页。
③ 同上书,第 176 页。

2. 董事责任保险引入时期的现行立法环境

对董事责任保险制度在引入时期我国的立法环境的分析有助于证明该制度引入我国的必要性。通过上文的阐述,董事责任保险对于被保险人赔偿金额及抗辩费用的解决已起到影响该人员的任职风险、公司发展、股东利益以及第三人的保障,因此首先需要对被保险人的民事责任以及赔偿制度的立法环境进行整理,具体如下:

(1) 我国《公司法》(2004 年修正)[①]第 63 条、第 118 条、第 214 条规定,对董事、监事及高级管理人员的损害赔偿责任。

(2) 我国《企业破产法》[②]第 125 条规定,当董事、监事及高级管理人员违反上述公司法中规定的法定义务时所需承担的赔偿责任。

(3) 我国《证券法》(2004 年修正)[③]第 63 条规定,在证券市场中,如果发行人、承销的证券公司的负有责任的董事、监事、经理在实行业务过程中出现了存在虚假记载、误导性陈述等违反证券法规定的行为时所应承担的连带赔偿责任。

其次,针对投资者的民事赔偿制度整理如下:

(1) 我国《公司法》(2004 年修正)[④]第 111 条规定,当股东会、董事会损害股东合法权利时,对股东的救济方法。

[①] 《公司法》(2004 年修正),第 63 条:董事、监事、经理执行公司职务时违反法律、行政法规或者公司章程的规定,给公司造成损害的,应当承担赔偿责任。第 118 条第三款:董事应当对董事会的决议承担责任。董事会的决议违反法律、行政法规或者公司章程,致使公司遭受严重损失的,参与决议的董事对公司负赔偿责任。但经证明在表决时曾表明异议并记载于会议记录的,该董事可以免除责任。第 218 条第三款:董事、经理违反本法规定,以公司资产为本公司的股东或者其他个人债务提供担保的,责令取消担保,并依法承担赔偿责任,将违法提供担保取得的收入归公司所有。情节严重的,由公司给予处分。

[②] 《企业破产法》,第 125 条:企业董事、监事或者高级管理人员违反忠实义务、勤勉义务,致使所在企业破产的,依法承担民事责任。

[③] 《证券法》(2004 年修正),第 63 条:发行人、承销的证券公司公告招股说明书、公司债券募集办法、财务会计报告、上市报告文件、年度报告、中期报告、临时报告,存在虚假记载、误导性陈述或者有重大遗漏,致使投资者在证券交易中遭受损失的,发行人、承销的证券公司应当承担赔偿责任,发行人、承销的证券公司的负有责任的董事、监事、经理应当承担连带赔偿责任。

[④] 《公司法》(2004 年修正),第 111 条:股东大会、董事会的决议违反法律、行政法规,侵犯股东合法权益的,股东有权向人民法院提起要求停止该违法行为和侵害行为的诉讼。

（2）我国《证券法》（2004年修正）①第63条规定，对于投资者在交易中遭受损失的发行人、承销的证券公司应当承担赔偿责任。

（3）我国《企业破产法》②第128条规定，当债务人在破产前期对涉及债务人的财产实施了有损债权人利益的行为时向债权人承担的赔偿责任。

（4）2003年，最高人民法院首次公布了《关于审理证券市场因虚假陈述引发的民事赔偿案件的若干规定》③，该规定是为证券市场投资人提供了由于信息披露人的行为遭受损失时，可以提起民事赔偿诉讼方式维护自己利益的方式。

通过对以上法律、行政法规的梳理，可以看出在董事责任保险制度初入我国市场的阶段，对于作为被保险人的董事、监事及高级管理人的法定义务、民事赔偿责任虽有规定但远没有具备，各法律、行政法规修订以后所做出的详尽且具有的实操性规定，以及当投资人遭受利益损害时其可采取保护自己利益的方法和条件上还是比较苛刻。例如《公司法》（2004年修正）中规定了只有当股东的合法权益遭受损害，其提起诉讼只能面对整个股东会和董事会的行为，不能针对个别董事，以及主张的诉求仅限于停止违法和侵害行为，而没有规定赔偿损失。对于赔偿制度较以后规定的股东代表诉讼制度而言在适用性方面还是存在一定的欠缺。因此，当股东、投资人、债权人因董事、监事及高级管理人员的行为受到损失时，虽然在某些场景下可以向其主张以诉讼方式予以承担责任，但实际中，上述被告人是否有能力赔偿损失以及负担参与诉讼的抗辩费用往往很难估计，一旦判决由被告人承担赔偿责任但其实质上无法赔偿的，

---

① 《证券法》（2004年修正），第63条：发行人、承销的证券公司公告招股说明书、公司债券募集办法、财务会计报告、上市报告文件、年度报告、中期报告、临时报告，存在虚假记载、误导性陈述或者有重大遗漏，致使投资者在证券交易中遭受损失的，发行人、承销的证券公司应当承担赔偿责任，发行人、承销的证券公司的负有责任的董事、监事、经理应当承担连带赔偿责任。

② 《企业破产法》，第128条：债务人有本法第31条、第32条、第33条规定的行为，损害债权人利益的，债务人的法定代表人和其他直接责任人员依法承担赔偿责任。

③ 《关于审理证券市场因虚假陈述引发的民事赔偿案件的若干规定》，第1条：是指证券市场投资人以信息披露义务人违反法律规定，进行虚假陈述并致使其遭受损失为由，而向人民法院提起诉讼的民事赔偿案件。

尽管法律上规定了对于股东等的保护措施,但这些措施还是可怜地沦为"纸上谈兵"。对此,在2005年前后的现行立法环境里,对于股东等以及董事、监事、高级管理人员的保障并不完备,那么及时引入董事责任保险制度对弥补上述的缺陷起到很重要的作用。因此,国务院及各直属机构先一步对于董事责任保险制度的引入采取部门规范性文件的方式予以确立,具体如下:

(1) 2001年,中国证券监督管理委员会关于发布《关于在上市公司建立独立董事制度的指导意见》的通知,在其附件《关于在上市公司建立独立董事制度的指导意见》[①]第7条第6款中明确了为了降低独立董事的任职风险对于其可以建立独立董事保险责任制度。

(2) 2002年,中国证券监督管理委员会、国家经济贸易委员会关于发布《上市公司治理准则》的通知,在附件的《上市公司治理准则》[②]第39条中明确了可以购买董事责任保险的条件以及除外规定。

(3) 我国《保险法》(2002年修正)[③]第50条、51条粗浅的规定了有关责任保险的内容,明确了当被保险人损害第三人利益时由保险人直接向第三人支付赔偿金,以及对被保险人承担其参与上述诉讼时的仲裁费等合理费用。但是没有直接针对董事责任保险进行规定,使得如果出现董事、监事及高级管理人员损害股东、债权人等第三人利益的,是否可以直接适用该条规定存在实践适法困难,尤其是在2002年国内刚刚引入董事责任保险条款,对于如何将当时的法律规则与保险条款连接后进行适用的这一点存在不明之处。

---

① 《关于在上市公司建立独立董事制度的指导意见》,第7条第六款:上市公司可以建立必要的独立董事责任保险制度,以降低独立董事正常履行职责可能引致的风险。

② 《上市公司治理准则》,第39条:经股东大会批准,上市公司可以为董事购买责任保险。但董事因违反法律法规和公司章程规定而导致的责任除外。

③ 《保险法》(2002年修正),第50条:保险人对责任保险的被保险人给第三者造成的损害,可以依照法律的规定或者合同的约定,直接向该第三者赔偿保险金。

责任保险是指以被保险人对第三者依法应负的赔偿责任为保险标的的保险。

第51条:责任保险的被保险人因给第三者造成损害的保险事故而被提起仲裁或者诉讼的,除合同另有约定外,由被保险人支付的仲裁或者诉讼费用以及其他必要的、合理的费用,由保险人承担。

(4) 2006年,国务院发布了《国务院关于保险业改革发展的若干意见》[①],第5条规定,"大力发展责任保险,健全安全生产保障和突发事件应急机制"。

综上,通过对于董事责任保险制度引入中国时的立法情况的分析,可以发现无论是对被保险人的董事、监事及高级管理人员的义务规定,还是对股东、债权人的民事赔偿制度在当时的立法中都存在不够完善之处,并且对于建立董事责任保险的相关法律规定也过于粗浅,导致在实际中如果出现了被保险人损害公司、股东或者债权人利益的,如何保障其可以得到应有的赔偿,以及降低被保险人的任职风险等问题在2000年前后的立法中很难找到可以实践解决的方法。

因此,在上述时期的立法环境下引入董事责任保险可以解决相关的风险,以做到真正保障权利人的利益。不过,在前文中已提及我国董事责任保险的使用率相比其他国家而言较低,因此在后文中,笔者会对其原因进行探讨,希望通过分析出是董事责任保险合同内容不适应我国的实务情况,还是在立法环境方面存在有待完善等原因。

第三节 分析董事责任保险在中国发展的现状

一、董事责任保险在中国的实践应用

自2002年董事责任保险制度正式引入中国以来,如上文所提及的那样其发展并不如在其他国家得到广泛的应用。根据《证券日报》于该保险制度引入中国近第10年后发表的一篇题为《中国制造赴海外上市投保现状——高管责任险价码翻倍》[②]文章显示,记者采访了平安财产保险股份有限公司、中国人民财产保险股份有限公司、都邦财产保险股份有限公司(以下简称"都邦保险")、中国大地财产保险股份有限公司(以下简称"大

---

① 《国务院关于保险业改革发展的若干意见》第5条第二款:采取市场运作、政策引导、政府推动、立法强制等方式,发展安全生产责任、建筑工程责任、产品责任、公众责任、执业责任、董事责任、环境污染责任等保险业务。
② 中国制造赴海外上市投保现状——高管责任险价码翻倍,网址:http://finance.sina.com.cn/money/insurance/bxdt/20110811/022510297201.shtml,最后访问时间:2023年12月12日。

地财险")及苏黎世保险集团有限公司,这几大保险公司以了解董事责任保险在中国的发展情况及面临的问题。

根据记者的调查:(1)各大保险公司虽然都有销售该类型保险,但实际上销售业绩并不理想。例如都邦保险明确表示,虽然公司有准备该产品,但从2009年至记者发稿都没有实际的业务开展。(2)董事责任保险在我国是自愿购买,而在香港地区和其他国家则属于强制购买的险种。(3)从保险公司对于该保险的态度上,多数公司都很看好中国市场,尤其是上市公司数量日益增多,购买该保险的潜在可能性还是较多的,同时,大地财险表示"董事责任保险对于完善我国公司治理机制具有积极的促进作用,而该促进作用的发挥反过来又有赖于公司目前的治理结构,二者之间是相辅相成的关系。在持续推进上市公司治理机制建设的同时,积极引入董事责任保险可以实现上市公司治理结构完善所要求的制度创新。适应上述市场需求,我公司将在严格控制风险等前提下积极尝试。"不过也有公司持不乐观态度,例如都邦保险认为,"保险讲究大数法则,但是针对上市风险的这些险种一旦发生赔付,其赔偿金额巨大,中小公司很难负担。对此国内目前采取共保形式,鉴于当前国内的法律环境和上市公司的诚信情况,我公司暂不会大力发展此险种。另外,受法律环境影响,国内上市公司考虑到成本,也很少主动投保此险种。"因此,通过上述报道可以看出,董事责任保险的投保数量虽然不多,但多数保险公司对该保险在中国的发展还是持乐观态度,同时认同该保险对于公司治理特别是对于董事等的起到积极作用。下面,笔者将"中证中小投资者服务中心有限责任公司与张长虹等损害公司利益责任纠纷案[①]",介绍董事责任保险的实际应用场景及其发挥的作用。

(一)案例简介

中证中小投资者服务中心有限责任公司与张长虹等损害公司利益责任纠纷案由上海金融法院审理,一审结案。

具体案情如下:本案原告为中证中小投资者服务中心有限责任公司,被告为上海大智慧股份有限公司(以下简称"大智慧公司")高级管理

[①] 中证中小投资者服务中心有限责任公司与张长虹等损害公司利益责任纠纷案,中国裁判文书网:文书全文(court.gov.cn),最后访问时间:2023年12月12日。

人员张长虹、王玫、王日红、洪榕,第三人为大智慧公司、立信会计师事务所(特殊普通合伙)等。原告诉称:依据我国《公司法》第 151 条、《证券法》第 94 条①的规定,被告损害公司利益请求法院赔偿第三人,共计人民币 86 万余元,并申请第三人承担原告负担的律师费和本案诉讼费。最终按照法院的判决结果,原告的诉求全部实现,并申请撤诉,法院以撤诉符合法律规定,且不损害国家利益、社会公共利益和他人的合法权益为由予以准许。

该案系全国首例由投资者保护机构根据《证券法》第 94 条规定提起股东代表诉讼,也是上市公司因证券欺诈被判令承担民事赔偿责任后,全国首例由投资者保护机构代位提起的向该公司董事、监事及高级管理人员追偿的案件。②

同时,在大智慧公司提起的另案诉讼中,经法院主持调解,大智慧公司与张长虹等四被告达成调解协议,约定张长虹于当年年底之前分四次向公司全额支付该案诉请损失人民币 3.35 亿元,上海金融法院经审查认为,在前案中原告的诉讼请求全部实现并予以撤诉,在本案中原被告双方达成了调解协议,且该协议经原告公司董事会决议通过,因此由于调解内容不损害公司及股东利益,对该调解协议予以确认。

两案的审判长,上海金融法院副院长林晓镍表示:近年来,上市公司因证券欺诈被诉向投资者承担民事赔偿责任的案件大幅增多,例如大智慧公司就因证券虚假陈述被投资者屡次提起告诉。③ 但上市公司在履行赔偿责任后向董事、监事及高级管理人员追偿的案件却尚不多见。在资本市场全面实行注册改革的背景下,前一案原告起诉的这起全国首例股东代表诉讼案件以及关联追偿案件对于做到确实使责任人承担相应的责

---

① 《证券法》,第 94 条:投资者与发行人、证券公司等发生纠纷的,双方可以向投资者保护机构申请调解。普通投资者与证券公司发生证券业务纠纷,普通投资者提出调解请求的,证券公司不得拒绝。

投资者保护机构对损害投资者利益的行为,可以依法支持投资者向人民法院提起诉讼。

发行人的董事、监事、高级管理人员执行公司职务时违反法律、行政法规或者公司章程的规定给公司造成损失,发行人的控股股东、实际控制人等侵犯公司合法权益给公司造成损失,投资者保护机构持有该公司股份的,可以为公司的利益以自己的名义向人民法院提起诉讼,持股比例和持股期限不受《中华人民共和国公司法》规定的限制。

② 参见王民:《董事责任保险理论与实务》,中国金融出版社 2023 年版,第 271 页。

③ 大智慧公司涉案情况,网址:https://www.lexiscn.com/law/simple_search_result.php?crid=d7b85b93-febf-1bb0-7a3a-ab2af2b7fc31&prid=14a71c0b-93e5-a8e3-abad-9c466d5d9454,最后访问时间:2023 年 12 月 13 日。

任具有重要的示范意义。2021年中共中央及国务院办会厅出台了《关于依法从严打击证券违法活动的意见》(以下简称"意见"),在意见中"指导思想"和"工作原则"明确提出,要坚持"零容忍"要求,加大对发行人、控股股东、实际控制人、董事、监事及高级管理人员等有关责任人证券违法行为的追责力度,并在该意见中提出健全民事赔偿制度。① 因此该两案的审理很大地促使董事等高级管理人员履行赔偿义务,有效地维护了中小投资者的合法权益。②

(二) 两案例分析

1. 股东代表诉讼

在第一个案件中,原告依据我国《公司法》第151条、《证券法》第94条规定,对大智慧公司的董事、监事及高级管理人员提起诉讼。对此有两个值得讨论的内容。其一,作为大智慧公司的股东,原告方以自己的名义为了公司的利益向侵害公司的人提起告诉,这在公司法理论上称为股东代表诉讼。在法条中具体表现为,例如我国《公司法》第149条③规定,对董事、监事及高级管理人员在侵犯公司利益给公司造成损失时应承担的赔偿责任;第151条④中规定,股东如何以自己的名义代表公司向给公司造成损失的董事、监事、高级管理人员及其他人员提出告诉的具体适用条

---

① 《关于依法从严打击证券违法活动的意见》,第2条第七款:健全民事赔偿制度。抓紧推进证券纠纷代表人诉讼制度实施。修改因虚假陈述引发民事赔偿有关司法解释,取消民事赔偿诉讼前置程序。
② 参见王民:《董事责任保险理论与实务》,中国金融出版社2023年版,第272页。
③ 《公司法》,第149条:董事、监事、高级管理人员执行公司职务时违反法律、行政法规或者公司章程的规定,给公司造成损失的,应当承担赔偿责任。
④ 《公司法》,第151条:董事、高级管理人员有本法第149条规定的情形的,有限责任公司的股东、股份有限公司连续180日以上单独或者合计持有公司百分之一以上股份的股东,可以书面请求监事会或者不设监事会的有限责任公司的监事向人民法院提起诉讼;监事有本法第149条规定的情形的,前述股东可以书面请求董事会或者不设董事会的有限责任公司的执行董事向人民法院提起诉讼。

监事会、不设监事会的有限责任公司的监事,或者董事会、执行董事收到前款规定的股东书面请求后拒绝提起诉讼,或者自收到请求之日起30日内未提起诉讼,或者情况紧急、不立即提起诉讼将会使公司利益受到难以弥补的损害的,前款规定的股东有权为了公司的利益以自己的名义直接向人民法院提起诉讼。

他人侵犯公司合法权益,给公司造成损失的,本条第一款规定的股东可以依照前两款的规定向人民法院提起诉讼。

件。对此在第一个案件中,据和迅网的报道,原告因持有大智慧公司 100 股股票作为股东于 2021 年 4 月 3 日,向大智慧公司发送《股东质询建议函》,建议公司向相关责任人追偿,但大智慧公司未采取相应措施,①因此按照《公司法》第 151 条的规定有权以自己的名义向被告各方提起诉讼。其二,按照《公司法》第 151 条的规定,代表公司提起诉讼的股东需要具备一定的条件,例如单独持有公司股份 180 日以上或者合计持有公司股份达 1‰以上的。虽然 2019 年修订的我国《证券法》第 94 条第三款规定"投资者保护机构持有该公司股份的,可以为公司的利益以自己的名义向人民法院提起诉讼,持股比例和持股期限不受《中华人民共和国公司法》规定的限制。"但是其前提条件是作为原告的中证中小投资者服务中心有限责任公司需要持有该公司的股份,只是持股比例和期限不受《公司法》第 151 条的限制。因此结合和迅网提供的信息,该原告持有的该公司股票虽然数量很少,援引《证券法》第 94 条规定是符合《公司法》规定的"提起股东代表诉讼的原告资格的"。

2. 董事责任保险的"用武之地"

从股东代表诉讼制度的设计主旨来看,该制度的设立有利于保障公司的利益,使得因董事、监事及高级管理人员的行为所遭受损失的得以赔偿。但其产生的法律效果是,董事、监事及高级管理人员需自行承担相应的赔偿责任。不过实践中,作为被告的董事等是否能真正承担赔偿责任往往不如法律本身规定得那般容易。因此一旦出现赔偿金额巨大导致被告无法承担时,受损方哪怕在诉讼或者仲裁中取胜也无法真正获得赔偿。而被告方也因可能在履职中陷入巨额赔偿而不再愿意承担其职责,最终使得公司发展受到影响,股东利益受到损失。因此,在我国尚未将公司补偿制度纳入现行立法阶段,为避免以上风险,董事责任保险未尝不是一个可以在一定程度解决问题的最优方法。结合董事责任保险的定义来看,只要公司购买保险,作为保险公司应当按照保险条款的约定,在保险期限内赔偿因被保险人行为给股东、第三人造成的损失。

结合以上案例,据确认大智慧公司于 2022 年 4 月发布了购买董事责

---

① 投保机构代位追偿"董监高"、大智慧实控人将赔 3.55 亿元,再度催热董责险?网址:https://baijiahao.baidu.com/s?id=1758603188353097187&wfr=spider&for=pc,最后访问时间:2023 年 12 月 15 日。

任保险的公告,保险赔偿限额为不超过人民币1亿元。由于无法确认到大智慧公司与哪一家保险公司签订了具体条款内容的保险合同,笔者仅以《太平洋财产董事责任保险条款》为例,结合该案实际情况,说明董事责任保险在股东代表诉讼中发挥的作用。

(1) 保险期限。按照上述说明的内容,如果该公司购买的董事责任保险的保单上的注明的保险期限是自2022年4月起,那么根据《太平洋财产董事责任保险条款》第15条①的约定,保险合同期限是一年,因此在2023年3月底为止的这一期间如果发生符合该保险条款的约定,作为投保人的大智慧公司可以要求保险公司履行保险合同中的约定。

(2) 保险责任。是否应该由保险公司兑现保险合同的约定还要按照具体签订的条款内容予以确认。例如《太平洋财产董事责任保险条款》第3条②约定,符合第三者责任保障的四个条件:①被告方的行为需在执行职务过程中发生;②导致第三者受损;③判决或者仲裁结果由被告方承担赔偿责任的;④第三者首次在保险合同期限内在我国境内向被告方提出索赔请求的。因此结合上述案例,需要作为被告的大智慧公司的董事等4人在任职期间实施了有损第三者的行为,按照判决结果可以得知原告的主张得到法庭的支持,因此符合前三个条件。据确认,原告于2021年9月8日以股东身份代表大智慧公司提起诉讼,结合上述保险期限的约定,如果大智慧公司从2021年4月开始购买董事责任保险,并续期的话,就可以向保险公司主张其承担赔偿责任的,但是由于不清楚条件④在实际中是否被满足,笔者这里也只能作为猜测推断。

(3) 保险公司的赔偿对象。在上述案件中,原告不仅要求被告承担相应的赔偿责任,还要求作为第三人的大智慧公司负担其承担的诉讼费用等抗辩费用。结合《太平洋财产董事责任保险条款》第5条③的约定,保险公司应负责赔偿依法由被保险人支付的仲裁费用或诉讼费用以及其他必要的合理费用。对于必要的合理的费用,包括但不限于律师费或者专家费用等。因此按照上述案例的判决结果,结合《民事诉讼法》的规定一般由被告

---

① 详见附录五,中国太平洋财产保险股份有限公司:《公司董事及高级管理人员责任保险条款》,第15条。
② 同上,第3条。
③ 同上,第5条。

方承担诉讼费用。那么大智慧公司可以要求保险公司负担上述诉讼费用,以及如有其他经保险公司事前书面同意支付的其他必要及合理的费用。

该案中原告要求作为第三人的大智慧公司承担诉讼费用等的理由可能是由于其代表的是公司的利益,所以当全部诉求得到满足,即大智慧公司受益所要求其负担诉讼费等。这里的约定结合《太平洋财产董事责任保险》第 5 条的内容,本来可以由保险公司负担的费用最终却由大智慧公司承担,该结果对于如果已经购买董事责任保险的大智慧公司而言,其支付的保险费用没有的到充分地利用显然十分遗憾。

(4) 免责条款的适用。每一份保险合同中都会约定在何种情况下保险公司不负赔偿责任的内容。《太平洋财产董事责任保险条款》的第 8 条至第 12 条①约定了各种免责情形。例如当被保险人实施的行为可以证明为故意或者违反法律、法规或者被保险人所在公司的公司章程;首次投保时,被保险人在合同生效前已经或者应当知道的索赔或者民事诉讼等。一旦被保险公司证实被保险人的行为或者索赔的对象落入免责条款中,那么可以依约定不承担赔偿责任。

(5) 被保险人的协助义务。对于按照约定由保险公司承担的索赔要求的具体实现,被保险人需要协助保险公司,其目的是保险公司会以被保险人名义调查或者评估对股东代表诉讼赔偿要求中指控的不当行为或者索赔进行起诉是否能满足被保险人利益最大化的要求。例如《太平洋财产董事责任保险》第 26 条至第 29 条中均约定了被保险人有义务应协助保险公司进行事故调查、提供与索赔有关的相关文件。一旦被保险人未履行约定的协助义务导致保险公司无法核实损失的,对未能核实的部分不承担赔偿责任。因此上述案例中的 4 名被告未能转嫁自己承担赔偿责任需要积极配合保险公司的调查。对于该调查费用,如果大智慧公司投保了《太平洋财产董事责任保险(C 款)》时,按照该 C 款第 2 条②扩展保障的约定,保险公司还会负担被保险人的调查费用。

---

① 详见附录五,中国太平洋财产保险股份有限公司:《公司董事及高级管理人员责任保险条款》,第 8 至第 12 条。
② 中国太平洋财产保险股份有限公司:《公司董事及高级管理人员责任保险条款(C 款)》,第 2 条第二款:调查及监管危机事件费用 本公司,以保险单第四项(c)及(d)所载的分项责任限额为限,承保被保险个人的下列费用:(ⅰ)监管危机事件费用;以及(ⅱ)调查费用。

3. 总结

2020年7月31日最高人民法院（以下简称"最高院"）发布《最高人民法院关于证券纠纷代表人诉讼若干问题的规定》（以下简称《最高院证券代表诉讼规定》）。继《九民纪要》提出证券虚假陈述诉讼代表人诉讼制度、《证券法》对虚假陈述赔偿纠纷的代表人诉讼从立法层面予以明确之后，最高院专门就代表人诉讼程序从操作层面予以落实。《证券法》第95条第三款规定了投资者保护机构作为代表人参加诉讼的权利，《最高院证券代表诉讼规定》第32条规定了投资者保护机构加入的方式。通过前述的立法情况"中国式证券集体诉讼制度"得以确立。随着该制度的确立，大幅提高了A股上市公司及其董事、监事及高级管理人员们面临的诉讼风险，通过上文介绍的大智慧股东代表诉讼案例，使得董事等们认识到了自己的履职风险。面对这样的风险，让一直低迷小众的董事责任保险重新被各上市公司所审视。据《华夏时报》的报道，"近几年，在我国购买董事责任保险A股上市公司的数量在逐年增长。据不完全统计，2020年至2022年，在上海证券交易所、深圳证券交易所等公开平台披露购买董事责任保险的上市公司数量分别为119家、248家、337家，增幅分别为205％、108％、36％"①。以及上海瀛泰（临港新片区）律师事务所主任翁冠星向《华夏时报》记者表示，"当下涉及上市公司的相关法律法规及交易所规则为上市公司设定了较为严格的行为准则，并日渐强化上市公司及其董事、监事及高级管理人员等的法律义务，体现在信息披露领域，信息披露的不规范将引发民事赔偿、行政处罚甚至刑事责任。修改后的《证券法》《最高人民法院关于审理证券市场因虚假陈述引发的民事赔偿案件的若干规定》《最高人民法院关于为设立科创板并试点注册制改革提供司法保障的若干意见》《上市公司信息披露管理办法》等规定，强化了作为信息披露义务人的上市公司及其董事、监事及高级管理人员的民事赔偿责任，这一立法趋势催生了降低上述人员的职业风险的需求"②。

但购买董事责任保险并不意味着保险公司会无论任何情况都要承担董事、监事及高级管理人员所实施行为给第三人带来的损失。例如上文对

---

① 投保机构代位追偿"董监高"、大智慧实控人将赔3.35亿元，再度催热董责险？网址：https://baijiahao.baidu.com/s?id=1758531149203578800&wfr=spider&for=pc，最后访问时间：2023年12月15日。

② 同上。

大智慧公司股东代表诉讼案分析内容所示,保险条款中都约定了一定的免责条款,如故意行为,包括财务造假、招股说明书虚假陈述、职务侵占或者违反竞业禁止等行为所引起的损害赔偿责任,保险公司并不承担赔偿责任。

不过,自董事责任保险进入中国市场以来的 20 多年里,尚未有一家国内上市公司公告过该险种的赔付案例。对此,"明亚保险经纪总公司重客部经理潘耀斌曾向《华夏时报》记者解释称,这与董事责任保险的产品特点有关,该保险的"长尾"特征较明显,从证监会发出监管函到立案、调查、启动理赔、理赔结束,要经历较长的司法过程,一般需要三年甚至更长的时间。所以目前相关理赔并没有呈现出来,但当前处在法院审理过程中的案件还是不少的,预计在未来三年中,相应的理赔案件都会呈现出来"①。

风险与保险相辅相成,近年来随着证券法以及上述所提到的法律、法规的修正及公布,从立法上加大了对于投资者的保护,以及对董事、监事及高级管理人员的民事赔偿责任。相关诉讼的增加为董事责任保险的发展提供了条件,使其从"纸上谈兵"走到真正发挥其作用上来,也使得因其被不断地适用从中找到其引入、存在的合理性,最终达到推进其快速发展与制度不断完善的目的。

二、董事责任保险制度在中国发展的困境分析及改善建议

对于董事责任保险制度在我国发展迟缓的原因分析,在借鉴其他学者的文章时,发现大家往往会先以立法作为出发点,而后再讨论制度本身的不足。对此,笔者通过上文中对于该保险引入初期的立法环境调查时确实看到提及该制度的法律保障很少,且规定得十分概括。不过,笔者认为,董事责任保险归根结底是一种商业保险产品,国家立法对于认同该保险的态度固然重要,但该保险在我国发展迟缓的原因不仅是因为其在立法上的缺失,或许从其购买的主体所适用的法律现状,以及其他外部环境等因素分析更能回答为何董事责任保险在我国发展迟缓的问题。

同时,比较我国各保险公司出售的保险条款内容与他国出售的保险条款内容,探讨保险条款是否也有产品存在设计上的问题,因为商业产品

---

① 投保机构代位追偿"董监高",大智慧实控人将赔 3.35 亿元,再度催热董责险? 网址:https://baijiahao.baidu.com/s?id=1758531149203578800&wfr=spider&for=pc,最后访问时间:2023 年 12 月 15 日。

自身的优劣往往会很大程度影响购买者的欲望。因此在本节中,笔者对于董事责任保险发展困境的分析着重于被保险人的民事赔偿制度、董事责任保险制度的适用环境,以及通过对比保险条款这些视角,为董事责任保险在中国的制度完善提出自己的建议。

(一) 被保险人的民事赔偿制度

董事责任保险的赔偿对象引用《太平洋财产董事责任保险条款》第3条的约定,是指"被保险人(董事、监事及高级管理人员)在执行职务过程中,导致第三者遭受经济损失的行为。"因此,遭受经济损失的第三人在提起诉讼时,需要明确作为被告的被保险人的不当行为的法律依据,因为每一款董事责任保险都有免责内容,只有清楚条文内容才可以避免陷入免责而无法得到赔偿的情况。对此,以下就被保险人承担的民事赔偿责任进行分析:

1. 《公司法》的规定

(1) 我国《公司法》第147条[①]对于董事、监事及高级管理人员的义务进行了规定。第148条中罗列了对董事和高级管理人员的禁止行为,从其最后一款的兜底条款可以推断,第148条是对于上述人员的忠诚义务的列举,但勤勉义务具体是什么却没有明确的示例,容易导致适用上的困难。笔者仍旧以《太平洋财产董事责任保险条款》为例,其免责条款中明确约定了被保险人违反法律、法规或者被保险人所在公司的公司章程导致第三者受损是保险人不负赔偿责任。那么正是因为法律规定的不够明确,被保险人就可能会存在落入免责条款而自行承担赔偿责任的风险。

(2) 我国《公司法》第21条、149条[②]规定了董事、监事及高级管理人员的赔偿责任,主要是以损害公司利益为结果。因此可以联系到股东代表诉讼制度,原告股东方虽然是以自己的名义提起的诉讼,但其是为了公司的利益,理由也是因为被告的董事、监事及高级管理人员损害了公司的

---

① 《公司法》,第147条:董事、监事、高级管理人员应当遵守法律、行政法规和公司章程,对公司负有忠实义务和勤勉义务。董事、监事、高级管理人员不得利用职权收受贿赂或者其他非法收入,不得侵占公司的财产。

② 《公司法》,第21条:公司的控股股东、实际控制人、董事、监事、高级管理人员不得利用其关联关系损害公司利益。违反前款规定,给公司造成损失的,应当承担赔偿责任。第149条:董事、监事、高级管理人员执行公司职务时违反法律、行政法规或者公司章程的规定,给公司造成损失的,应当承担赔偿责任。

利益,间接损害了自己的利益。但是《公司法》规定的狭隘性也正体现于此,其没有规定除了与公司存在持股关系的股东以外的权利人的权益如何救济的问题,例如不是股东的债权人的权益如何保护?

2.《企业破产法》的规定

在《企业破产法》第125条第一款规定了,"企业董事、监事或者高级管理人员违反忠实义务、勤勉义务,致使所在企业破产的,依法承担民事责任"。对此与《公司法》规定并无二致,均没有对勤勉义务进行解释,也仅仅针对公司受损时才需承担赔偿责任。

上述规定并不是十分具有实用性且适用广泛性的法律条文,不仅导致被保险人容易落入保险公司约定的免责条款而无法得到真正的保护,也可能使得权利受损人无法得到有效的赔偿使施害者变相降低了任职风险最终导致公司并不愿意为其购买董事责任保险。

3.《上市公司治理准则》的规定

在《上市公司治理准则》第24条[①]中规定了,董事责任保险购买的程序性条件以及作为保险公司对于被保险人的责任。这样的规定增加了上市股东购买董事责任保险的难度。具言之:其一,上司公司购买董事责任保险必须经股东大会批准,这样的程序性规定结合《公司法》中关于应有股东会决议的重要事项相比很难理解,购买一款商业保险需要到达召开股东大会的程度,不免为购买保险的过程增加了时间成本。以及一般情况下董事责任保险合同的有效期限仅为1年,过期后如果续期仍旧需要召开股东大会予以讨论,容易产生这样的程序性要求是否沦为浪费股东的时间以及公司的运营成本的质疑之中。其二,虽然规定了责任保险的范围由合同当事人双方自治,但却要求董事因违反法律、法规和公司章程规定而导致的责任除外的这一"但书"内容,导致出现凡是董事、监事及高级管理人员的赔偿责任,都属于保险人的除外责任。这样一来,董事责任保险特有的分散董事等的任职风险的功能就无法实现,公司更不会花费高额的保险费用购买这样的保险产品。其三,董事、监事及高级管理人员违反法律、法规和公司章程的行为在主观上也存在故意和过失之分。

---

① 《上市公司治理准则》,第24条:经股东大会批准,上市公司可以为董事购买责任保险。责任保险范围由合同约定,但董事因违反法律法规和公司章程规定而导致的责任除外。

一般情况下,各国的保险条款中都会将故意的行为作为除外责任的对象,而过失导致的违法行为侵害他人权益下,除非有明确的约定或者法律规定董事责任保险的保险人仍旧要承担相应的保险责任。但按照《上市公司治理准则》的规定,没有对董事、监事及高级管理人员实施的行为在主观上做以区分,因此无论故意还是过失,保险人都可以依次拒绝向投保公司承担保险责任。这不仅导致了我国公司不愿意购买董事责任保险,对于那些在中国成立子公司的跨国企业是否因此对在中国设立公司也会生产一定的质疑。

(二)董事责任保险制度适用环境

无论是传统公司法理论中出现的"股东会中心主义"还是"董事会中心主义",董事、监事及高级管理人员一般均为公司日常经营的主体,也是公司治理中的主要实施人员。因此,我国的公司治理问题与董事、监事及高级管理人员的行为表现息息相关,同样影响着将其作为被保险人的董事责任保险的发展。对此笔者在下文中,主要从公司治理的内部人控制现象这一角度进行探讨。

传统的内部人控制,是指"在公司高度分散的股权结构下,受到持续股权激励的经理人的实际控制地位很难被外部接管撼动而形成的盘踞"[①]。形成内部人控制后,对于上市公司而言主要体现在以损害股东利益为代价而谋求内部人私人利益。内部人控制问题成为公司治理过程中的重要议题,其来源于"所有权与经营权的分离"问题,由于股权的分散,股东们不再关注公司的治理而只考虑股票价格的高低,一旦公司可能出现经营问题导致股价波动时,股东们通过抛售股票来保护自己的利益。这样公司的经营权就掌握在管理层手中,导致出现"经理人超额薪酬"等内部人控制问题的产生。

在中国不同于前述英美公司中出现的传统内部人控制股情况,我国的内部人控制有如下特别之处:(1)股权并不分散甚至出现了"一股独大"现象;(2)董事长持股比例有限甚至并不持股,但却依然形成了如英美公司那般的经理人"盘踞"于公司的情况,具体体现为董事长通过自己

---

① 郑志刚、刘小娟、张浩、侯文轩:《社会连接视角下的"中国式"内部人控制问题研究》,载《经理管理》2021年第3期,第98页。

的亲朋好友建立起稳定的管理层,无论公司发展如何,业绩是否良好,管理层仍旧可以保持着高薪厚待。在结合上文对于内部人控制产生的理论根源,虽然我国出现了持股比例较大的大股东现象,尤其是在国有企业当中。但持股比例较高的股东并没有形成对内部人控制的抑制和制衡。

我国内部人控制问题的形成原因以及这对于董事责任保险在我国的发展产生何种影响?笔者在下文将逐一进行探讨。参考其他学者的文献后,发现有三个主要的制度是导致我国内部人控制问题的原因:

1. 金字塔控股结构

金字塔形状的控股结构导致最终控股股东非但没有能力约束管理团队反而使得其控制力下降。其理由在于,在法律上对于处于管理层的董事、监事和高级管理人员规定了法定的忠实义务与勤勉义务。如本书第三章所述,考量真正掌握公司权力的核心不能单单看法律上的规定,而是要考虑剩余控制权的归属,当股东掌握剩余控制权时即成为公司治理的权威。在金字塔结构的企业中,管理层仅考虑其对直接控股的上一级大股东负责,导致处于顶端的最终控股股东和分散股东的权益如何得到保障不会成为其费心的问题。这样的股权模式将代理的链条延长,使得最终控股股东无法直接有效地行使监督权力。管理层失去控制和监督,虽然会增加例如信用风险或者损害公司利益的关联交易等情况,但却不会为此购买董事责任保险,因为其自身不认同或意识不到这些不当行为的发生,当然也就不会为此付出成本。[①]

2. 政治关联

所谓"政治关联",即"与政府部门、机构和人员之间保持着一定的关系,目的在于为公司谋取发展的基础上也为自己获取声誉和利益。"[②]从前述定义来看,董事长、总经理拥有的政治关联使得大股东很难对其形成有效的制约,因为政治关联对企业融资、业务发展等具有重大意义时,股东为了公司的发展,会弱化对董事、总经理等管理层的监督。对此,管理

---

① 参见郑志刚、刘小娟、张浩、侯文轩:《社会连接视角下的"中国式"内部人控制问题研究》,载《经理管理》2021年第3期,第99-100页。
② 陈天、丁江涛、张同建:《双重公司治理环境下政治关联治理效应实证研究——基于沪深股市A股上市公司的数据检验》,载《兰州石化职业技术学院学报》2017年第17卷第1期,第82页。

层借政治关联为由控制公司的管理层,哪怕政治关联对于投资效率、资源配置效率、信息披露质量等造成不利影响,进而造成如金字塔控股结构一样的管理层不会意识到自己的行为可能损害公司的利益而不去考虑购买董事责任保险。

3. 广泛的社会连接

如上文中所述那样,董事会利用社会关联中的关系,例如自己的亲友建立起自己可以操纵的管理层,这些构成人员往往会形成近似或者一致的价值观,导致一方提出的要求或者建议容易被另一方接受和理解,使得管理层人员之间的关系更加紧密。因此,当董事长为首的内部人之间存在这样的连接时,内部人的控制力得到加强。只要监管出现问题时,这种内部人控制情况会越发严重。① 从而没有了董事责任保险赖以存在的基础,即董事和高级管理人员的经营风险,公司会基于侥幸心理,不会花费高额保费来投保董事责任保险,因为公司治理过程中的内部人控制现象严重影响了董事责任保险在公司中的适用和发挥。②

(三) 董事责任保险产品的对比以及制度完善建议

从上文的分析中可以粗浅地理解董事责任保险制度为何自引入我国以来,除了初期的短暂兴盛以外,并没有达到预想的效果。这里有对于董事、监事及高级管理人员在民事赔偿责任立法上的不足与模糊,也有公司治理问题导致董事责任保险被公司置之不理的情况。下文将深入保险条款本身的研究,对比日本著名保险公司销售的保险条款,以期待不仅对该保险制度进行深入理解,同时也为完善该制度提出自己的浅见。

1. 中日两国董事责任保险产品的对比

通过对中国《平安财产董事责任保险条款》《太平洋财产董事责任保险条款》与日本东京海上日动火灾保险股份有限公司出售的《董事责任保险(普通保险条款及特别约定条款)》中主要条款对比,讨论我国董事责任保险产品设计上的欠缺(详见下表5-3)。

---

① 参见郑志刚、刘小娟、张浩、侯文轩:《社会连接视角下的"中国式"内部人控制问题研究》,载《经理管理》2021年第3期,第100页。

② 参见王雪娇:《董事责任保险制度研究》,河北大学法学硕士学位论文(2013年),第23页。

表 5-3 中国《平安财产董事保险条款》《太平洋财产董事责任保险条款》与日本东京海上日动火灾保险股份有限公司：《董事责任保险（普通保险条款及特别约定条款》主要条款比较

董事责任保险条款名称	具体条款内容		
	平安财产董事责任保险条款	太平洋财产董事责任保险	董事责任保险（普通保险条款及特别条款）
保险责任	(1) 对被保险人的责任保险：被保险人在执行职务过程中，由于其以被保险人个人的身份单独或共同遭受经济损失，依法应由被保险董事及高级职员承担的赔偿责任，本公司按本保险单的约定负责赔偿。 (2) 公司补偿保险：保险人承保被保险人在执行职务过程中，由于其以被保险人个人的身份单独或共同遭受经济损失，且被保险公司依法应对其过错行为承担赔偿责任，在被保险人所受损失范围内对被保险公司负责赔偿	(1) 对被保险人的责任保险：在保险单中列明的保险期限的追溯期限内，因其单独遭受损失或者被保险人在执行职务行为导致第三者应当按照中国法律应由被保险人承担赔偿责任。 (2) 公司补偿保险：在保险单中列明的保险期限追溯期限或者被保险人在执行职务的过程中，因其单独遭受经济损失致第三者所受损失，依法应由被保险公司对在本公司对被保险人所受损失承担赔偿责任	(1) 由于被保险人在履行公司的董事任职过程中的行为（包含不作为，以下简称"行为"）而导致被保险人遭受损失，本公司将根据本保险合同的条款向被保险人支付保险赔偿金

续表

董事责任保险条款名称	具体条款内容		
	平安财产董事责任保险条款	太平洋财产董事责任保险	董事责任保险（普通保险条款及特别条款）
被保险人	(1) 指被保险公司和被保险个人。指保单上载明的过去、现任或未来的董事、高级执行职员、秘书，但不包括法院指派的接收人、清算人或清算人。 (2) 被保险个人因上述过错行为被索赔时，其配偶或被保险人的配偶身份而被索赔，按本保险单规定本人的赔偿责任。但因被保险人执行职务所致的赔偿责任，则不在本保单保障范围内。 (3) 继承人或法定代理人保障，若被保险个人死亡、失去全民事完全能力、财产困难时，索赔出其继承人、财产或法定代理人提出索赔，第三者对其继承人、财产或法定代理人在被保险人执行职务索赔过程中的过错引起的，本公司将该视同第三者对被保险个人的索赔。	(1) 是指任保险单中列明的，符合法律法规或者公司章程规定的任职资格，并经公司法律程序选任或者指派，在追溯期和保险期限内担任任保险单中载明的有限责任公司或者股份有限公司董事、监事、独立董事、董事会成员、副总经理等职务的高级管理人员。 (2) 被保险人配偶保障 在发生保险责任范围内的事故后，如果被保险人的配偶因其配偶身份而被保险人共同拥有财产而被连带索赔责任的，依法应由其承担连带经济赔偿责任的，保险人将根据本合同的规定负责赔偿。 (3) 继承人或法定代理人保障，在发生保险责任范围内的事故后，如果被保险人已死亡或者丧失全民事完全行为能力，依法应由其继承人或者法定代理人承担的经济赔偿责任的，保险人将根据本合同的规定负责赔偿。	(1) 公司的全部董事（公司法上的董事、执行董事及监察董事），以及监察董事及高级管理人员（公司法上的董事，执行董事及监察董事），以及相当于按照法律或者公司章程的这种职务的保险证与被保险人记载中内的被保险人与会计监察人。还包含在保险期间内退任的和新任的前述人员。但是，不包含退任日前退任的前述人员。以反，起算从保险开始的第一年度的董事、监察、监事及高级管理人员死亡的情况下，其财产的继承人或者法人均视为被保险人。及其破产情况下的破产管理人均视为被保险人。 (2) 根据《被保险人的追加特别条款》所附董事条款第3条附加保险条款和高级职员责任保险的公司的全部董事； A. 执行董事； B. 管理职员人员。

续表

董事责任保险条款名称	具体条款内容	
	平安财产董事责任保险条款	太平洋财产董事责任保险（普通保险条款及特别条款）
第三者	无	是指除下列单位或者个人以外的单位或者个人：①被保险人所在公司；②被保险人所在公司的主要股东，是指直接或者间接持有被保险人所在公司10%以上股份的股东；③被保险人及其配偶、继承人、法定代理人；④非本合同的被保险人，但在被保险人所在公司担任董事、独立董事、监事等职务的董事会、监事会成员，或者担任总经理、副总经理等职务的高级管理人员	无

续表

第五章 日美两国董事责任保险制度对中国的启示

董事责任保险条款名称	具体条款内容		
	平安财产董事责任保险条款	太平洋财产董事责任保险	董事责任保险（普通保险条款及特别条款）
索赔范围	损失：被保险人因过错行为而依法应负的保险范围内的全部赔偿金额。该赔偿金额可能是一次赔偿提出的，也可能是保险期限内或保险公司现有限额下分次提出的所有索赔提出的，也可能是保险金额是设定的，金额又不包括下列事项： ①被保险公司（包括其董事会或调查评估索赔案件可能发生的索赔所发生的合理费用）为辩护或调查索赔所发生的合理的费用（包括但不限于律师费、专家鉴定费、员工的酬劳、固定薪资及加班费，主管、员工以外的费用）及为提出上诉、担保或支付保证金所导致的费用支出； ②依法应缴纳的罚款或其他惩罚性的部分； ③依法不得投保的部分。 ·诉讼费用	索赔：是指第三者以任何形式向被保险人的配偶、继承人、法定或者连带向被保险人提出的经济赔偿要求。 代理人费用：是指被保险人民事诉讼费用或者被上诉活动而产生的，被保险人为进行抗辩或者上诉活动而其支付的合理费用，但仅限于下列各项费用： ①律师费； ②应由被保险人承担的诉讼费。 仲裁费用：是指被保险人与第三者之间发生索赔纠纷，如果双方根据仲裁协议约定申请仲裁的，被保险人为进行仲裁活动而其支付的合理的下列各项费用： ①支付给仲裁委员会收取的仲裁费（包括仲裁费、其他额外的合理的实际费用、差旅费、食宿费，以及仲裁庭聘请的特殊报酬、鉴定人和翻译等费用）； ②应由被保险人承担的代理费； ③根据仲裁裁决的应由被保险人补偿给诉方因办理本案件所支出的部分合理的费用	法律上的损害赔偿金：依据法律上的损害赔偿责任而支付的赔偿金。但是，罚款、附加税、税金、罚金、过失有惩罚性的赔偿金具有惩罚性质部分不包含在内。 争讼费用：被保险人因损害赔偿请求而进行的争讼（诉讼、仲裁、调节以及和解等）所产生的员工的报酬、或保供应等费用（被保险人或公司或本公司外）中由本公司认定为安当且必要的部分
过错行为/不当行为	指被保险董事或高级职员的失职、失误、错误、陈述不符的陈述、过失、疏忽、误导导性的陈述，应作为而不作为及其他及违反职责行为所导致的过错行为	是指被保险个人在履行职务过程中陈述过错、过失、疏忽、误导性陈述、误导性陈述、流忽、违反其义务及或者违反其职责的行为或不作为	被保险人在履行公司的董事任职过程中的行为（包含不作为的行为以下简称"行为"）

· 151 ·

续表

董事责任保险条款名称	具体条款内容		
	平安财产董事责任保险条款	太平洋财产董事责任保险	董事责任保险（普通保险条款及特别条款）
除外责任（仅对主要条款进行列举）	第一类：①不诚实、欺诈、犯罪、恶意或故意行为；②被保险董事或高级职员因获知其他交易者无法得知的内幕消息，而买卖被保险公司的证券获得不当利益的行为；③为获取私利益，而向政治团体、政府或军方官员、客户、债权人或其代表、佣人支付款项、赠与、贿赂的行为；第二类：①保证或对外担保；②直接或间接造成任何人的疾病、伤残、死亡、精神伤害，或任何有形财产的损失，包括财产的损失或同等损失；a.实际或被指称或威胁将排放、释出、渗漏或处理污染物于大气、水、不动产，b.被保险人受指示或受请求进行测试、监察、清除、处理污染或核污染，或中和核辐射、核污染、废弃物的污染素、废弃物应反应核同位素；③任何罚款或惩罚性赔偿；	第一类：①违反法律、法规或者被保险人所在公司的公司章程；②故意犯罪行为；③非职务行为；④贪污、行贿、受贿行为；⑤对外担保或者保证行为；⑥造成环境污染或者违反环境保护法律法规的行为；⑦因获知其他交易者无法得知的内幕消息，而买卖被保险人所在公司的证券获得不当利益的行为；⑧抄袭、窃取、泄露他人商业机密或者侵犯他人知识产权的行为。第二类：①被保险人或其雇员的人身伤亡及所有或管理的财产的损失；②罚款、罚金或惩罚性赔偿；③精神损害赔偿；④保险事故造成的一切间接损失；⑤在合同或者协议中约定的有这种本款责任免除范围内，但即使没有这种合同或协议的赔偿责任，被保险人依照中华人民共和国法律应承担的赔偿责任不在本款责任免除之列；⑥保险单中载明的应由被保险人自行承担的每次事故免赔额（率）	第一类：①因被保险人为了私人利益或者取得非法所得而导致的损害赔偿请求；②因被保险人的犯罪行为（即被裁判以刑罚的犯罪行为，包含超过罚科时效而没有被判处刑罚的犯罪行为）导致的损害赔偿请求；③被保险人已经认识到可以判定被保险人已经认识的理由自己的行为违反法律所致到其行为违反法律所致的损害赔偿请求；④因违法对于其执行职务的对价的信金或者其对于其执行职务的对价的信金或者对价所导致的损害赔偿请求；⑤因被保险人违法利用为公开的信息致的预害赔偿请求；⑥因自己股票、公司债务人员提供的买卖所导致的损害赔偿请求；⑦因对下列人员提供利益所导致的损害赔偿请求：政治团体、公务员、监事及高级管理人员、代表或者有家庭成员以及其有关联的团体）；a.对其他代理人、代表的其他团体；b.违法提供利益的其他人

· 152 ·

第五章 日美两国董事责任保险制度对中国的启示

续表

董事责任保险条款名称	具体条款内容		
	平安财产董事责任保险条款	太平洋财产董事责任保险①	董事责任保险条款及特别条款（普通保险条款②）
保险费用的支付	投保人应当按约定缴付保险费	投保人应按照本合同的约定支付保险费	投保人必须按照本保险合同订立时规定的次数和金额，在保险合同上注明的缴费到期日之前缴纳本保险的保险费。但是，如果保险合同上未注明首期保险费的到期日，则首期保险费必须在本保险合同订立的同时进行支付④

① 详见中国太平洋财产保险股份有限公司：《公司董事及高级管理人员责任保险条款》，中国平安财产保险股份有限公司：《公司董事及高级职员责任保险条款》。
② 详见附录三、四，東京海上日動火災保険株式会社「会社役員賠償責任保険の約款（普通保険約款，特約条項）」。
③ 附录三、四，東京海上日動火災保険株式会社「会社役員賠償責任保険の約款（特約条項）」の被保険者追加特約条項（執行役員，管理職従業員）第1条。
④ 附录三、四，東京海上日動火災保険株式会社「会社役員賠償責任保険の約款（特約条項）」の保険料に関する約款第二条（保険料の変更特約条項に関する約款）二号規定の保険料の払込み》第1条。

· 153 ·

通过上述对三种不同董事责任保险条款的对比,笔者认为我国董事责任保险产品存在着以下问题:

(1) 被保险人的范围。被保险人是指因保险事故发生而遭受损失,并对保险人享有赔偿请求权的人。我国《保险法》第 12 条第五款①对被保险人进行了规定,与上述定义相似,都是指享有保险金请求权的人。在董事责任保险中,主要指是投保人公司的董事、监事及高级管理人员。②学者们在讨论董事责任保险的被保险人范围时主要围绕着为何上述董事、监事及高级管理人员可以作为被保险人进行分别讨论,并多有追加对于独立董事是否可以作为被保险人的内容。对此,笔者已在本书第三章中对于董事等在承担的义务和发挥的作用上进行了较多的探讨,在本章中主要结合上述中日两国公司保险条款进行对比。通过比较发现在两国的保险条款中除了均约定董事、监事和高级管理人员人员作为被保险人外,日本还特别强调了在保险合同期限内退休和新任职的上述人员也是被保险人。其好处在于,退休的人员在职期间实施行为的效果可能会在其退休后才显现出来,如果不将其纳入被保险人范围中,会使得将要退休的董事、监事及高级管理人员惴惴不安,担心即使退休后还有可能被要求由其个人承担赔偿责任。以及,新任职的人员的任职期间不可能与保险期间的时间完全重合,因此将新任职的董事、监事及高级管理人员直接视为被保险人体现了该保险产品具有较高的可实践性。但是,反观我国的两种保险条款中对此均没有说明,那么购买上述我国的董事责任保险条款的投保人公司不能自动地将退休和新任职的人员理解为被保险人,当在保险期间内新任职的董事、监事及高级管理人员是否能被保险条款所保护可能还需要与保险公司以签订补充协议的方式进行确认,这就增加了实际操作的成本。因此笔者建议,在我国的董事责任保险产品中可以借鉴日本董事责任保险对被保险人定义中的内容,增加保险条款的灵活性和实用性,并进而推动其发展。

(2) 对第三者的定义问题。从保险责任的定义来看,我国的保险条

---

① 《保险法》,第 12 条第五款:被保险人是指其财产或者人身受保险合同保障,享有保险金请求权的人。

② 参见宋一欣、孙宏涛:《董事责任保险与投资者权益保护》,法律出版社 2016 年版,第 126 页。

款中均明确指出了需要给"第三者"造成经济损失。同时《太平洋财产董事责任保险条款》中还特别对"第三者"进行了定义,从其定义内容来看,太平洋财产销售的董事责任保险很难被购买,因为该保险直接将最有可能因被保险人行为遭受的主体均排出在外了。例如股东以个人名义因公司的利益受损提起的股东代表诉讼,当股东胜诉后,作为被保险人的董事、监事及高级管理人员因为其所在公司的利益受损不符合保险合同中"对被保险人的责任保险条款"中定义的第三者受损的情况,导致只能个人负担参与诉讼的抗辩费用及赔偿金额。同样,如果股东直接诉讼的情形下,按照对第三者的定义,原告股东是公司的主要股东(是指直接或者间接持有被保险人所在公司 10% 以上股份的股东)的,被告方的董事也无法使用该保险进行转嫁其承担的赔偿责任。但是实践中,往往持股比例较高的股东才会通过哪怕是维权成本较高的诉讼、仲裁手段要求损害其利益的董事、监事及高级管理人员进行赔偿,因此可能在实践中对被保险人发起诉讼的往往都是这些公司的主要股东,但在《太平洋财产董事责任保险条款》约定中,投保公司那么多付出了保险费成本也无法使被保险人承担的责任进行转嫁,购买该保险无异于浪费公司的财产。对此笔者认为,对于第三者进行定义会影响董事责任保险的适用范围,导致其发展受到影响。反观日本的董事责任保险在"支付保险金情形"的条款中并未指出需要对第三者造成损失,而只要被保险人遭受了损失就可以要求保险人予以赔偿者的约定,这十分符合我国保险法对于被保险人的定义,不仅逻辑自洽,且可以在法律上找到一一对应的规定,不失为我国董事责任保险可借鉴之处。

(3)索赔的范围。我国和日本均将因被保险人行为依法承担的全部赔偿金额和抗辩费用(主要为诉讼费用、仲裁费用、律师费等)作为保险公司主要赔偿的对象即被保险人的索赔范围。同时,两国也都将罚金、惩罚性罚款,以及日本还将税金等均排除在索赔范围之外。其理由在于,在本书第二章笔者对于董事责任保险的性质进行分析时曾提到,董事责任保险是一种损害赔偿保险,因此保险公司应以被保险人遭受的实际损失为限进行赔偿。而罚金或者惩罚性罚款不仅在于弥补损失更在于体现对施害者的惩罚,因此如果保险公司还需要赔偿被保险人遭受的惩罚性质的赔偿金则与董事责任保险性质相违背。不过,通过进一步对比,可以发现我国《平安财产董事责任保险条款》与日本《董事责任保险条款》在承担赔偿金的定语上都追加了依法或者依据法律的约定,也就是说,被保险人承担的赔偿责任肯定是基于违反了法律规定,否则保险公司对其赔偿的金额也不会明确规定为依据法律规定而不是当事人之间的约定。对此,在《太平洋财产董事责任保险条款》条款中没有提到保险公司承担的赔偿金是依据法律而来的,那么为何会有这样的约定,需要结合该保险条款中的除外责任进行分析。

(4) 保险公司的除外责任(免责条款)。任何保险条款都以保险合同的形式予以销售,因此产品的免责条款是对于合同双方当事人都十分重要的内容,不仅体现了该类保险的性质和功能,也保护保险公司作为营利利机构减少运营成本,同时也可督促投保人公司的内部管理,有益于公司发展。因此,在对比上述保险条款的除外责任内容后,发现其共同之处在于均将被保险人的犯罪行为、不当得利、违法所得导致的赔偿排除在外。在中国的董事责任保险条款中均提到了"故意",以及《太平洋财产董事责任保险条款》中特别提出了"违反法律、法规或者被保险人所在公司的公司章程"。对此,笔者做进一步的探讨:

其一,关于对"故意"的除外使用,我国《保险法》在人身保险合同一节,第 45 条[①]中规定了,当被保险人故意犯罪的,保险人不承担给付保险金的责任。因犯罪行为导致的赔偿金被排除在外自是合理,不过将所有的故意行为都排除在外却会多有疑问。按照《平安财产董事责任保险条款》第 1 条保险责任的定义,保险人承担的是被保险人单独或者共同的过错行为导致第三者遭受的经济损失。因此这里的过错行为必须是被保险人在主观过失之下实施的行为。然而在公司日常经营中,对于公司发展有利的举措往往也伴随着一定的风险,风险之下很有可能造成第三者的损失。此时如何分辨实施者的主观状态其实存在难度,以及为了公司的发展所实施的冒险行为在主观过失之下为之不免难以理解。同时,单独的过失还有可能,共同的过失其实比较难形成,因此保险条款中特别将故意行为未付任何条件地予以排除会使得投保公司在购买保险时不免存

---

① 《保险法》,第 45 条:因被保险人故意犯罪或者抗拒依法采取的刑事强制措施导致其伤残或者死亡的,保险人不承担给付保险金的责任。投保人已交足二年以上保险费的,保险人应当按照合同约定退还保险单的现金价值。

疑,担心只要出现一点因被保险人造成的损失就难以要求保险公司承担赔偿责任。不仅如此,在实践中公司的董事、高级管理人员虽然在主观上故意实施了某些行为,但并不是为了自己谋取利益而以损害第三人为目的的。因此,当保险公司以董事等被保险人因主观故意实施的行为拒绝承担赔偿责任时,不仅董事们会自行承担但无法执行的赔偿责任,债权人也会因此无法得到确实的补偿,这与董事责任保险的作用初衷是背道而驰的。[①]

其二,《太平洋财产董事责任保险条款》中将被保险人违反法律、法规及其公司章程的行为也作为除外责任规定是否在对应《上市公司治理准则》虽未可知,但作为被保险人的董事、监事及高级管理人员在公司日常经营中出现违反可能性较高的行为无非就是公司章程或者与其有关的公司法等法律。加之,在该保险中有明确对第三者进行了定义,导致不仅限定了被保险人的行为又严苛地排除了经常容易遭受损失的第三者,这种"双管齐下"的条款设置使得购买该保险的公司一定会再三考虑,在购买前一定要预想出一个排除以上限制的,且经常发生的情况才会签订该保险合同。尤此可以看出如何设计除外责任对于董事责任保险的发展存在着影响,这不仅要考虑维护保险公司的利益也要考虑该类保险本身的可适用性及其作用和功能。相比之下,日本的《董事责任保险条款》中没有明确将故意的行为进行排除,而是将不应该由保险人承担的赔偿责任的情形明确的列举,一来便于投保公司清晰的理解,二来避免语言解释的问题导致对条款适用产生疑问,这种操作的方式值得我国的保险条款予以借鉴。

(5) 保险费用的负担问题。对比中日两国保险条款,在保险费用的负担主体上无外乎都是投保公司。但对此,各界一直存在着讨论。其理由在于,例如在股东代表诉讼中,受到损失的是公司,施害者却是公司的董事、监事及高级管理人员。因此,高额的保险费用由公司负担,不免容易存在道德风险问题,可能出现由于公司负担保险费用,当出现对由被保险人承担损失的情况时又由保险公司负担其遭受的损失,而此时,被保险人却没有任何负担,在履职过程中不再严格控制自己的行为,甚至会出现

[①] 参见王雪娇:《董事责任保险制度研究》,河北大学法学硕士学位论文(2013年),第30页。

懈怠并存有对于风险的侥幸心理,这均导致保险事故的发生几率和损失程度的上升。① 当保险事故频发,对公司的保险费用必然不断上涨,因此公司也会受到损害。所以在这样的理由之下,由投保公司全额负担的约定存在着质疑之声。加之,保险条款以及法律上均没有没有进一步明确投保公司必须全额支付保险费,在保险合同中保险公司只要求投保人按时支付,置于其内部由谁来分摊或者均由公司负担不再保险公司的考量之内,当然对于支付主体的明确规定也不会出现在保险合同当中。

关于保险费用负担的问题,日本产业经济省在 2015 年出台的解释指南②中明确了保险费用的负担问题,由之前的被保险人承担部分费用转变为由公司全额负担,对于该部分的讨论在本书的第四章中已经进行了较为全面的探讨,此处不再赘述。对此笔者支持日本关于"保险费用由公司全额负担"的做法,对其理由再追加补充二点:其一,在董事责任保险中,由于在保险事故发生后被保险人可以获得较高的赔偿金导致其保险费用一般较为高昂,由被保险人负担往往并不现实,如果其能够承担保险费用那么支付赔偿金额也可能并不十分困难,这导致该保险为被保险人承担赔偿责任的功能由此丧失;其二,被保险人在履行职务过程中实施的行为虽然可能有损于其他权利人的利益,但也可能对公司存在有利之处,此时由公司为其承担保险费用并不难以理解;其三,担心因保险费用由公司负担而产生的道德风险问题,并不会因为将费用的全部或者部分由被保险人支付而予以解决,反而可能出现被保险人因为无法承担高昂的费用而离开董事、监事或者高级管理人员的职位,那样对于公司而言反而是得不偿失。

2. 对我国董事责任保险制度的建议

(1) 经营判断原则的运用。经营判断原则在本书的第三章中,笔者在对于如何理解董事的勤勉义务时有做过一定的探讨,主要引用了美国法中对于判断董事是否违反善良管理注意义务或者称勤勉义务的这一判

---

① 参见王雪娇:《董事责任保险制度研究》,河北大学法学硕士学位论文(2013 年),第 25 页。
② コーポレート・ガバナンス・システムの在り方に関する研究会(経済産業省)「会社役員賠償責任保険(D&O 保険)の実務上の検討ポイント(別紙 2)」(2015 年)(http://www.meti.go.jp/press/2015/07/20150724004/20150724004-3.pdf,2017 年 11 月 5 日アクセス)1 页。

断原则。"其基本观念在于,对于作出不好的商业判断的董事、高级管理人员在承担责任时给予的一定限制,由于商业判断的好坏并不容易定义,且会随着很多因素进行变化。"①对此,在日本法上,经营判断原则也通过判例得以承认,其含义简要概括为,"如果管理层在收集信息后作出的决定达到了相关管理层在当时情况下也会作出的同样的程度,并且基于该信息,相关管理层认为该决定符合股东的最佳利益时,那么即使该决定的结果随后被发现不合理,相关管理层也不会被认定违反了善良管理注意义务。"②该判断原则被承认的主要理由在于风险管理的必要性,如果将经营者遵守的善良管理注意义务规定得过于严苛,将导致经营者们对如何实施经营活动产生疑虑。尤其是当某些风险必须要承担时,例如一项技术革新的成功,不仅会使得公司获取高额的收益也有利于社会的发展,但因为该技术的成功率很低,经营者不免面临着如果让公司尝试去促成这一技术的完成而一旦失败所承担的风险。此时如果立法上要求经营者萎缩经营决策来加强违反善良管理注意义务的是不妥当的,这不利于公司的快速发展。③

由此可以看出,经营判断原则无论是在美国法还是日本法中,都可以帮助辨明如何理解董事需要遵守的勤勉义务,以及减少投资者的滥诉给企业带来的不良影响。因此,由于勤勉义务在我国现行有效的法律中没有明确的定义或者示例予以解释,那么借鉴经营判断原则有助于董事可以在一定程度上判断自己是否陷入违反法定义务的情况并由此进行抗辩。同时,在上文中,按照日本 2014 年的统计数据显示,由于经营判断失误所导致的事件有 22 件,占比高达 44%,可以看出经营判断失误成为导致诉讼频发的一个主要原因。那么经营判断原则与董事责任保险制度的完善有什么关系呢。对此,笔者认为,董事责任保险不仅具有转嫁被告保险人承担的赔偿责任的功能,对于公司的治理也起到监督作用。如果没有经营判断原则,董事落入违反勤勉义务的诉讼几率会不断上升,导致虽然可以由保险公司承担赔偿金但是保险公司也会因为投保人公司出险率上升而提高保险费用。这样的循环会导致投保公司不仅要花费更高的

---

① 李建伟:《公司法学》(第五版),中国人民大学出版社 2022 年版,第 227-228 页。
② 落合诚一:『会社法要说』(第二版),有斐阁,2016 年,第 102-103 页。
③ 同上书,第 103 页。

成本购买责任保险,还会陷入公司经常因自己的董事行为陷入诉讼纠纷即使购买董事责任保险也无法避免上述的诉讼风险的质疑当中,使得本可以促进公司更好发展的保险工具成为了增加公司经营成本的绊脚石。

(2) 公司补偿制度的立法化。对于公司补偿制度与董事责任保险的关系,笔者在本书第三章中已进行过讨论,其概念简要概括为,公司补偿制度会为董事、高级管理人员因履职陷入诉讼时当成功抗辩所承担的律师费用及赔偿金额等进行负担。而公司因此受到的损失可以通过另一种董事责任保险予以补偿,即上文中提到的 Side B 条款。

公司补偿制度通过合理的程序设置可以减少一定的道德风险的发生,也可以降低因购买董事责任保险而支出的成本,同时为了吸引更多优秀的管理人才,为其履职提供降低风险保障有利于促使其为了公司的发展提出更多、更好的经营措施。公司补偿制度的作用体现在,当公司出现经营不善可能无法再负担董事等承担的合理费用时,如果在经营风险出现前,就购买了董事责任保险特别是 Side B 条款,则可以帮助公司分担赔偿压力,有利于促进公司的快速健康发展。

本 章 小 结

在本章当中,笔者首先介绍了我国董事责任保险的历史沿革,而后在第二节中对于中国是否应该引入从公司目标及治理情况的变化、独立董事制度的引入、证券市场的发展与海外上市的风险增加、立法环境等方面进行了分析。结论是,虽然我国董事责任保险的发展迟缓,购买该保险的比例远低于其他国家,但在上述因素的分析中,董事责任保险制度的引入是有助于我国公司的健康发展,进而有利于公司履行自己的社会责任。对此值得欣喜的是在《公司法》(2023 年修订 2024 年 7 月 1 日生效)第 193 条中已经明确了公司可以投保责任保险。[①] 同时,在本节中还通过一案例予以说明董事责任保险发挥的作用,以及通过国家对于上市公司证券纠纷方面的立法变化表明董事责任保险制度引入我国的必要性。想必

---

① 《公司法》(2023 年修订 2024 年 7 月 1 日生效)第 193 条:公司可以在董事任职期间为董事因执行公司职务承担的赔偿责任投保责任保险。公司为董事投保责任保险或者续保后,董事会应当向股东会报告责任保险的投保金额、承保范围及保险费率等内容。

此次公司法的修改也是呼应了实务界对于董事责任保险的关注。以及近几年来,国家对于维护投资者权益不断加大立法力度,例如2020年最高法院制定了《关于证券纠纷代表人诉讼若干问题的规定》,通过这一司法解释,标志着证券集体诉讼制度在我国真正落地,该制度的确立有助于解决我国证券类股东诉讼的问题。

证券类股东诉讼问题主要体现为"被侵权人人数众多,牵涉面广,地域分散,社会敏感度高。据调查显示,至2011年,我国证券市场上的投资者开户的总账户数已达到15471.77万户,占全国总人口比例约为11.87%,其中中小散户的比例更是高达90%以上。从深圳证券交易所对全国六大城市投资者的抽样调查研究显示,在2002年年初披露的虚假信息披露行为,涉及的受害人人数就高达783万人~792万人,而且这些受害人遍布全国各地。"[①]因此,证券集体诉讼制度的确立为投资者维权提供了多元化的程序选择,《证券法》第95条第三款[②]所确立的特别代表诉讼,[③]对于投资者保护在制度上的完善与便利必然会增加对损害其权益的董事、监事及高级管理人员诉讼机率,董事责任保险制度的引入也会分担上述人员履职风险,并为受害的投资者提供具有可执行性的赔偿保障。

在本章第三节中,笔者主要通过我国的两大保险公司推出的董事责任保险条款与日本著名保险公司的董事责任保险内容进行对比,从(1)被保险人的范围;(2)对第三者的定义问题;(3)索赔的范围;(4)保险公司的除外责任(免责条款),以及(5)保险费用的负担问题,这5个视角提出我国董事责任保险在产品内容设计上存在的问题并对此提出自己的建议。最后,笔者补充了通过运用经营判断原则,以及公司补偿制度的立法化为完善我国的董事责任保险提出自己的浅见。

---

① 王雪娇:《董事责任保险制度研究》,河北大学法学硕士学位论文(2013年),第24页。
② 《证券法》,第95条第三款:投资者保护机构受五十名以上投资者委托,可以作为代表人参加诉讼,并为经证券登记结算机构确认的权利人依照前款规定向人民法院登记,但投资者明确表示不愿意参加该诉讼的除外。
③ https://www.lexiscn.com/law/content_official.php?id=367074&keyword=6K%2BB5Yi46ZuG5L2T6K%2BJ6K685Yi25bqm&t_kw=6K%2BB5Yi46ZuG5L2T6K%2BJ6K685Yi25bqm&eng=0&search_keyword=证券集体诉讼制度&prid=64965b53-5907-0f53-dc10-5a641f83fff6&crid=73c19417-6d10-4ae9-9aa6-57f30430bdf6,最后访问时间:2023年12月17日。

综上，笔者通过对中国立法、董事责任保险的实践应用案例、与日本保险条款对比分析，表达了对于董事责任保险制度引入我国必要性的肯定，以及阐述为完善董事责任保险制度利于我国公司的良好发展的理由，并期待本书对于董事责任保险制度的研究可以为该制度在我国良好地运用提供助力。

参 考 文 献

一、中文著作

1. 黄辉.现代公司法比较研究—国际经验及对中国的启示(第二版).北京:清华大学出版社,2020.
2. 王文钦.公司治理结构之研究.北京:中国人民大学出版社,2005.
3. 王民.董事责任保险理论与实务.北京:中国金融出版社,2023.
4. 李建伟.公司法学(第五版).北京:中国人民大学出版社,2022.
5. 李建伟.独立董事制度研究—从法学与管理学的双重角度.北京:中国人民大学出版社,2004.
6. 施天涛.商法学(第四版).北京:法律出版社,2010.
7. 赵万一主编.商法(第六版).北京:中国人民大学出版社,2023.
8. 宋一欣、孙宏涛.董事责任保险与投资者权益保护.北京:法律出版社,2016.
9. 梁宇贤.保险法新论(修订新版).北京:中国人民大学出版社,2004.
10. 孔祥俊.公司法要论.北京:人民法院出版社,1997.
11. 刘志强.商事法论集(第4卷)——日本董事责任保险的构造及问题点.北京:法律出版社,2001.
12. 江朝国.保险法基础理论.台湾:瑞兴图书股份有限公司,1988.
13. 王保树主编.最新日本公司法.北京:法律出版社,2006.
14. 阿道夫·A.伯利及加德纳·C.米恩斯.现代公司与私有财产.北京:商务印书馆,2005.
15. 李华.董事责任保险制度研究.北京:法律出版社,2008.
16. 马宁.董事责任保险研究.北京:法律出版社,2012.
17. 王伟.董事责任保险制度研究.北京:知识产权出版社,2006.
18. 袁蓉丽.中国上市公司董事高管责任保险的治理效应研究.北京:中国统计出版社,2019.
19. 王玉.董事高管责任险与公司利益相关者行为.北京:中国社会科学出版

社,2022.
20. 凌士显.中国保险公司董事会特征与治理绩效研究.北京:知识产权出版社有限责任公司,2018.

二、中文论文

1. 陆天正.董事责任保险及其对公司治理水平的影响研究.广西大学硕士学位论文.2019年.
2. 胡武杰.董事责任保险制度研究.华东政法大学硕士学问论文.2014年.
3. 胡国柳、康岚.董事高管责任保险需求动因及效应研究评述与展望.外国经济与管理.2014年第3期.
4. 孙宏涛.董事责任保险对公司治理结果完善的功效分析.上海金融.2010年第12期.
5. 崔世海.事件:皖诞生"董事责任险"第1单.中国经济快讯.2003年第8期.
6. 孙宏涛.美国公司补偿制度及其对我国的启示.甘肃政法学院学报,2011年总第116期.
7. 赵渊."董事会中心说"与"股东中心说"现代美国公司治理学说之辩.比较法研究.2009年第4期.
8. 赵旭东.股东会中心主义抑或董事会中心主义?——公司治理模式的界定、评判与选择.法学评论.2021年第3期.
9. 张路.公司治理中的权力分配模式再认识.法学论坛.2015年第5期.
10. 钱玉林.股东大会中心主义与董事会中心主义—公司权力结构的变迁及其评价.学术交流.2002年第1期.
11. 陶循.论我国公司补偿董事制度之条件.经济与法.2011年第2期.
12. 王伟.董事补偿制度研究.现代法学.2007年第3期.
13. 王伟.美国董事责任保险危机及期缓和首都师范大学学报2016年第232期.
14. 王雪娇.董事责任保险制度研究.河北大学法学硕士学位论文.2013年.
15. 蔡元庆.董事责任的追究和经营判断的原则.现代法学.2002年第4期.
16. 蔡元庆.论美国的董事责任限制及免除制度.广东外语外贸大学学报.2006年第3期.
17. 蔡元庆.美国的董事责任保险制度.西南政法大学学报.2003年第4期.
18. 蔡元庆.从商法的修改看日本董事制度的发展.当代法学.2002年第7期.
19. 张尧天.我国董事责任保险制度的发展困境及期应对研究.华东政法大学硕士学位论文.2014年.
20. 郝君富.中美董事责任保险需求差异的制度因素分析.金融理论与实践.2013年第2期.
21. 陈雅丽.我国公司董事责任保险制度的完善.山东大学硕士学位论文.2010年.
22. 刘莎.董事责任保险制度研究.大连海事大学硕士学位论文.2011年.
23. 童贻文.我国董事责任保险发展问题研究.广西大学硕士学位论文.2017年.
24. 刘燚璐.上市公司董事责任保险制度研究.四川师范大学硕士学位论文.2018年.

25. 孔祥杰.我国董事责任保险制度发展研究—以董事责任保险在科创板受追捧为例.辽宁大学硕士学位论文.2020 年.
26. 张昊达.董事责任保险对企业经营业绩影响的研究.广东财经大学硕士学位论文.2020 年.
27. 吴军.董事及高级管理人员责任保险概论上海保险.2003 年第 10 期.
28. 虞靖诚.董事及高级管理人员责任保险法律制度研究.上海社会科学院.2008 年第 9 期.
29. 许谨良.董事和高级管理人员职业责任保险发展研究.保险研究.2007 年第 9 期.
30. 魏国勇.职业责任险的新方向—董事和高级管理人员职业责任保险.2002 年上海市保险学会年会论文集.2002 年.
31. 刘晶.美国董事中心主义历史溯源及其我国《公司法》修改的启示.经贸法律评论 2021 年第 3 期.
32. 裴文妮.董事会中心主义治理模式在我国的建构.合作经济与科技.2022 年第 16 期.
33. 刘俊海.董事会中心主义神话破灭后的董事会角色定位：兼评《公司法（修订草案二审稿）》财经法学.2023 年第 4 期.
34. 张巍.董事会中心主义公司治理模式的缺陷与出路.商法界论集 2021 年第 2 期.
35. 甘培忠.董事会中心主义治理模式在我国公司法中的重塑.财经法学 2021 年第 5 期.
36. 仲继银、罗红.董事会中心主义的中国式困局.董事会.2017 年第 Z1 期.
37. 王民.完善我国董事责任保险制度的几点建议.保险理论与实践.2023 年第 6 期.
38. 林煜.我国董事责任保险制度完善路径研究.西南政法大学 2021 年.
39. 梁静.董事责任保险法律问题研究.中国政法大学硕士学位论文.2005 年.
40. 李姝、韩阳.董事高管责任保险与企业经营绩效.会计之友.2021 年第 14 期.

三、日文著作

1. 松尾眞＝勝股利臣［編］『株主代表訴訟と役員賠償責任保険』（中央経済社、1994年）.
2. 嶋寺基＝澤井俊之『董事責任保険の実務』（商事法務、2017年）.
3. 明石三郎［稿］幾代通［編］『注釈民法(16)債権(7)』（有斐閣、1967年）.
4. 山本爲三郎『会社法の考え方(第 9 版)』（八千代出版、2015年）.
5. 山本爲三郎『会社法の考え方(第 12 版)』（八千代出版、2022年）.
6. 神田秀樹『会社法(第 25 版)』（弘文堂、2023年）.
7. 田中亘『会社法(第 25 版)』（東京大学出版会弘文堂、2023年）.
8. 関俊彦「会社が負担する取締役賠償責任保険の保険料」『鴻常夫先生古稀記念・現代企業立法の軌跡と展望』（商事法務研究会、1995年）.
9. 落合誠一『会社法要説(第二版)』（有斐閣、2016年）.
10. 田中亘［稿］江頭憲治郎＝森本滋［編集代表］『会社法コンメンタール8－－－機関(2)』（商事法務、2016年）.

11. 山下友信『逐条董事責任保険約款』(商事法務、2005年).
12. 甘利公人『会社役員賠償責任保険の研究』(多賀出版、1997年).
13. 山越誠司『先端的董事責任保険：会社役員賠償責任保険の有効活用術』(保険毎日新聞社、2019年).
14. 嶋寺基＝澤井俊之『董事責任保険の実務』(商事法務、2017年).
15. 大江橋法律事務所『株主代表訴訟と董事責任保険』(金融財政事情研究会、2016年).
16. 中出哲＝嶋寺基［編］『企業損害保険の理論と実務』(成文堂、2021年).
17. 山下友信『保険法（上）』(有斐閣、2018年).
18. 山下友信『保険法（下）』(有斐閣、2022年).
19. 董事責任保険実務研究会［編］『成長戦略と企業法制董事責任保険の先端Ⅰ』(商事法務、2017年).
20. 三井住友海上火災保険株主会社［編］『株主代表訴訟と会社役員賠償責任保険（董事責任保険）の解説』(保険毎日新聞社、1994年).
21. 山下友信「会社役員賠償責任保険と会社法」『商事法の研究』(有斐閣、2015年).
22. 堀田一吉『保険理論と保険政策』(東洋経済新報社、2010年).

四、日文论文

1. 山下友信ほか「＜座談会＞役員責任の会社補償と董事責任保険をめぐる諸論点—ガバナンス改革と役員就任環境の整備—［上］［中］［下］」商事法務2032号、2033号、2034、(2014年).
2. 神田秀樹ほか「＜座談会＞『コーポレート・ガバナンスの実践』に関する会社法の解釈指針について」商事法務2079号(2015年).
3. 松本絢子「『コーポレート・ガバナンスの実践』を踏まえた会社補償と董事責任保険の在り方」損害保険研究78巻1号(2016年).
4. 「会社法研究会報告書」商事法務2129号(2017年).
5. 木村健登「董事責任保険に内在する理論的問題とその解決策（1）—「エージェンシー問題への対処」という観点から—」損害保険研究79巻2号(2017年).
6. 松本絢子「新しい董事責任保険への実務対応（上）——保険料全額会社負担の解禁を受けて」商事法務2100号(2016年).
7. 吉戒修一「平成5年商法改正法の解説（2）」商事法務1326号(1993年).
8. 前田庸＝阿部一正「商法等改正法案に関する質疑応答」商事法務1320号(1993年).
9. 近藤光男「取締役責任保険の保険料の支払い」商事法務1329号(1993年).
10. 近藤光男「取締役の責任とその救済（三）」法学協会雑誌99巻9号(1982年).
11. 松本絢子＝武井一浩「新しい董事責任保険への実務対応（下）——保険料全額会社負担の解禁を受けて」商事法務2100号(2016年).
12. 髙木玲雄＝山越誠司「董事責任保険における防御費用補償の活用」ビジネスロー・ジャーナル9巻6号(2016年).
13. 山下友信＝山越誠司ほか「役員責任の会社補償と董事責任保険をめぐる諸論点—ガバナンス改革と役員就任環境の整備」商事法務2033号(2014年).

14. 西村一郎「告発手記大和銀行頭取との我が闘争——830億円賠償からなぜ私は和解に応じたか」文芸春秋5月号（2002年）．
15. 神作裕之「『会社法研究会』報告書について『第五役員の責任』～『第八社外取締役』」商事法務（2017年）2129号．
16. 内藤和美「董事責任保険とコーポレート・ガバナンス」損害保険研究（2015年）．
17. 井上健一「董事責任保険と企業・役員の裁量的行動の抑止」岩原紳作＝山下友信＝神田秀樹［編］『会社・金融・法（上券）』商事法務（2013年）．
18. 藤林大地「利益返還型の損害賠償責任の付保可能性に関する考察——有価証券届出書の虚偽記載に係る発行会社の損害賠償責任の董事責任保険による付保を中心に」損害保険研究（2017年）．

五、英文论文

1. Joshua Phares Ackerman, A Common Law Approach to D&O Insurance, The University of Chicago Law Review 1450, 1454, 1455.
2. Tom Baker and Sean J. Griffith,〈Ensuring Corporate Misconduct How Liability Insurance Undermines Shareholder Litigation〉The University of Chicago Press, 2010.
3. Ian Youngman, Directors' and Officers' Liability Insurance (Second Edition), Woodhead Publishing Ltd., 1999.
4. Thomas S. Ulen, The Coasean Firm in Law and Economics, Journal of Corporation Law, 1993.
5. Adolf A. Berle and Gardiner C. Means, The Modern Corporations and Private Property, 1932.
6. Mark J. Roe, A Political Theory of American Corporate Finance, 91 Columbia Law Review 10, 1991.
7. Frank H. Easterbrook and Daniel R. Fischel, Voting in Corporate Law, 26 Journal of Law and Economics 1983.
8. M C Jensen & W H Meckling, "Theory of the Firm: Managerial Behaviour, Agency Costs and Ownership Structure" 3 J Fin Econ, 1976.
9. George T. Washington, Litigation Expenses of Corporate Directors in Stockholders' Suits, Columbia Law Review, Vol. 40, No. 3, 1940.
10. William Knepper & Dan A. Bailey. Liability of Corporate Officers and Directors, Lexis Law Publishing. 1998.

附　　录

一、东京海上日动火灾保险股份公司：《董事责任保险(普通保险条款)》[①]

（王梓译）

第 1 章　支付保险金的情况

第 1 条　（支付保险金的情况）

由于被保险人在履行公司的董事任职过程中的行为(包含不作为的行为,以下简称"行为")而导致被保险人遭受的损失(以下简称"损失"),本公司将根据本保险合同的条款向被保险人支付保险赔偿金。

第 2 条　（损失的范围）

本公司根据上述条款(支付保险金的情况)支付保险金的损失范围仅限于以下①或者②两种情况：

① 法律上的损害赔偿金

② 争讼费用

第 3 条　（用语的定义）

本条款各用语按照以下定义为准：

---

① 东京海上日动火灾保险股份公司：《董事责任保险条款(普通保险条款)》。

用　　语	定　　义
公司	以下简称"法人"。 ① 保险证上的法人栏中被记载的法人（以下简称"记名法人"）。 ② 记名法人的子公司中，保险证的记名子公司栏中被记载的法人（以下简称"记名子公司"）。
董事、监事、高级管理人员	公司法上的董事、执行董事、监察董事，以及相当于按照法律或者公司章程的在保险证的被保险人栏中记载的人。不包含会计参与人以及会计监察人。
被保险人	公司的全部董事、监事及高级管理人员均为被保险人，还包含在保险期间内退休的和新任职的前述人员。但是，不包含保险开始的第一年度起算目前退休的前述人员。以及，董事、监事及高级管理人死亡的情况下，其财产的继承人或者法人以及其破产情况下的破产管理人均被视为被保险人。
一系列的损害赔偿请求	损害赔偿请求发生时，无论其发生的场所或者请求者的人数等情况，只要是同一行为或者关联的其他行为所导致的损害请求都被称为一系列的损害赔偿请求。无论该行为是由同一名董事、监事和高级管理人还是由另一名前述人员实施的。以及，一系列的损害赔偿请求中，以最初的损害赔偿请求的发生时间作为全部一系列损害赔偿请求的发生时间。
法律上的损害赔偿金	依据法律上的损害赔偿责任而支付的赔偿金是法律上的损害赔偿金。但是，税金、罚金、罚款、过失罚款、附加税、对被保险人具有惩罚性质的金额以及加重赔偿金的赔偿部分不包含在内。
争讼费用	被保险人因损害赔偿请求而进行的争讼（诉讼、仲裁、调解以及和解等）所产生的费用（被保险人或者公司的员工的报酬、奖金或者供应等除外）中由本公司认定为妥当且必要的部分。
继续合同	是指按照董事责任保险普通保险条款与公司签订的保险合同（以下简称"董事责任保险合同"）。其保险期间的最后一日（如果董事责任保险合同在保险期限的最后一天之前被解除，则为解除保险合同之日）作为同一记名法人的继续合同的开始之日。
子公司	是指由公司法规定的子公司或者作为子公司的法人。
初年度合同	是指继续合同以外的董事责任保险合同。
其他保险合同等	是指按照第 1 条（支付保险金的情况）进行损害赔偿的其他保险合同或者互助合同。

第 4 条 （保险期间）

（1）对投保公司的保险责任，以保险证上记载的保险期间（以下简称"保险期间"）的初日的下午四点（如果与保险证上加载的时间不一致的，以该时间为准)至终止之日的下午四点。

(2) 上述(1)的时间,以日本标准时间为准。

(3) 即使已经进入保险期间,在没有支付保险费前,本公司对于其请求的损害赔偿不支付保险金。

第 2 章 不支付保险金的情况

第 5 条 （不支付保险金的情况-1）

本公司对于以下原因所造成的对被保险人的损害赔偿不支付保险金。以及,以下所记载的事由以及行为,需已经被认定之后才能适用本条的约定。

其适用的判断以被保险人个人逐一进行认定:

① 因被保险人为了私人利益或者取得非法所得导致的损害赔偿请求。

② 因被保险人的犯罪行为(即被科以刑罚的违法行为,包含超过追溯时效而没有被判处刑罚的犯罪行为)导致的损害赔偿请求。

③ 因被保险人已经认识(包含有合理的理由可以判定被保险人已经认识到自己的行为违反法律的情况)到其行为违反法律所导致的损害赔偿请求。

④ 因违法向被保险人提供报酬、奖金或者对于其执行职务的对价所导致的损害赔偿请求。

⑤ 因被保险人违法利用为公开的信息进行股票、公司债券的买卖所导致的损害赔偿请求。

⑥ 因对下列人员提供违法利益所导致的损害赔偿请求:

a. 政治团体、公务员或者交易相对方的董事、监事及高级管理人员、雇员等(包含其代理人、代表或者家庭成员以及与其有关联的团体)。

b. 违法提供利益的其他人。

第 6 条 （不支付保险金的情况-2）

本公司对被保险人因以下行为所导致的损害赔偿请求不支付保险金。以及,以下所记载的事由以及行为,无论是否发生或者被认定,只要是因其向被保险人提起损害赔偿请求的,均适用本条的约定。

本条的约定,不需再针对每一位被保险人进行逐一确认,适用于所有的被保险人而不限于被指控的事由或是行为所针对的董事、监事及高级管理人员。

① 初年度保险合同的保险期间开始之前的行为或者其他行为所引起的一系列的损害赔偿请求。

② 初年度保险合同的保险期间开始之前因公司被提起的诉讼,以及该诉讼中被指控的事实与该事实有关的一系列的损害赔偿请求。

③ 在该保险合同的保险期间的开始之日,被保险人对可能导致损害赔偿请求发生的状况已经知晓(包含有合理的理由可以判断已经知晓),并且由产生这种状况的行为而导致的一系列的损害赔偿请求。

④ 在该保险合同的保险期间开始之前对被保险人所提起的损害赔偿请求中的行为或者该行为相关的其他行为所导致的一系列的损害赔偿请求。

⑤ 无论直接还是间接的由以下事由所引起的损害赔偿请求:

a. 地震、火灾、洪水、海啸等其他自然灾害。

b. 战争(无论是否宣战)、内乱、变乱、暴动、骚乱等其他变故。

c. 污染物质的排放、流出、漏出(包含可能发生的情况)或者污染物质的检查、监视、清扫、去除、漏出等防止、处理、无毒化或者中和化的指示和要求。

污染物质是指,固体、液体或者气体等有害物质或者造成污染原因的物质。烟、蒸汽、煤烟、酸性物质、碱性物质、化学物质以及废弃物。包含对于废弃物的再次利用。

d. 核危险或任何形式的放射性污染。核物质是指,核原料、特殊核物质或者副产品衍生物。危险是指包含放射性、毒性或者爆炸性。

e. 石棉或者含石棉产品的致癌性和其他有害特性的。

⑥ 因以下事由所导致的损害赔偿请求:

a. 身体的损害(包含疾病及死亡)或者精神上的痛苦。

b. 财物的灭失、破损、污损、丢失或者被盗(包含前述原因导致的财物的不能使用)。

c. 口头或者书面形式的诽谤、重伤或者对他人个人隐私的侵害行为导致的对人格权的损害。

⑦ 对记名子公司的董事、监事及高级管理人员提出的以下损害赔偿

请求：

a. 因该记名子公司在不属于公司法规定的子公司期间实施的任何行为或者与该行为有关的其他行为所导致的损害赔偿请求。

b. 因该记名子公司被记载于保险证之前所实施的行为或者与该行为有关的其他行为所导致的损害赔偿请求。

第 7 条 （不支付保险金的情况-3）

本公司因以下原因对被保人提起的损害赔偿请求不支付保险金：

① 无论其他被保险人或者记名法人或者其子公司提出任何损害赔偿请求，或者股东代表诉讼的，拥有记名公司或其子公司发行的证券的个人提出的涉及被保险人或记名公司或其子公司的损害赔偿请求。

② 保险证中规定的公司所有股东投票权的百分比（如果有多家公司，则应分别计算百分比）直接或间接持有超过（包括有权行使股东权发出指示的人员，以下简称"大股东"）拥有公司发行证券的个人提出的损害赔偿要求，无论是否有大股东参与，也无论该要求是否与股东代表诉讼有关。

第 8 条 （不支付保险金的情况-4）

（1）本公司对保险期间中下列各项所约定的交易（以下简称"交易"）生效之后的行为所造成的损害赔偿请求而导致的被保险人的损害不支付保险金。以及，在该情况下，本公司不返还保险费用。

① 公司与第三人合并，或者将公司的所有财产转移至第三人。

② 第三方直接或间接获得公司所有股东的过半数的表决权。

（2）投保人或者被保险人对（1）项约定的交易所实施的行为以书面形式及时向本公司进行报告，本公司以书面形式予以承认的不适用（1）项的约定。

第 9 条 （不支付保险金的情况-5）

对于因指控公司或者被保险人违反以下任何美国法律（包括其任何修正条款）提出的损害赔偿请求，本公司不予赔偿。本条款的约定适用于所有被保险人，而不是对每个被保险人单独适用，也不仅仅是被指控违反约定的董事、监事及高级管理人员。

① 1974 年员工退休收入保障法（包括其修正案、各州根据该法案颁布的州法律以及其他同等法律）。

② 1970年《控制犯罪组织向企业渗透法》(美国法律汇编18卷1961条以下)(包括其修正案以及其他同等法律)1934年证券交易法第16条(b)项(包括其修正案,同种类的州法律以及普通法)。

第3章 本公司的支付限度额

第10条 (支付额度以及免责金额)

(1) 本公司按照本保险合同,就一系列的损害赔偿请求所应支付的保险金对以下每一位被保险人按照以下公式予以计算

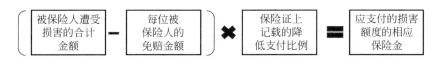

(2) 每位被保险人的免赔金额应为以下公式计算得出的金额或保险证中约定的每一位的免赔额,以较低者为准。

(3) 本条就第(1)款和第(2)款的约定,根据本合同第3条(用语定义)中与被保险人有关的约定被视为同一被保险人的人应被视为一个被保险人,无论其人数多少。

(4) 本公司根据本保险合同应支付的保险赔偿金额,以所有被保险人累计应支付的保险赔偿金总额为限,但不得超过保险证上载明的保险期间内的总支付限额。本约定也适用于根据本合同第24条(损害赔偿等的通知)(2)中被视为在本保险合同的保险期间内收到的损害赔偿请求。

(5) 本公司支付保险金时,不会将争讼费用加到保险证中记载的保险期限内的总支付限额上。争讼费用是损失的一部分,须遵守本条第(1)至(4)条的约定。

第11条 (其他保险合同等情况下保险金的支付额度)

当存在其他保险合同等情况时,且各保险合同或者互助合同应支付的保险金额或者互助金总额(以下简称"责任金额")超过损失金额时,本公司将按照以下金额支付保险金。

① 如果没有从其他保险合同等支付保险金或互助金的,则保险金为

本保险合同中约定的应支付的金额。

② 如果已从其他保险合同等支付了保险金或互助金的。

保险金为损失金额中扣除从其他保险合同等支付的保险金或互助金总额后的剩余金额。但是,上述应支付的保险金以本保险合同的赔付金额为限。

第 4 章　投保人及被保险人的义务

第 12 条　(告知义务)

(1) 投保人或者被保险人,在保险合同签订时,应通过保险申请或者其他文件以陈述的方式将与本公司要求通知的危险(即损害发生的可能性,以下亦同)有关的重要事项的事实准确地告知(包含其他保险合同等相关事项。以下简称"告知事项")本公司。

(2) 保险合同签订时,投保人或者被保险人因故意或者重大过失未告知或者与订立保险合同时所告知事项不符的,本公司可以书面形式通知投保人解除本保险合同。

(3) 上述第(2)款的规定不适用以下情况:

① 不存在第(2)款的情况的。

② 本公司在签订保险合同时,对于第(2)款所约定的应知或者因过失未知的(包括在签订保险合同时,代表公司实施行为的人员阻止某人说出事实或者鼓励某人说出不真实的事实)情况。

③ 保险合同的当事人或者被保险人在本合同第 1 条(支付保险金的情况)约定损害赔偿请求发生前向本公司提出以书面形式更正告知事项并得到本公司的承认的情况。以及,如果本公司收到更正请求,只有在本公司确信即使在签订保险合同时已将拟议更正的事实通知公司,本公司仍会签订保险合同的情况下,本公司才会承认更正请求。

④ 如果本公司自知悉本条第(2)款所述的解除原因之日起已满一个月,或自保险合同订立之日起已满五年。

(4) 尽管有本合同第 19 条(解除保险合同的效力)的约定,即使根据本条第(2)款解除的合同是在发生本合同第 1 条约定的损害赔偿请求之后,本公司也不支付保险赔偿金。如果在前述情况下,本公司已经支付了保险金的,本公司可以要求予以返还。

(5)本条上述第(4)款的约定不适用于非基于上述第(2)款所述事实而根据本合同第 1 条提出的损害赔偿请求所造成的损失。

第 13 条 （通知义务）

(1)保险合同订立后,如果发生导致保险合同申请书或者其他文件内容发生变更的事实(仅限于与订立保险合,同时本公司签发的文件等中约定的本条适用事项有关的事实)的情况下,如果可归责于投保人或者被保险人的,则必须提前通知本公司;如果该事实的发生不可归责的,则必须在知晓该事实后立即通知本公司。但是,在该事实不复存在后,不必再通知公司。

(2)(1)如果出现本条第(1)款所述事实(第(4)款但是所述情况除外)则无论本公司是否收到有关该事实的书面变更请求,本公司仍可以书面通知形式告知另一方合同当事人解除本保险合同。

(3)如果本公司自知悉本条第(2)款所述解除原因起经过 1 个月,或者自本条第(1)款所述事实发生起已过去 5 年的,则本条第(2)款不予适用。

(4)如果投保人或者被保险人未按照本条第(1)款约定程序执行的,则对于自本条第(1)款事实发生或者投保人或者被保险人意识到该事实发生时起至本公司收到变更申请书时止,根据本合同第 1 条(保险金的支付情况)提出的损害赔偿请求所造成的损失,本公司将不予支付保险金。除非本条第(1)款约定的事实已经发生,且变更后的保险费率不高于变更前的保险费率。

(5)本条第(4)款的约定不适用于非基于本条第(1)款事实而根据本合同第 1 条提出的损害赔偿请求所造成的损失。

第 14 条 （投保人的住所变更）

投保人在保险证上记载的住所或者联络方式发生变更时,应及时通知本公司。

第 5 章 保险合同的无效、解除以及保险费用的返还

第 15 条 （保险合同的无效）

投保人意图非法获取保险金或者使第三方非法获取保险金而签订的保险合同无效。

第 16 条 （保险合同的撤销）

如果本公司因投保人或者被保险人的欺诈或者胁迫而签订保险合同,本公司可在书面通知投保人后撤销该合同。

第 17 条 （投保人解除保险合同）

投保人可以书面形式通知本公司,解除保险合同。

第 18 条 （因重大事由解除保险合同）

(1) 如果发生下列任何一种情况,本公司可以书面通知投保人解除本保险合同。

① 投保人或者被保险人以为获取保险金为目的造成或者试图造成损害的。

② 被保险人就本保险合同项下的保险金的请求实施或者试图实施欺诈的。

③ 投保人符合以下任意一种情况的:

a. 被认定反社会势力(指黑社会、黑社会成员、黑社会准成员、黑社会关联公司及其他反社会势力,以及黑社会成员一词包括自不再属于黑社会成员之日起不满 5 年的该成员,以下亦同)

b. 被认定为参与向反社会势力提供资金等,或者提供好处等的。

c. 被认定为不当利用反社会势力的。

d. 法人被认定为控制反社会势力的经营,或者反社会势力实质性参与法人的经营的。

e. 被认定与反社会势力有其他应受社会谴责,关系的。

④ 除上述①至③所列情况外,投保人或被保险人还造成了与上述①至③所列情况同等程度的重大事由,损害了本公司对其的信任,使本保险合同难以继续履行的。

(2) 如果被保险人属于本条第(1)款③项的(a)至(e)项中的任何一项的,本公司可以书面通知投保人解除本保险合同(如果被保险人为多人的,则解除与该被保险人有关的部分)。

(3) 即使本条第(1)款或者第(2)款约定的解除在本合同第 1 条(支付保险金的情况)约定的损害赔偿请求所导致的损害发生后进行的,从本条第(1)款第①至④项事由或第(2)款约定的导致解除事由发生之时起至解除之时止,本合同第 1 条约定规定的损害赔偿请求所导致的损害,尽管有以下各条的约定,本公司不支付保险金。在这种情况下,如果公司已经支付了保险金,公司可以要求返还。

(4) 如果根据本条第(1)款或(2)款解除的原因是因为投保人或者被保险人属于第(1)款③项(a)至(e)中的任何一项,则第(3)款的约定不适用于以下各损失。

① 不因第(1)款③项(a)至(e)项中任何一项的导致被保险人造成损失。

② 第(1)款③项(a)至(e)项中任何一项对被保险人导致法律上损害赔偿金损失。

第 19 条 (保险合同解除的效力)

保险合同的解除仅向在将来发生其效力。

第 20 条 (告知义务·通知义务等情况下的保险费用的返还)

(1) 如果根据第 12 条(通知义务)第(1)款提供的信息不真实而需要更改保险费率,本公司应退还或者收取根据更改前的保险费率与更改后的保险费率之间的差额计算的保险费用。

(2) 如果发生第 13 条(通知义务)第(1)项所述的事实而需要变更保险费率,本公司应退还或者收取变更前的保险费率与变更后的保险费率之间的差额所计算出的未到期期间(指从事实发生时起算的期间)的保险费用。

(3) 如果保险合同当事人未能根据(1)或者(2)支付额外保险费(仅当公司已要求投保人支付额外保险费的,但投保人未在合理期限内支付的情况下),公司应退还或收取未到期期间(指该事件发生后的期间)按比例计算的保费,并可以书面通知投保人解除本保险合同。

(4) 如果本公司根据本条第(3)款解除本保险合同,而投保人根据本条第(1)款或者(2)款要求追加保险费,则本公司不支付任何保险金(如果本公司已支付保险金,则本公司可要求退还)。但是,本约定不适用于在本合同第 13 条第(1)款所述事实发生之前发生的本合同第 1 条(支付保险金的情况)所述的因损害赔偿请求所导致的损失。

(5) 除上述第(1)款和(2)款约定外,在保险合同签订后,投保人以书面形式通知公司变更保险合同的条款并请求批准,经公司批准后,如果需要变更保险费用,本公司应按照变更前的保险费用与变更后保险费用的差额为基础进行计算,返还或者接受未到期期间(指条件变更后的期间)的保险费用的请求。

(6) 如果投保人未能按照上述第(5)款支付本公司要求的额外保险费用,对于在收到额外保险费用之前根据本合同第 1 条提出的损害赔偿所导致的损失,公司应视同未提出保险合同条件变更的请求,此时本公司将按照普通保险条款和特别条款支付保险金。

第 21 条　(无效或者时效情况下保险费用的返还)

(1) 如保险合同根据本合同第 15 条(保险合同的无效)失效的,本公司将不退还保险费用。

(2) 如果保险合同失效的,本公司应按比例返还未到期期间(即失效时间之后的期间)的保险费用。

第 22 条　(保险合同撤销下的保险费用的返还)

如果本公司按照本合同第 16 条(保险合同的撤销)撤销保险合同的,本公司将不退还已支付的保险费用。

第 23 条　(保险合同解除下的保险费用的返还)

(1) 如果本公司根据本合同第 12 条(告知义务)的第(2)款、第 13 条(通知义务)第(2)款、第 18 条(因重大是由解除保险合同)的第(1)款或者第 20 条(告知义务·通知义务等情况下的保险费用的返还)第(3)款解除保险合同的,本公司应返还按比例计算的未到期期间(指解除保险合同后的期间)的保险费用。

(2) 如果投保人根据本合同第 17 条(投保人解除保险合同)解除保险合同,本公司将从保险费用中扣除按照附件所列短期保险费率计算的已过保险期(指从保险期限第一天起至解除合同时止的期间)的保险费用,并返还余额。

第 6 章　保险金的请求程序

第 24 条　(损失赔偿请求权等的通知)

(1) 如果被保险人收到损害赔偿请求的,投保人或者被保险人必须立即以书面形式将以下事项通知本公司。

① 关于被指控的行为和引起损害赔偿的有关事实信息,包括提出损害赔偿人的姓名和被保险人首次意识到损害赔偿请求的情况。

② 其他保险合同等是否存在和其详细内容（如果被保险人已经从其他保险合同等获得保险金或者互助保险金支付的,则包括被保险人已经获得此类支付的事实）。

（2）在保险期间内,如果投保人或者被保险人意识到可能引起对被保险人提出损害赔偿要求的情况时,(但仅限于可以合理预期被保险人会提出损害赔偿要求的情况)被保险人应立即以书面形式将该情况以及造成该情况的事实和行为通知本公司,并详细说明发生日期和相关人员等。在这种情况下,由于所通知的事实或者行为而对被保险人提出的任何损害赔偿要求,应被视为在投保人或者被保险人意识到该情况时(或者可以合理地断定其意识到该情况时)提出的。

（3）在上述（1）或者（2）的情况下,如果被保险人有权向第三人索赔,则投保人或者被保险人必须采取一切必要的措施,以维护或者行使损害赔偿请求,并采取任何其他必要的措施来防止和减轻损失。

（4）如果投保人或者被保险人无正当理由违反本条第（1）款和第（2）款中约定的义务的,本公司将在支付的保险金中减去本公司因此遭受的损失。

（5）如果投保人或者被保险人无正当理由违反本条第（3）款约定的义务的,本公司将在本合同第 1 条（支付保险金的情况）约定的损失金额中扣除本可防止损失发生或者增加的金额后支付保险金。

第 25 条 （争讼费用、法律上的损害赔偿金）

（1）如果本公司认为有必要,可在损害赔偿解决之前预先支付争讼费用。但是,如果已经支付的全部或者部分争讼费用不在本保险条款的承保范围内,则被保险人必须将以已支付的金额为限返本公司。

（2）本公司不承担依本保险合同的任何防御义务。

（3）未经本公司事先书面同意,被保险人不得负担全部或者部分损害赔偿责任或者支付争讼费用。在本保险合同下,只有经本公司同意的法律上的损害赔偿金和争讼费用才能作为保险金的支付对象。

（4）如果本公司同意对被保险人和任何其他人提出的索赔支付法律损害赔偿和争讼费用,并且被保险人和任何其他人负有连带责任,则投保人、被保险人和本公司应就被保险人和任何其他人应分别承担的金额进行公平合理的分摊。本公司将支付根据该分配决定确定的保险金。

第 26 条 （解决损害赔偿方面的协助）

（1）本公司可在其认为必要的情况下自担费用协助被保险人,当他人对被保险人提出的任何损害赔偿要求并进行调查、调解、仲裁、和解或者诉讼时。在此情况下,被保险人应协助公司,并应公司要求向公司提供必要的信息。

（2）如果被保险人无正当理由不遵守上述第（1）款中的协助要求,本公司可在扣除本公司因此遭受的损失后支付相应的保险金。

第 27 条 （留置权——法定损害赔偿）

（1）根据本合同第 1 条（支付保险金的情况）有权向被保险人提出索赔的人（以下简称"受害人"）,被保险人对本公司的保险金请求权（仅限于本合同第 2 条（损害赔偿的范围）第①款,以下亦同）享有留置权。

（2）只有在下列任何一种情况下,本公司才会支付本合同第 2 条第①款所述损失的保险金。

① 在被保险人向受害人支付赔偿债务后,本公司向被保险人进行赔付的情况下（以被保险人支付的赔偿债务金额为限）。

② 在被保险人向受害人支付赔偿债务之前,本公司按照被保险人的指示直接向受害人支付的情况。

③ 在被保险人向受害人支付赔偿债务之前,由于受害人行使了被保险人对本公司的留置权,本公司直接向受害人支付的情况。

④ 在被保险人向受害人偿还其赔偿债务之前,由于被保险人同意公司向被保险人支付保险金（以受害人同意的金额为限）,本公司向被保险人支付的情况。

（3）保险金请求权不得转让给受害人以外的第三人。以及,除本条第（2）款③项外,保险金请求权不得作为质权进行抵押。但是,这不包括被保险人可以根据本条第（2）款①或者④项请求公司支付保险金的情况。

第 28 条 （保险金的请求）

（1）被保险人根据本合同第 2 条（损害赔偿的范围）第①款提出损害赔偿要求的权利产生于根据本合同第 1 条（支付保险金的情况）提出损害赔偿要求之时,而根据本合同第 2 条②款提出损害赔偿要求的权利产生于被保险人支付费用之时。

（2）被保险人的保险金请求权按照以下约定的时间开始行使。

① 对于第2条第①款所约定的损害,当被保险人的损害赔偿责任和第1条所述的损害赔偿金额通过判决、调解或者和解或者被保险人与受害人之间的书面合意确定时;

② 同条第②款约定的费用,是指第1条约定的损害赔偿金额确定时。

(3) 如果被保险人要求支付保险金,被保险人应向本公司提交下列文书或者证据,本公司要求这些文书或者证据与保险证一起提交。

① 保险金请求书。

② 证明被保险人应承担损害赔偿责任的判决书、调解书或者和解书,以及被保险人与受害人之间的和解书。

③ 证明被保险人已支付法律上的损害赔偿金及其他金额的证明文书。

④ 证明被保险人同意受害人的保险金的请求以及该金额的文书。

⑤ 证明支付争讼费用的收据或者账目文书。

⑥ 本公司在签订保险合同时出具的文书或者其他文书中约定的对本公司为了确认下述(1)条约定的必要事项且不可或缺的其他文书或者证据。

(4) 根据事故的内容或者损失的金额等,本公司可能要求投保人或者被保险人提交上述第(3)款所列以外的文书或者证据,或者协助本公司的调查。在这种情况下,投保人或者被保险人必须及时向公司提交所要求的文书或者证据,并提供必要的协助。

(5) 如果投保人或者被保险人无正当理由违反本条第(4)款约定的义务的,或者在本第(3)款或者第(4)款约定的文书中作出不真实的陈述,或者伪造、更改这些文书或者证据的,本公司将在支付的保险金中扣除本公司因此遭受的损失。

第 29 条 （保险金的支付时期）

(1) 自被保险人完成前条第(3)款约定的程序之日（以下在本条中简称"请求完成日"）起30日内包括该日在内,本公司在完成对本公司支付保险金所必需的下列事项的确认后,应予支付保险金。

① 损害赔偿请求的原因以及被请求的情况、是否发生损害以及符合被保险人的事实,作为确认是否存在保险金是否予以支付的必要事项。

② 是否存在属于保险合同中约定的作为不支付保险金原因的任何事由,作为确认是否存在不支付保险金原因的必要事项。

③ 损失金额以及事故与损失之间的关系,作为计算保险金所需确认

的必要事项。

④ 是否有任何事实属于本保险合同中规定的解除、无效、失效或者撤销的理由,作为确认保险合同是否有效的必要事项。

⑤ 除上述①至④项外,为确认本公司应支付的保险金的必要事项,如是否存在其他保险合同及其详细情况等,以及是否存在被保险人就损害已经享有的损害赔偿请求权或者其他债权的存在情况及其详细情况。

(2) 如果为核实本条第(1)款而必须进行下列任何特别查询或者调查,尽管有第(1)款的约定,本公司将从请求完成日起至包括该日在内的下列天数(如果多于一天,以其中最长天数为准)。公司应在包括索赔完成日在内的下列天数(如多于一天,以最长天数为准)届满之日支付保险金。在这种情况下,本公司应通知被保险人需要核实的事项以及完成核实的时间。

① (1)为确认上述①至④项中的事项而由警察、检察官、消防部门或者其他政府机关进行的搜查、调查结果的调查(包括根据律师法进行的调查以及根据其他法律法规进行的调查)。180 日

② (1)为确认上述①至④项的事项,由专门机构对专家意见等的结果进行调查。90 日

③ (1)为确认上述①至④项的事项,在适用《灾害救助法》的受灾地区进行调查。60 日

④ (1)在日本国外进行调查,但在日本国内没有其他办法确认①至⑤中的事项。180 日

⑤ 如果需要特殊的专业知识和技术来核实和分析引起损害赔偿要求权的理由或者事实,或者根据过去的事例和司法判例等特殊的情况,以及同一行为或者相关行为的受害者很多等涉及被害广泛的情况,为确认①至⑤项的事项而进行提交专门机构鉴定等的结果的调查。180 日

(3) 在开始按照本条第(2)款第①至⑤项所列的特别查询或者调查后,如果本公司显然不可能在本条第(2)款第①至⑤项所列的期间内支付保险金的,本公司可在本条第(2)款第①至⑤项所列的期间内与被保险人共同商定延长该期间。

(4) 如果投保人或者被保险人在确认或者查询或者调查本条第(1)至(3)款所列事项时,无正当理由(包括未按要求提供协助)而无法执行或

者未能遵守的,本公司因确认而延迟的期间不应计入本条第(1)款至(3)款的期间中。

第 30 条 （时效）

保险金请求权以本合同第 28 条(保险金的请求)第(2)款约定的时间的第二天起算经过 3 年不行使的,该请求权的时效消灭。

第 31 条 （代位）

(1) 如果被保险人因损失而获得了损害赔偿请求权或者任何其他债权的,并且本公司已对损失支付了相应的保险金,则应将该索赔债权按照以下额度转让本公司。

① 当本公司按照损失额的全额支付保险金的情况被保险人取得该债权的全额。

② 在①以外的情况下,从被保险人取得债权的金额中减去保险金并未支付损失的金额。

(2) 在前款②的情况下,未转让给公司但仍由被保险人持有的债权应优先于转让给公司的债权获得赔付。

(3) 保险合同的当事人和被保险人应协助本公司对向本公司转让的债权保全以及执行所需的必要证据和文书提交事宜。前述协助事项所涉及支出的费用由本公司负担。

第 7 章　管辖法院以及准据法

第 32 条 （诉讼的提起）

有关本保险合同的诉讼,向日本国内的法院提起。

第 33 条 （准据法）

本条款未约定事项,以日本的法律为准。

（附件）短期费率表

已经过期间	7 日	15 日	1 个月	2 个月	3 个月	4 个月	5 个月
短期费率	10%	15%	25%	35%	45%	55%	65%
已经过期间	6 个月	7 个月	8 个月	9 个月	10 个月	11 个月	1 年
短期费率	70%	75%	80%	85%	90%	95%	100%

二、东京海上日动火灾保险股份公司：《董事责任保险（特别约定条款）》（节选）[①]

（王梓译）

有关保险费用变更的特别约定条款

第 2 节 保险费用的支付

第 1 条 （保险费用的支付方式等）

投保人必须按照本保险合同订立时规定的次数和金额，在保险合同上注明的缴费到期日之前缴纳本保险的保险费。但是，如果保险合同上未注明首期保险费的到期日，则首期保险费必须在本保险合同订立的同时进行支付。

被保险人追加的特别约定条款（执行董事·管理职人员用）

第 1 条 （董事、监事及高级管理人员）

根据本特别约定条款所附保险合同，下列人员被视为公司董事和高级职员责任险普通保险条款（以下简称"普通保险条款"）第 3 条（用语的定义）所规定的公司的全部董事、监事及高级管理人员。

A. 执行董事；

B. 管理职人员。

第 3 条 （免责规定的除外适用）

普通保险条款的第 7 条（不支付保险金的情况-3）第 1 款的规定，不适用于因享有记名法人或其子公司发行的证券的个人提出的涉及管理职人员的损害赔偿请求所导致的损害，无论这些损害赔偿是由管理职人员向被保险人提出的，还是涉及股东代表诉讼的。

第 4 条 （与普通保险条款等的关系）

对于本特别约定条款中未规定的事项，除非与本特别约定条款相抵

[①] 东京海上日动火灾保险股份公司：《董事责任保险条款（特别约定条款）》（节选）。

触,否则适用于普通保险条款及保险合同所附带的其他特别约定条款的规定。

股东代表诉讼的定义有关的特别约定条款

第 1 条 （用语的定义）

（1）本保险合同中的以下术语分别具有以下含义。

用　　语	定　　义
股东代表诉讼	是指《公司法》第 847 条第 3 款或者第五款,第 847 条第 2 款第 6 项或者第 8 项以及第 847 条第 3 款第 7 项或者第 9 项规定的诉讼。
诉讼请求	是指 ① 股东根据《公司法》第 847 条第 1 款或者第 847 条第 2 款第 1 项或者第 3 项的规定向公司提起诉讼,要求追究公司董事、监事及高级管理人员的责任等。 ② 最终全资母公司等的股东根据《公司法》第 847 条第 3 款第 1 项的规定向公司提起诉讼,要求追究公司董事、监事及高级管理人员的特定责任。

（2）在本保险合同中,"股东"包含《公司法》第 847 条第 2 款第 9 项规定的适格旧股东。

第 2 条 （与普通保险条款等的关系）

对于本特别约定条款中未规定的事项,除非与本特别约定条款相抵触,否则适用于董事责任保险普通保险条款及保险合同所附带的其他特别约定条款的规定。

三、東京海上日動火災保険株式会社：「会社役員賠償責任保険の約款（普通保険約款）」[①]

第1章　保険金を支払う場合

第1条　（保険金を支払う場合）

当会社は、被保険者か会社の役員としての業務につき行った行為（不作為を含みます。以下「行為」といいます。）に起因して保険期間中に被保険者に対して損害賠償請求かなされたことにより、被保険者か被る損害（以下「損害」といいます。）に対して、この約款に従い、保険金を支払います。

第2条　（損害の範囲）

当会社か前条（保険金を支払う場合）の規定により保険金を支払う損害は、次の1または2を被保険者か負担することによって生しる損害に限ります。

1 法律上の損害賠償金
2 争訟費用

第3条　（用語の定義）

この約款において、次の用語の意味は、それそれ次の定義によります。

用　語	定　義
会社	次の法人をいいます。1…保険証券の記名法人欄に記載された法人（以下「記名法人」といいます。）2…記名法人の子会社の中て、保険証券の記名子会社欄に記載された法人（以下「記名子会社」といいます。）
役員	会社法上の取締役、執行役およひ監査役、ならひにこれらに準する者として保険証券の被保険者欄に記載された地位にある者てあって、法令または定款の規定に基ついて置かれたものをいいます。会計参与および会計監査人を含みません。

[①]　東京海上日動火災保険株式会社：「会社役員賠償責任保険の約款（普通保険約款）」。

续表

用　語	定　義
被保険者	会社のすへての役員をいい、既に退任している役員およひこの保険契約の保険期間中に新たに選任された役員を含みます。たたし、初年度契約の保険期間の初日より前に退任した役員を除きます。 また、役員か死亡した場合はその者とその相続人または相続財産法人を、役員か破産した場合はその者とその破産管財人を同一の被保険者とみなします。
一連の損害賠償請求	損害賠償請求かなされた時もしくは場所または損害賠償請求者の数等にかかわりなく、同一の行為またはその行為に関連する他の行為に起因するすへての損害賠償請求をいいます。その行為か同一の役員によってなされた行為てあるか、他の役員によってなされた行為てあるかを問いません。 なお、一連の損害賠償請求を構成するすへての損害賠償請求は、最初の損害賠償請求かなされた時になされたものとみなします。
法律上の損害賠償金	法律上の損害賠償責任に基つく賠償金をいいます。たたし、税金、罰金、科料、過料、課徴金、懲罰的損害賠償金、倍額賠償金(これに類似するものを含みます。)の加重された部分ならひに被保険者と他人との間に損害賠償に関する特別の約定かある場合においてその約定によって加重された損害賠償金を含みません。
争訟費用	被保険者に対する損害賠償請求に関する争訟(訴訟、仲裁、調停または和解等をいいます。)によって生した費用(被保険者または会社の従業員の報酬、賞与または給与等を除きます。)て、当会社か妥当かつ必要と認めたものをいいます。
継続契約	会社役員賠償責任保険普通保険約款に基つく当会社との保険契約(以下「会社役員賠償責任保険契約」といいます。)の保険期間の末日(その会社役員賠償責任保険契約か末日前に解除されていた場合はその解除日)を保険期間の初日とし、記名法人を同一とする会社役員賠償責任保険契約をいいます。
子会社	会社法に定める子会社または子会社に該当していた法人をいいます。

续表

用　　語	定　　義
初年度契約	継続契約以外の会社役員賠償責任保険契約をいいます。
他の保険契約等	第1条（保険金を支払う場合）の損害を補償する他の保険契約または共済契約をいいます。

第4条　（保険責任の始期およひ終期）

(1) 当会社の保険責任は、保険証券記載の保険期間（以下「保険期間」といいます。）の初日の午後4時（保険証券にこれと異なる時刻か記載されている場合は、その時刻）に始まり、末日の午後4時に終わります。

(2) (1)の時刻は、日本国の標準時によるものとします。(3)保険期間か始まった後てあっても、当会社は、保険料領収前になされた損害賠償請求による損害に対しては、保険金を支払いません。

第2章　保険金を支払わない場合

第5条　（保険金を支払わない場合-その1）

当会社は、被保険者に対してなされた次の損害賠償請求に起因する損害に対しては、保険金を支払いません。なお、次に記載されている事由または行為が、実際に生じまたは行われたと認められる場合に本条の規定が適用されるものとし、その適用の判断は、被保険者ごとに個別に行われるものとします。

① 被保険者が私的な利益または便宜の供与を違法に得たことに起因する損害賠償請求

② 被保険者の犯罪行為（刑を科せられるべき違法な行為をいい、時効の完成等によって刑を科せられなかった行為を含みます。）に起因する損害賠償請求

③ 法令に違反することを被保険者が認識しながら（認識していたと判断できる合理的な理由がある場合を含みます。）行った行為に起因する損害賠償請求

④ 被保険者に報酬または賞与その他の職務執行の対価が違法に支払われたことに起因する損害賠償請求

⑤ 被保険者が、公表されていない情報を違法に利用して、株式、社債等の売買等を行ったことに起因する損害賠償請求

⑥ 次の者に対する違法な利益の供与に起因する損害賠償請求

ア．政治団体、公務員または取引先の会社役員、従業員等（それらの者の代理人、代表者または家族およびそれらの者と関係のある団体等を含みます。）

イ．利益を供与することが違法とされるその他の者

第6条（保険金を支払わない場合-その2）

当会社は、被保険者に対してなされた次の損害賠償請求に起因する損害に対しては、保険金を支払いません。なお、次に記載されている事由または行為については、実際に生じまたは行われたと認められる場合に限らず、それらの事由または行為があったとの申立てに基づいて被保険者に対して損害賠償請求がなされた場合にも、本条の規定が適用されるものとします。本条の規定は、被保険者ごとに個別にではなく、その事由または行為があったと申し立てられた役員に限らず、すべての被保険者に対して適用されます。

① 初年度契約の保険期間の初日より前に行われた行為またはその行為に関連する他の行為に起因する一連の損害賠償請求

② 初年度契約の保険期間の初日より前に会社に対して提起されていた訴訟およびこれらの訴訟の中で申し立てられた事実またはその事実に関連する他の事実に起因する一連の損害賠償請求

③ この保険契約の保険期間の初日において、被保険者に対する損害賠償請求がなされるおそれがある状況を保険契約者またはいずれかの被保険者が知っていた場合（知っていたと判断できる合理的な理由がある場合を含みます。）に、その状況の原因となる行為またはその行為に関連する他の行為に起因する一連の損害賠償請求

④ この保険契約の保険期間の初日より前に被保険者に対してなされていた損害賠償請求の中で申し立てられていた行為またはその行為に関連する他の行為に起因する一連の損害賠償請求

⑤ 直接であるか間接であるかにかかわらず、次の事由に起因する損害賠償請求

ア.地震、噴火、洪水、津波その他の天災

イ.戦争(宣戦の有無を問いません。)、内乱、変乱、暴動、騒じょうその他の事変ウ.汚染物質の排出、流出、いっ出、漏出(それらが発生するおそれがある状態を含みます。)または汚染物質の検査、監視、清掃、除去、漏出等の防止、処理、無毒化もしくは中和化の指示・要求。汚染物質とは、固体状、液体状もしくは気体状のまたは熱を帯びた有害な物質または汚染の原因となる物質をいい、煙、蒸気、すす、酸、アルカリ、化学物質および廃棄物等を含みます。廃棄物には再生利用される物質を含みます。

エ.核物質の危険性またはあらゆる形態の放射能汚染。核物質とは、核原料物質、特殊核物質または副生成物をいいます。危険性には、放射性、毒性または爆発性を含みます。

オ.石綿または石綿を含む製品の発がん性その他の有害な特性

⑥ 次のものについての損害賠償請求ア.身体の障害(疾病または死亡を含みます。)または精神的苦痛

イ.財物の滅失、破損、汚損、紛失または盗難(それらに起因する財物の使用不能損害を含みます。)

ウ.口頭または文書による誹謗、中傷または他人のプライバシーを侵害する行為による人格権侵害

⑦ 記名子会社の役員に対する損害賠償請求のうち、次のもの

ア.その記名子会社が記名法人の会社法に定める子会社に該当しない間に行われた行為またはその行為に関連する他の行為に起因する損害賠償請求

イ.その記名子会社が記名子会社として保険証券に記載された時より前に行われた行為またはその行為に関連する他の行為に起因する損害賠償請求

第7条 (保険金を支払わない場合-その3)

当会社は、被保険者に対してなされた次の損害賠償請求に起因する損害に対しては、保険金を支払いません。

① 他の被保険者または記名法人もしくはその子会社からなされた損害賠償請求、または株主代表訴訟であるかどうかにかかわらず、被

保険者または記名法人もしくはその子会社が関与して、記名法人もしくはその子会社の発行した有価証券を所有する者によってなされた損害賠償請求

②　会社の総株主の議決権につき、保険証券記載の割合（会社が複数である場合は、個々にその割合を算出するものとします。）以上を直接または間接的に有する者（株主権行使の指示を与える権限を有する者を含みます。以下「大株主」といいます。）からなされた損害賠償請求、または株主代表訴訟であるかどうかにかかわらず、大株主が関与して、会社の発行した有価証券を所有する者によってなされた損害賠償請求

第 8 条　（保険金を支払わない場合-その4）

(1) 当会社は、保険期間中に次に定める取引（以下「取引」といいます。）が行われた場合は、取引の発効日の後に行われた行為に起因する損害賠償請求がなされたことにより、被保険者が被る損害に対しては、保険金を支払いません。なお、この場合においても、当会社は保険料を返還しません。

①　会社が第三者と合併すること、または会社の資産のすべてを第三者に譲渡すること。

②　第三者が、会社の総株主の議決権につき、直接または間接的に過半数を取得すること。

(2) 保険契約者または被保険者が(1)に規定する取引が行われた事実を遅滞なく当会社に対して書面により通知し、当会社が書面により承認した場合は、(1)の規定を適用しません。

第 9 条（保険金を支払わない場合-その5）

当会社は、会社または被保険者が次のいずれかの米国の法令（その修正条項を含みます。）に違反したと主張する申立て（実際に違反し、または違反したと認められる場合に限りません。）に基づく損害賠償請求に起因する損害に対しては、保険金を支払いません。本条の規定は、被保険者ごとに個別にではなく、その違反を申し立てられた役員に限らず、すべての被保険者に対して適用されます。

① Employee Retirement Income Security Act of 1974（1974年従業

員退職所得保障法)(その修正条項、同法に基づき各州で制定された州法、その他これらに準ずる法令を含みます。)

② Racketeer Influenced and Corrupt Organizations Act，18 U. S. C. §S1961 et seq.（1970年事業への犯罪組織等の浸透の取締りに関する法律（合衆国法律集18巻1961条以下)、その修正条項および同法に基づく法令を含みます。)Securities Exchange Act of 1934（1934年証券取引所法)第16条(b)項(その修正条項、同種の州法およびコモン・ローを含みます。)

第3章　当会社の支払限度額

第10条 （支払限度額および免責金額）

（1）当会社がこの保険契約に基づき、一連の損害賠償請求について保険金を支払うべき損害の額は、被保険者ごとに次の算式によって得た額とします。

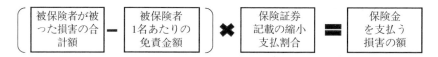

（2）被保険者1名あたりの免責金額は、次の算式によって得た額または保険証券記載の役員1名あたりの免責金額のいずれか低い方の額とします。

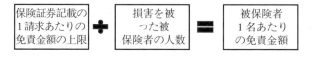

（3）（1)および（2)の規定において、第3条（用語の定義)の被保険者に関する規定に基づき同一の被保険者とみなされた者は、その人数にかかわらず、1名の被保険者とみなします。

（4）当会社がこの保険契約に基づき支払う保険金の額は、すべての被保険者に対して支払う保険金の額を合算して、保険証券記載の保険期間中総支払限度額を限度とします。また、第24条（損害賠償請求等の通知)(2)の規定に基づき、この保険契約の保険期間中に受けたものとみなされる損害賠償請求についても、この規定が適用されるものとします。

(5) 当会社は、争訟費用を保険証券記載の保険期間中総支払限度額に加算して保険金を支払うものではありません。争訟費用は、損害の一部であり、(1)から(4)までの規定が適用されるものとします。

第11条 （他の保険契約等がある場合の保険金の支払額）

他の保険契約等がある場合において、それぞれの保険契約または共済契約につき他の保険契約等がないものとして算出した支払うべき保険金または共済金の額（以下「支払責任額」といいます。）の合計額が損害の額を超えるときは、当会社は、次に定める額を保険金として支払います。

① 他の保険契約等から保険金または共済金が支払われていない場合 この保険契約の支払責任額

② 他の保険契約等から保険金または共済金が支払われた場合 損害の額から、他の保険契約等から支払われた保険金または共済金の合計額を差し引いた残額。ただし、この保険契約の支払責任額を限度とします。

第4章　保険契約者または被保険者の義務

第12条 （告知義務）

（1）保険契約者または被保険者になる者は、保険契約締結の際、危険（損害の発生の可能性をいいます。以下同様とします。）に関する重要な事項のうち、保険契約申込書その他の書類の記載事項とすることによって当会社が告知を求めたもの（他の保険契約等に関する事項を含みます。以下「告知事項」といいます。）について、当会社に事実を正確に告げなければなりません。

（2）保険契約締結の際、保険契約者または被保険者が告知事項について故意または重大な過失によって事実を告適用しません。

（3）（2）の規定は、次のいずれかに該当する場合には適用しません。

① （2）の事実かなくなった場合

② 当会社か保険契約締結の際、（2）の事実を知っていた場合また

は過失によってこれを知らなかった場合(当会社のために保険契約の締結の代理を行う者か、事実を告けることを妨けた場合または事実を告けないこともしくは事実と異なることを告けることを勧めた場合を含みます。)

③ 保険契約者または被保険者か第 1 条(保険金を支払う場合)の損害賠償請求かなされる前に告知事項につき書面をもって訂正を当会社に申し出て、当会社かこれを承認した場合。なお、当会社は、訂正の申出を受けた場合において、その訂正を申し出た事実か保険契約締結の際に当会社に告けられていたとしても当会社か保険契約を締結していたと認めるときに限り、これを承認するものとします。

④ 当会社か(2)の規定による解除の原因かあることを知った時から1か月を経過した場合または保険契約締結時から5年を経過した場合

(4) (2)の規定による解除か第 1 条の損害賠償請求による損害の発生後になされた場合てあっても、第 19 条(保険契約解除の効力)の規定にかかわらす、当会社は、保険金を支払いません。この場合において、既に保険金を支払っていたときは、当会社は、その返還を請求することかてきます。

(5) (4)の規定は、(2)の事実に基つかすになされた第 1 条の損害賠償請求による損害には適用しません。

第 13 条 (通知義務)

(1) 保険契約締結の後、保険契約申込書その他の書類の記載事項の内容に変更を生しさせる事実(保険契約申込書その他の書類の記載事項のうち、保険契約締結の際に当会社か交付する書面等においてこの条の適用かある事項として定めたものに関する事実に限ります。)か発生した場合は、保険契約者または被保険者は、事実の発生かその責めに帰すへき事由によるときはあらかしめ、責めに帰すことのてきない事由によるときはその発生を知った後、遅滞なく、書面をもってその旨を当会社に申し出て、承認を請求しなけれはなりません。たたし、その事実かなくなった後は、当会社に申し出る必要はありません。

(2) (1)の事実かある場合(((4)たたし書の規定に該当する場合を

除きます。)は、当会社は、その事実について変更依頼書を受領したかとうかにかかわらす、保険契約者に対する書面による通知をもって、この保険契約を解除することかてきます。

(3) (2)の規定は、当会社か(2)の規定による解除の原因かあることを知った時から1か月を経過した場合または(1)の事実か生した時から5年を経過した場合には適用しません。

(4) 保険契約者または被保険者か(1)に規定する手続を怠った場合は、当会社は、(1)の事実か発生した時または保険契約者もしくは被保険者かその発生を知った時から当会社か変更依頼書を受領するまての間になされた第1条(保険金を支払う場合)の損害賠償請求による損害に対しては、保険金を支払いません。たたし、(1)に規定する事実か発生した場合において、変更後の保険料率か変更前の保険料率より高くならなかったときを除きます。

(5) (4)の規定は、(1)の事実に基つかすになされた第1条の損害賠償請求による損害には適用しません。

第14条　(保険契約者の住所変更)

保険契約者か保険証券記載の住所または通知先を変更した場合は、保険契約者は、遅滞なく、その旨を当会社に通知しなけれはなりません。

第5章　保険契約の無効または解除および保険料の返還または請求

第15条　(保険契約の無効)

保険契約者か保険金を不法に取得する目的または第三者に保険金を不法に取得させる目的をもって締結した保険契約は、無効とします。

第16条　(保険契約の取消し)

保険契約者または被保険者による詐欺または強迫によって当会社か保険契約を締結した場合は、当会社は、保険契約者に対する書面による通知をもって、この保険契約を取り消すことかてきます。

第17条　(保険契約者による保険契約の解除)

保険契約者は、当会社に対する書面による通知をもって、この保険契約を解除することができます。

第 18 条　（重大事由による解除）

（1）当会社は、次のいずれかに該当する事由がある場合は、保険契約者に対する書面による通知をもって、この保険契約を解除することができます。

① 保険契約者または被保険者が、当会社にこの保険契約に基づく保険金を支払わせることを目的として損害を生じさせ、または生じさせようとしたこと。

② 被保険者が、この保険契約に基づく保険金の請求について詐欺を行い、または行おうとしたこと。

③ 保険契約者が、次のいずれかに該当すること。

ア．反社会的勢力（暴力団、暴力団員、暴力団準構成員、暴力団関係企業その他の反社会的勢力をいいます。なお、暴力団員には、暴力団員でなくなった日から5年を経過しない者を含みます。以下同様とします。）に該当すると認められること。

イ．反社会的勢力に対して資金等を提供し、または便宜を供与する等の関与をしていると認められること。

ウ．反社会的勢力を不当に利用していると認められること。

エ．法人である場合において、反社会的勢力がその法人の経営を支配し、またはその法人の経営に実質的に関与していると認められること。

オ．その他反社会的勢力と社会的に非難されるべき関係を有していると認められること。

④ ①から③までに掲げるもののほか、保険契約者または被保険者が、①から③までの事由がある場合と同程度に当会社のこれらの者に対する信頼を損ない、この保険契約の存続を困難とする重大な事由を生じさせたこと。

（2）当会社は、被保険者が(1)③アからオまでのいずれかに該当する場合は、保険契約者に対する書面による通知をもって、この保険契約（被保険者が複数である場合は、その被保険者に係る部分とします。）を解除することができます。
　(3) (1)または(2)の規定による解除が第1条(保険金を支払う場合)の損害賠償請求による損害の発生後になされた場合であっても、(1)①から④までの事由または(2)の解除の原因となる事由が生じた時から解除がなされた時までに発生した第1条の損害賠償請求による損害に対しては、次条の規定にかかわらず、当会社は、保険金を支払いません。この場合において、既に保険金を支払っていたときは、当会社は、その返還を請求することができます。
　(4) 保険契約者または被保険者が(1)③アからオまでのいずれかに該当することにより(1)または(2)の規定による解除がなされた場合は、(3)の規定は、次の損害については適用しません。①(1)③アからオまでのいずれにも該当しない被保険者に生じた損害②(1)③アからオまでのいずれかに該当する被保険者に生じた法律上の損害賠償金の損害

第19条　(保険契約解除の効力)
　保険契約の解除は、将来に向かってのみその効力を生じます。

第20条　(保険料の返還または請求―告知義務・通知義務等の場合)
　(1) 第12条(告知義務)(1)により告げられた内容が事実と異なる場合において、保険料率を変更する必要があるときは、当会社は、変更前の保険料率と変更後の保険料率との差に基づき計算した保険料を返還または請求します。
　(2) 第13条(通知義務)(1)の事実が生じた場合において、保険料率を変更する必要があるときは、当会社は、変更前の保険料率と変更後の保険料率との差に基づき、未経過期間(その事実が生じた時以降の期間をいいます。)に対し日割をもって計算した保険料を返還または請求します。
　(3) 保険契約者が(1)または(2)の規定による追加保険料の支払を怠った場合(当会社が保険契約者に対し追加保険料の請求をしたにもかかわらず相当の期間内にその支払がなかった場合に限ります。)は、当会社は、保険契約者に対する書面による通知をもって、この保険契約

を解除することができます。

（4）（1）または（2）の規定による追加保険料を請求する場合において、（3）の規定により当会社がこの保険契約を解除することができるときは、当会社は、保険金を支払いません（既に保険金を支払っていたときは、当会社は、その返還を請求することができます。）。ただし、第13条（1）の事実が生じた場合において、その事実が生じた時より前に発生した第1条（保険金を支払う場合）の損害賠償請求による損害については、この規定を適用しません。

（5）（1）および（2）に規定する場合のほか、保険契約締結の後、保険契約者が書面をもって保険契約の条件の変更を当会社に通知して承認を請求し、当会社がこれを承認する場合において、保険料を変更する必要があるときは、当会社は、変更前の保険料と変更後の保険料との差に基づき計算した、未経過期間（条件を変更する時以降の期間をいいます。）に対する保険料を返還しまたは請求します。

（6）（5）の規定による追加保険料を請求する場合において、当会社の請求に対して保険契約者がその支払を怠ったときは、当会社は、追加保険料領収前になされた第1条の損害賠償請求による損害に対しては、保険契約条件の変更の承認の請求がなかったものとして、この保険契約に適用される普通保険約款および特約に従い、保険金を支払います。

第21条 （保険料の返還-無効または失効の場合）

（1）第15条（保険契約の無効）の規定により保険契約が無効となる場合は、当会社は、保険料を返還しません。

（2）（2）保険契約が失効した場合は、当会社は、未経過期間（失効した時以降の期間をいいます。）に対し日割をもって計算した保険料を返還します。

第22条 （保険料の返還-取消しの場合）

第16条 （保険契約の取消し）の規定により当会社が保険契約を取り消した場合は、当会社は、既に払い込まれた保険料を返還しません。

第23条 （保険料の返還-解除の場合）

（1）第12条（告知義務）(2)、第13条（通知義務）(2)、第18条（重大事由による解除）(1)または第20条（保険料の返還または請求-告知義務・通知義務等の場合）(3)の規定により当会社が保険契約を解除した場合は、当会社は、未経過期間（解除の時以降の期間をいいます。）に対し日割をもって計算した保険料を返還します。

（2）第17条（保険契約者による保険契約の解除）の規定により保険契約者が保険契約を解除した場合は、当会社は、保険料から既経過期間（保険期間の初日から解除の時までの期間をいいます。）に対して別表に掲げる短期料率によって計算した保険料を差し引いて、その残額を返還します。

第6章　保険金の請求手続

第24条　（損害賠償請求等の通知）

（1）被保険者が損害賠償請求を受けた場合は、保険契約者または被保険者は、次の事項を遅滞なく当会社に書面により通知しなければなりません。①損害賠償請求者の氏名および被保険者が最初にその請求を知った時の状況を含め、申し立てられている行為および原因となる事実に関する情報②他の保険契約等の有無および内容（既に他の保険契約等から保険金または共済金の支払を受けた場合は、その事実を含みます。

（2）保険契約者または被保険者が、保険期間中に、被保険者に対して損害賠償請求がなされるおそれのある状況（ただし、損害賠償請求がなされることが合理的に予想される状況に限ります。）を知った場合は、その状況ならびにその原因となる事実および行為について、発生日および関係者等に関する詳細な内容を添えて、遅滞なく当会社に書面により通知しなければなりません。この場合において、通知された事実または行為に起因して、被保険者に対してなされた損害賠償請求は、保険契約者または被保険者がその状況を知った時（知ったと合理的な理由に基づき判断できる時）をもってなされたものとみなします。

（3）(1)または(2)の場合において、被保険者が第三者に対し求償することができるときは、保険契約者または被保険者は、求償権の保全または行使に必要な手続その他損害を防止軽減するために必要な一切の手段を講じなければなりません。

(4) 保険契約者または被保険者が正当な理由なく(1)および(2)に規定する義務に違反した場合は、当会社は、それによって当会社が被った損害の額を差し引いて保険金を支払います。

(5) 保険契約者または被保険者が正当な理由なく(3)に規定する義務に違反した場合は、当会社は、第1条(保険金を支払う場合)の損害の額から損害の発生または拡大を防止することができたと認められる額を差し引いて保険金を支払います。

第25条 (争訟費用、法律上の損害賠償金)

(1) 当会社は、必要と認めた場合は、損害賠償請求の解決に先立って、あらかじめ争訟費用を支払うことができるものとします。ただし、既に支払われた争訟費用の全額または一部について、この約款の規定により保険金の支払を受けられないこととなった場合は、被保険者は、支払われた額を限度として当会社へ返還しなければなりません。

(2) 当会社は、この保険契約によって防御の義務を負担するものではありません。

(3) 被保険者は、あらかじめ当会社の書面による同意がない限り、損害賠償責任の全部もしくは一部を承認し、または争訟費用の支払を行ってはなりません。この保険契約においては、当会社が同意した法律上の損害賠償金および争訟費用のみが損害として保険金支払の対象となります。

(4) 被保険者およびその他の者に対してなされた損害賠償請求に関する争訟費用と被保険者およびその他の者が連帯して負担する法律上の損害賠償金について当会社が同意した場合は、保険契約者、被保険者および当会社は、被保険者およびその他の者それぞれが負担すべき金額の公正にして妥当な配分を決定するために協力するものとし、当会社は、その配分の決定に基づいて定まった損害に対して、保険金を支払います。

第26条 (損害賠償請求解決のための協力)

(1) 当会社は、必要と認めた場合は自己の費用をもって、被保険者に対する損害賠償請求についての調査、調停、仲裁、和解もしくは訴訟につき、被保険者に協力することができるものとします。この場合において、被保険者は、当会社の求めに応じ、当会社に協力し必要な情報を提供しなければなりません。

（2）被保険者が正当な理由なく（1）の協力の要求に応じない場合は、当会社は、それによって当会社が被った損害の額を差し引いて保険金を支払います。

第 27 条 （先取特権-法律上の損害賠償金）

（1）第1条（保険金を支払う場合）の損害賠償請求を被保険者に対して行う権利を有する者（以下「被害者」といいます。）は、被保険者の当会社に対する保険金請求権（第 2 条（損害の範囲）①の損害に対するものに限ります。以下この条において同様とします。）について先取特権を有します。

（2）当会社が第 2 条①の損害に対して保険金を支払うのは、次のいずれかに該当する場合に限ります。①被保険者が被害者に対して賠償債務を弁済した後に、当会社から被保険者に支払う場合（被保険者が弁済した賠償債務の金額を限度とします。）被保険者が被害者に対して賠償債務を弁済する前に、被保険者の指図により、当会社から直接、被害者に支払う場合被保険者が被害者に対して賠償債務を弁済する前に、被害者が被保険者の当会社に対する保険金請求権についての先取特権を行使したことにより、当会社から直接、被害者に支払う場合④被保険者が被害者に対して賠償債務を弁済する前に、当会社が被保険者に保険金を支払うことを被害者が承諾したことにより、当会社から被保険者に支払う場合（被害者が承諾した金額を限度とします。）

（3）保険金請求権は、被害者以外の第三者に譲渡することはできません。また、保険金請求権を質権の目的とし、または（2）③の場合を除き、差し押さえることはできません。ただし、（2）①または④の規定により被保険者が当会社に対して保険金の支払を請求することができる場合を除きます。

第 28 条 （保険金の請求）

（1）被保険者の保険金請求権は、第 2 条（損害の範囲）①の損害に対するものは第 1 条（保険金を支払う場合）の損害賠償請求がなされた時に、第 2 条②の損害に対するものは被保険者が費用を支出した時に、それぞれ発生します。

　　(2) 被保険者の保険金請求権は、次に定める時から、これを行使できるものとします。

　　① 第 2 条①の損害に対するものは、判決、調停もしくは裁判上の和解または被保険者と被害者の間の書面による合意のいずれかによって被保険者の損害賠償責任の有無および第 1 条の損害の額が確定した時

　　② 同条②の費用に対するものは、第 1 条の損害の額が確定した時

　　(3) 被保険者が保険金の支払を請求する場合は、次の書類または証拠のうち当会社が求めるものを保険証券に添えて当会社に提出しなければなりません。

　　① 保険金の請求書

　　② 被保険者が損害賠償責任を負担することを示す判決書、調停調書もしくは和解調書または被保険者と被害者の間の示談書

　　③ 被保険者が法律上の損害賠償金を弁済したことおよびその金額を証明する書類

　　④ 被保険者が保険金の請求をすることについて被害者の承諾があったことおよびその金額を証明する書類

　　⑤ 争訟費用の支出を証する領収書または精算書

　　⑥ その他当会社が次条(1)に定める必要な事項の確認を行うために欠くことのできない書類または証拠として保険契約締結の際に当会社が交付する書面等において定めたもの

　　(4) 当会社は、事故の内容または損害の額等に応じ、(3)に掲げるもの以外の書類もしくは証拠の提出または当会社が行う調査への協力を保険契約者または被保険者に対して求めることがあります。この場合は、当会社が求めた書類または証拠を速やかに提出し、必要な協力を行わなければなりません。

　　(5) 保険契約者または被保険者が正当な理由なく(4)に規定する義務に違反した場合または(3)もしくは(4)の書類に事実と異なる記載

をし、もしくはその書類もしくは証拠を偽造しもしくは変造した場合は、当会社は、それによって当会社が被った損害の額を差し引いて保険金を支払います。

第29条　（保険金の支払時期）

（1）当会社は、被保険者が前条(3)に規定する手続を完了した日（以下この条において「請求完了日」といいます。）からその日を含めて30日以内に、当会社が保険金を支払うために必要な次の事項の確認を終え、保険金を支払います。

① 保険金の支払事由発生の有無の確認に必要な事項として、損害賠償請求の原因、損害賠償請求がなされた状況、損害発生の有無および被保険者に該当する事実

② 保険金が支払われない事由の有無の確認に必要な事項として、保険金が支払われない事由としてこの保険契約において定める事由に該当する事実の有無

③ 保険金を算出するための確認に必要な事項として、損害の額および事故と損害との関係

④ 保険契約の効力の有無の確認に必要な事項として、この保険契約において定める解除、無効、失効または取消しの事由に該当する事実の有無

⑤ ①から④までのほか、他の保険契約等の有無および内容、損害について被保険者が有する損害賠償請求権その他の債権および既に取得したものの有無および内容等、当会社が支払うべき保険金の額を確定するために確認が必要な事項

（2）(1)の確認を行うため、次に掲げる特別な照会または調査が不可欠な場合は、(1)の規定にかかわらず、当会社は、請求完了日からその日を含めて次に掲げる日数（複数に該当する場合は、そのうち最長の日数とします。）を経過する日までに、保険金を支払います。この場合において、当会社は、確認が必要な事項およびその確認を終えるべき時期を被保険者に対して通知するものとします。

① (1)①から④までの事項を確認するために行う警察、検察、消防その他の公の機関による捜査・調査結果の照会（弁護士法に基づく照

会その他法令に基づく照会を含みます。)180 日

②(1)①から④までの事項を確認するために行う専門機関による鑑定等の結果の照会 90 日

③ 災害救助法が適用された災害の被災地域における(1)①から⑤までの事項の確認のための調査 60 日

④ (1)①から⑤までの事項の確認を日本国内において行うための代替的な手段がない場合の日本国外における調査 180 日

⑤ 損害賠償請求の原因となる事由もしくは事実の検証・分析を行うために特殊な専門知識・技術を要する場合、これらの事由もしくは事実が過去の事例・判例等に鑑みて特殊である場合または同一のもしくは関連する行為による被害者が多数となる等被害が広範に及ぶ場合において、(1)①から④までの事項を確認するために行う専門機関による鑑定等の結果の照会 180 日

(3) (2)①から⑤までに掲げる特別な照会または調査を開始した後、(2)①から⑤までに掲げる期間中に保険金を支払う見込みがないことが明らかになった場合には、当会社は、(2)①から⑤までに掲げる期間内に被保険者との協議による合意に基づきその期間を延長することができます。

(4) (1)から(3)までに掲げる事項の確認または照会もしくは調査に際し、保険契約者または被保険者が正当な理由なくこれらの実行を妨げ、またはこれらに応じなかった場合(必要な協力を行わなかった場合を含みます。)は、これにより確認が遅延した期間については、(1)から(3)までの期間に算入しないものとします。

第 30 条 (時効)

保険金請求権は、第 28 条(保険金の請求)(2)に定める時の翌日から起算して3年を経過した場合は、時効によって消滅します。

第 31 条 (代位)

(1) 損害が生じたことにより被保険者が損害賠償請求権その他の債権を取得した場合において、当会社がその損害に対して保険金を支払ったときは、その債権は、次の額を限度として当会社に移転します。①当会社が損害の額の全額を保険金として支払った場合被保険者が取

得した債権の全額② ①以外の場合被保険者が取得した債権の額から、保険金が支払われていない損害の額を差し引いた額

(2) (1)②の場合において、当会社に移転せずに被保険者が引き続き有する債権は、当会社に移転した債権よりも優先して弁済されるものとします。

(3) 保険契約者および被保険者は、当会社に移転する(1)の債権の保全および行使ならびにそのために当会社が必要とする証拠および書類の入手に協力しなければなりません。保険契約者または被保険者が当会社に協力するために支出した費用は、当会社の負担とします。

第7章　管轄裁判所および準拠法

第32条　（訴訟の提起）

この保険契約に関する訴訟については、日本国内における裁判所に提起するものとします。

第33条　（準拠法）

この約款に規定のない事項については、日本国の法令に準拠します。

（別表）短期料率表

既経過期間	7日まで	15日まで	1ケ月まで	2か月まで	3か月まで	4か月まで	5か月まで
短期料率	10％	15％	25％	35％	45％	55％	65％
既経過期間	6か月まで	7か月まで	8か月まで	9か月まで	10か月まで	11か月まで	1年まで
短期料率	70％	75％	80％	85％	90％	95％	100％

四、東京海上日動火災保険株式会社：「会社役員賠償責任保険の約款（特約条項）」（抜粋）[1]

保険料に関する規定の変更特約条項

第 2 節　保険料の払込み

第 1 条　（保険料の払込方法等）

（1）保険契約者は、この保険契約に対する保険料を、この保険契約の締結の際に定めた回数および金額に従い、保険証券記載の払込期日までに払い込まなければなりません。ただし、保険証券に初回保険料の払込期日の記載がない場合には、初回保険料は、この保険契約の締結と同時に払い込まなければなりません。

被保険者追加特約条項（執行役員・管理職従業員用）

第 1 条　（役員）

この特約条項が付帯される保険契約において、次の者は、会社役員賠償責任保険普通保険約款（以下「普通保険約款」といいます。）第 3 条（用語の定義）に規定する役員に該当するものとみなします。

1 執行役員。

2 管理職従業員。

第 3 条　（免責規定の適用除外）

普通保険約款第 7 条（保険金を支払わない場合-その3）1の規定は、管理職従業員から被保険者に対してなされた損害賠償請求、または株主代表訴訟であるかどうかにかかわらず、管理職従業員が関与して、記名法人もしくはその子会社の発行した有価証券を所有する者によってなされた損害賠償請求に起因する損害には適用しません。

---

[1]　東京海上日動火災保険株式会社：「会社役員賠償責任保険の約款（特約条項）」（抜粋）。

第 4 条 （普通保険約款等との関係）

この特約条項に規定しない事項については、この特約条項に反しないかぎり、普通保険約款およびこの保険契約に付帯される他の特約条項の規定を適用します。

株主代表訴訟の定義等に関する特約条項

第 1 条 （用語の定義）

（1）この保険契約において、次の用語の意味は、それぞれ次の定義によります。

用　　語	定　　義
株主代表訴訟	会社法第 847 条第 3 項もしくは第 5 項、同法第 847 条の 2 第 6 項もしくは第 8 項または同法第 847 条の 3 第 7 項もしくは第 9 項の規定に基づく訴訟をいいます。
提訴請求	次のものをいいます。1 会社法第 847 条第 1 項または同法第 847 条の 2 第 1 項しくは第 3 項の規定に基づき株主が会社に対して行う役員の責任追及等の訴えの提起の請求 2 会社法第 847 条の 3 第 1 項の規定に基づき最終完全親会社等の株主かが会社に対して行う役員の特定責任追及の訴えの提起の請求

（2）この保険契約において、「株主」には、会社法第 847 条の 2 第 9 項に規定する適格旧株主を含みます。

第 2 条 （普通保険約款等との関係）

この特約条項に規定しない事項については、この特約条項に反しないかぎり、会社役員賠償責任保険普通保険約款およびこの保険契約に付帯される他の特約条項の規定を適用します。

五、正文引用"中国太平洋财产保险股份有限公司：《公司董事及高级管理人员责任保险条款》美亚财产保险有限公司：《中国董事及高级管理人员责任保险条款》"相关条款

中国太平洋财产保险股份有限公司：
《公司董事及高级管理人员责任保险条款》（节选）

第三条　第三者责任保障

在保险单中列明的保险期限或追溯期内，被保险人在执行职务的过程中，因其单独或共同的不当行为导致第三者遭受经济损失，依照中华人民共和国（不含香港、澳门特别行政区和台湾地区，下同）法律（以下简称为"依法"）应由被保险人承担赔偿责任，并且第三者首次在保险期限内，在中华人民共和国境内向被保险人提出索赔要求，保险人将根据本合同的规定，在保险单约定的赔偿限额内负责赔偿。

第四条　公司补偿保障

在保险单中列明的保险期限或追溯期内，被保险人在执行职务的过程中，因其单独或共同的过失导致第三者遭受经济损失，依法应由被保险人所在公司对其过失承担赔偿责任，并且第三者首次在保险期限内，在中华人民共和国境内向被保险人提出索赔要求，保险人将根据本合同的规定，在保险单约定的赔偿限额内负责赔偿。

第五条　诉讼费用或仲裁费用补偿保障

第八条　对由于被保险人下列行为而造成第三者的经济损失，无论在法律上是否应当由被保险人承担赔偿责任，保险人都不负责赔偿：

（一）违反法律、法规或被保险人所在公司的公司章程；

（二）故意行为；

（三）非职务行为；

（四）贪污、行贿、受贿行为；

（五）对外担保或保证行为；

（六）造成环境污染或违反环境保护法律法规的行为；

（七）因获知其他交易者无法得知的内幕消息，而买卖被保险人所在公司的证券获得不当利益的行为；

（八）抄袭、窃取、泄露他人商业机密或侵犯他人知识产权的行为。

第九条 对于下列各项针对被保险人的索赔或民事诉讼，无论在法律上是否应当由被保险人承担赔偿责任，保险人都不负责赔偿：

（一）被保险人造成他人死亡、伤残、疾病或精神伤害所致的索赔或民事诉讼；

（二）被保险人在中华人民共和国以外地区或在中国香港、澳门特别行政区及台湾地区执行职务时所致的索赔或民事诉讼；

（三）在中华人民共和国以外地区或在中国香港、澳门特别行政区及台湾地区向被保险人提出的索赔要求或民事诉讼；

（四）首次投保时，被保险人在本合同生效前已经或应当知道的索赔或民事诉讼；

（五）被保险人或其配偶、继承人、法定代理人相互之间的任何索赔或民事诉讼；

（六）被保险人所在公司向被保险人提出的任何索赔或民事诉讼；

（七）被保险人所在公司的主要股东向被保险人提出的任何索赔；

（八）被保险人在被保险人所在公司以外任职或兼职而引起的索赔或民事诉讼；

（九）被保险人与被保险人所在公司的其他雇员因劳动合同纠纷而引起的索赔或民事诉讼；

（十）非本保险的被保险人，但在被保险人所在公司担任董事、独立董事、监事等职务的董事会、监事会成员，或者担任总经理、副总经理等职务的高级管理人员向被保险人提出的任何索赔或民事诉讼。

第十条 下列原因造成的损失、费用和责任，保险人不负责赔偿：

（一）战争、敌对行为、军事行动、武装冲突、恐怖主义活动、罢工、暴动、骚乱；

（二）行政行为、司法行为；

（三）核爆炸、核裂变、核聚变；

（四）放射性污染及其他各种环境污染。

第十一条　对于被保险人的下列损失或费用，保险人不负责赔偿：

（一）被保险人或其雇员的人身伤亡及其所有或管理的财产的损失；

（二）罚款、罚金及惩罚性赔偿；

（三）精神损害赔偿；

（四）保险事故造成的一切间接损失；

（五）在合同或协议中约定的应由被保险人承担的赔偿责任，但即使没有这种合同或协议，被保险人依照中华人民共和国法律仍应承担的赔偿责任不在本款责任免除范围内；

（六）保险单中载明的应由被保险人自行承担的每次事故免赔额（率）。

第十二条　其他不属于本合同责任范围内的损失、费用和责任，保险人不负责赔偿。

第十五条　除另有约定外，本合同的保险期间为一年，以保险单载明的起讫时间为准。

第二十五条　在本合同有效期内，保险标的的危险程度显著增加的，被保险人应当及时通知保险人，保险人有权增加保险费或者解除本合同。

被保险人未履行上述义务的，因保险标的的危险程度显著增加而发生的保险事故，保险人不承担赔偿保证金的责任。

第三十条　保险人的赔偿以下列方式之一确定的被保险人的赔偿责任为基础：

（一）被保险人与索赔人协商并经保险人确认；

（二）仲裁机构裁决；

（三）人民法院判决；

（四）保险人认可的其他方式。

第三十一条　发生保险责任范围内的损失，保险人按以下方式计算赔偿：

（一）对于每次事故造成的损失，保险人以法院判决、裁定或仲裁机构裁决的应由被保险人赔付的金额为依据，在保险单中载明的每次事故赔偿限额内计算赔偿；

（二）在依据本条第（一）项计算的基础上，保险人在扣除本合同载明的每次事故免赔额后进行赔偿；

（三）在保险期间内,保险人对多次事故损失的累计赔偿金额(包括法律费用赔偿金额)不超过累计赔偿限额。

第三十二条　保险人对每次法律费用的赔偿也包含在每次事故赔偿限额内,不另外计算。但保险人对于法律费用的赔偿不扣减每次事故免赔。

如果被保险人的赔偿责任同时涉及保险事故和非保险事故,并且无法法律费用是因何种事故而产生的,保险人按照属于保险事故的赔偿金额占被保险人全部赔偿金额的比例赔偿法律费用。

经被保险人书面申请,保险人可向其预先支付已实际发生的法律费用,但对于最终确认不应该由保险人承担的法律费用,被保险人应负责退还。

第三十三条　被保险人给第三者造成损害,被保险人未向该第三者赔偿的,保险人不向被保险人赔偿保险金。

第三十四条　发生保险事故时,如果被保险人的损失在有相同保障的其他保险项下也能够获得赔偿,则本保险人按照本合同的赔偿限额与其他保险合同及本合同的赔偿限额总和的比例承担赔偿责任。

其他保险人应承担的赔偿金额,本保险人不负责垫付。若被保险人未如实告知导致保险人多支付赔偿金的,保险人有权向被保险人追回多支付的部分。

第三十五条　发生保险责任范围内的损失,应由有关责任方负责赔偿的,保险人自向被保险人赔偿保险金之日起,在赔偿金额范围内代位行使被保险对有关责任方请求赔偿的权利,被保险人应当向保险人提供必要的文件和所知道的有关情况。

被保险人已经从有关责任方取得赔偿的,保险人赔偿保险金时,可以相应扣减被保险人已从有关责任方取得的赔偿金额。

保险事故发生后,在保险人未赔偿保险金之前,被保险人放弃对有关责任方请求赔偿权利的,保险人不承担赔偿责任;保险人向被保险人赔偿保险金后,被保险人未经保险人同意放弃对有关责任方请求赔偿权利的,该行为无效;由于被保险人故意或者因重大过失致使保险人不能行使代位请求赔偿的权利的,保险人可以扣减或者要求返还相应的保险金。

第三十六条　保险赔偿结案后,保险人不再负责赔偿任何新增加的与该次保险事故相关的损失、费用或赔偿责任。

当一次保险事故涉及多名第三者时,如果保险人和被保险人双方已经确认了其中部分第三者的赔偿金额,保险人可根据被保险人的申请予以先行赔付。先行赔付后,保险人不再负责赔偿与这些第三者相关的任何新增加的赔偿金。

第三十七条 被保险人向保险人请求赔偿保险金的诉讼时效期间为二年,自其知道或者应当知道保险事故发生之日起计算。

释　义

第四十四条 除另有约定外,本合同中的下列词语具有如下含义:

保险人:是指中国太平洋财产保险股份有限公司。

被保险人:是指在保险单中列明的,符合法律法规或公司章程规定的任职资格,并经合法程序选任或指派,在追溯期或保险期限内担任保险单中载明的有限责任公司或股份有限公司董事、独立董事、监事等职务的董事会、监事会成员,或者担任总经理、副总经理等职务的高级管理人员。

被保险人所在公司:是指在保险单中列明的,在中华人民共和国境内依法成立,聘用被保险人担任董事、独立董事、监事或总经理、副总经理等职务,具有法人资格的有限责任公司或股份有限公司。

第三者:是指除下列单位或个人以外的单位或个人;

被保险人所在公司;

被保险人所在公司的主要股东;

被保险人及其配偶、继承人、法定代理人;

非本合同的被保险人,但在被保险人所在公司担任董事、独立董事、监事等职务的董事会、监事会成员,或者担任总经理、副总经理等职务的高级管理人员。

被保险人所在公司的主要股东:是指直接或间接持有被保险人所在公司10%以上股份的股东;

不当行为:是指被保险个人事实上的或被指称的在以其身份执行职务过程中的错误陈述、误导性陈述、过失、疏忽、违反其义务或职责的行为或不作为。

索赔:是指第三者以任何形式向被保险人或连带向被保险人的配偶、继承人、法定代理人提出的经济赔偿要求。

诉讼费用:是指被保险人与第三者之间因索赔纠纷而发生民事诉讼

后,被保险人为进行抗辩或上诉活动而产生的应由其支付的合理费用,但仅限于下列各项费用:

(1)律师费;(2)应由被保险人承担的诉讼费。

仲裁费用:是指被保险人与第三者之间发生索赔纠纷,如果双方当事人根据仲裁协议的约定申请仲裁的,被保险人为进行仲裁活动而产生的应由其支付的合理费用,但仅限于下列各项费用:

支付给仲裁代理人的代理费;仲裁委员会收取的仲裁费,及其他额外的、合理的实际费用(包括仲裁员办理案件的特殊报酬、差旅费、食宿费,以及仲裁庭聘请的专家、鉴定人和翻译等费用);根据仲裁庭裁决的应由被保险人补偿给胜诉方因为办理案件所支出的部分合理的费用。

每次事故:是指凡索赔人基于相同或相关联的原因或理由,同时或先后向一名或多名被保险人提出的,属于本保险责任范围内的一项或一系列索赔或民事诉讼,本保险均将其视为一次事故,在本合同中统称为每次事故。

未满期保险费:是指保险人应退还的剩余保险期间的保险费,未满期保险费按照以下公式计算:

未满期保险费=保险费×(剩余保险期间天数/保险期间天数)×(累计赔偿限额-累计赔偿金额)/累计赔偿限额

其中,累计赔偿金额是指在实际保险期间内,保险人已支付的保险赔偿金和已发生保险事故但还未支付的保险赔偿金之和,但不包括保险人负责赔偿的法律费用。

美亚财产保险有限公司:
《中国董事及高级管理人员责任保险条款》[①](节选)

作为向本公司缴付保险单中列明的保险费的对价,根据本保险合同条款的相关规定,且依据构成本保险合同一部分的投保单,本公司和投保人达成以下协议:

A. 您可获得的保险保障:

---

① 《中国董事及高级管理人员责任保险条款》中国保险行业协会,http://www.iachina.cn/col/col5091/。

本保险合同仅对在保险期间内首次向您或您的公司提出的、并按本保险合同要求报告给我们的索赔,提供以下保险保障和扩展保障。我们仅在您的公司无法向您作出赔偿时以及其无法赔偿的范围内偿付您的金钱赔偿和/或辩护费用。

1. 有关您的管理过失金钱赔偿和辩护费用

1.1 如果下列人员以您的管理过失为由,对您提出索赔,要求金钱赔偿,本保险将偿付您的金钱赔偿和/或辩护费用:

（ⅰ）股东;

（ⅱ）业务合作伙伴;

（ⅲ）债权人;

（ⅳ）供应商;

（ⅴ）客户;

（ⅵ）专业顾问或咨询人员;

（ⅶ）破产受托人;或

（ⅷ）您的公司、或是根据《中华人民共和国公司法》第 152 条行使职权的监事、董事或股东。

1.2 仅偿付辩护费用的情形

如果下列人员以您的管理过失为由,对您提出索赔,本保险将偿付您的辩护费用:

（ⅰ）另一被保险个人或代表另一被保险个人;

（ⅱ）试图施以民事或行政罚金或罚款及寻求任何可能随之发生的后继的行政检查或行政诉讼的监管机构;

（ⅲ）试图采取停止或强制行为的监管机构、行动群体或特殊利益群体;

（ⅳ）试图提起诉讼的公诉人、人民检察官或公安机关,而其后您被宣告无罪;

（ⅴ）有资格并试图提起自诉的个人;或

（ⅵ）试图施以刑事罚金或罚款的监管机构,而其后您被宣告无罪。

2. 有关您的劳动用工过失

2.1 金钱赔偿和辩护费用

如果下列人员以劳动用工过失为由,对您或某一位员工提出索赔,要

求金钱赔偿,本保险将偿付您的金钱赔偿和/或辩护费用:

（ⅰ）另一名员工；

（ⅱ）代表某一员工的工会；

（ⅲ）就其达成的某个集体谈判合同提出索赔的工会；或

（ⅳ）某员工的遗产管理人或一名或多名法律代表。

2.2　仅偿付辩护费用的情形

如果下列人员以您的劳动用工过失为由,对您提出索赔,本保险将偿付您的辩护费用:

（ⅰ）试图施以民事或行政罚金或罚款的,以及参与任何其后可能随之发生的行政检查或行政诉讼的监管机构；

（ⅱ）试图提起诉讼的公诉人,而其后您被宣告无罪；

（ⅲ）有资格并试图提起自诉的个人；或

（ⅳ）试图施以刑事罚金或罚款的监管机构,而其后您被宣告无罪。

3. 有关以损害名誉为由的索赔

3.1　损害名誉

如有任何以损害名誉为由针对您而提出的索赔,本保险将偿付您的金钱赔偿和/或辩护费用。

4. 对您的配偶和继承人的保障

4.1　对配偶和继承人的保障

如果在"您可获得的保险保障"一节中订明的任何索赔,是以董事的管理过失、劳动用工过失或损害名誉为由,针对该董事的配偶或继承人提出或继续进行已有索赔的,本保险将向该董事的配偶或继承人偿付金钱赔偿和/或辩护费用。任何此等索赔应被当作在本保险合同项下向董事提出的索赔同等对待。

5. 对您的保障

5.1　如果您在您的公司在保险期间之前或之间收购或出售的子公司担任董事对新近收购、创建或出售的子公司的董事的保障

5.2　如果在"您可获得的保险保障"一节中订明的任何索赔系针对以下自然人提出,本保险同样将偿付金钱赔偿和/或辩护费用。

前述自然人:

（ⅰ）在保险期间之前或之间,由于投保人收购或创建了子公司而符

合被保险个人的定义；但前述作为索赔依据的管理过失、劳动用工过失或损害名誉只能发生在被收购或创建的子公司符合子公司的定义后，并且在其符合定义的期间内；或

（ii）由于您的公司的下列行为而在保险期间之前或之间，不再符合被保险个人的定义：

（a）出售了子公司；

（b）减少其在任何实体的持股，以至该实体不再符合子公司的定义；或

（c）停止了子公司的运营。

但前述作为索赔依据的管理过失、劳动用工过失或损害名誉只能发生在此等出售或停业之前，并且在该实体符合子公司定义的期间内。

D. 如何在本保险合同项下提出索赔

1. 对于何种索赔，您可以寻求协助

1.1 提出的索赔

对于在保险期间内向您或您的公司提出的、符合以下所有条件的索赔，您或您的公司有权寻求本保险合同项下的偿付：

（i）该索赔是第一次向您或您的公司提出的；

（ii）该索赔并非起因于与保险期间开始之前发生的、且先前已经引发索赔的任何管理过失、劳动用工过失或损害名誉相同的或与之相关的事实或情形；

（iii）在保险期间开始之前，您和您的公司均不知悉、也没有任何理由预期该索赔将被提出；以及

（iv）您和您的公司均未承认引发索赔的管理过失、劳动用工过失或损害名誉，亦未对此承担任何过错或责任。

2. 在您发现一起索赔时，应该采取的行动

2.1 索赔的通知和报告

为就符合上文1（i）—（iv）项所有要求的索赔获得本保险合同项下的偿付，您或您的公司必须按照以下规定向我们书面报告该索赔的情况：

（i）您或您的公司在发现该索赔后，应尽速报告该索赔；以及

（ii）在任何情形下，均不得迟于（a）保险期间届满后三十（30）日；或（b）发现期（如适用）届满之时。

上文(ⅰ)与(ⅱ)的各项义务必须遵守。如果通知是以邮寄方式递送给我们,则邮递凭证即可充分证明您或您的公司已经于邮递之日向我们作出通知。

2.2　关联索赔

如果在保险期间或发现期(若适用)内,您或您的公司按照上述方式报告了任何索赔,则在出现由此等已报告的索赔中主张的同一事实、情形或管理过失、劳动用工过失或损害名誉所引发的任何后续索赔时(无论是在保险期间以内或是届满后提出),我们将把该等后续索赔视作您或您的公司在报告先前的索赔之时已经报告给我们一样处理。

3. 在您发现您认为可能会引发索赔的情形时,可以采取的行动

3.1　情形的通知

如果在保险期间内,您或您的公司首次获悉您或您的公司有理由预期可能引发索赔的情形,并且:

a) 您或您的公司在保险期间内向我们书面告知了预期该索赔发生的详细理由,以及涉及的人员、日期和管理过失、劳动用工过失或损害名誉方面的细节;并且

b) 我们以书面形式确认其为相关情形的有效通知,

那么,对于其后因该情形引起的针对您或您的公司的任何索赔(无论在保险期间以内或届满后提出),或主张该情形中包含的任何管理过失、劳动用工过失或损害名誉的索赔(无论在保险期间以内或届满后提出),我们将视同其已于您或您的公司首次向我们告知上述情形之时即已报告给我们一样处理。

4. 您未及时报告索赔的后果

4.1　索赔的延迟通知

您或您的公司应当遵守前述"索赔的通知和报告"一节中的相关要求。对因故意或重大过失未及时提供上述通知导致保险事故的性质、原因、损失程度等难以确定的,我们对无法确定的部分不承担赔偿责任,但我们通过其他途径已经及时知道或应当及时知道保险事故发生的除外。

知道赔偿请求发生后,您或您的公司应该尽力采取必要、合理的措施,防止或减少损失,否则,对因此扩大的损失,我们不承担赔偿责任。

被保险人应允许并且协助本公司进行事故调查。对于拒绝或者妨碍

本公司进行事故调查导致无法确定事故原因或核实损失情况的,本公司对无法核实的部分不承担赔偿责任。

5. 如果您在保险期间届满之后发现索赔

5.1 发现期

我们将免费(且受制于本保险合同其他所有适用的规定)向您和您的公司提供一段额外的期间("发现期"),在此期间内您的公司仍可就一项索赔向我们发出通知。该期间为:

(ⅰ)如果投保人决定不再续保本保险合同,则为保险期间届满后的三十(30)日;或

(ⅱ)如果我们决定不再续保本保险合同,则为保险期间届满后的六十(60)日。

但是,在下述情形中,您和您的公司均无法享有该额外期间,即:

a) 本保险合同因您或您的公司违反保险合同的任何规定而被解除;或

b) 您或您的公司以另一份承保本保险合同保障的任何风险(即使是部分承保)的保险合同取代本保险合同。

5.2 退休董事所享有的额外发现期

我们将免费(且受制于本保险合同其他所有仍然适用的规定)向退休董事提供一段额外的期间("发现期"),在此期间内您的公司仍可就一项索赔向我们发出通知。

如果我们或投保人决定不再续保本保险合同,该期间将为保险期间届满后的二(2)年。

如果本保险合同因您或您的公司违反保险合同的任何规定而被解除,或您或您的公司以另一份承保本保险合同保障的任何风险(即使是部分承保)的保险合同取代本保险合同,则该额外期间将不适用。

E. 定义

1. "行动群体"

指任何由个人结成的非赢利性的组织或联盟(无论是否组成公司),其目的在于促进和协调行动,以支持或抗议某个特定的计划或项目。

2. "破产受托人"

指根据中华人民共和国或破产程序发生地法律管辖区域内的法律法

规,由法院或清算委员会指定的您的公司的任何清算人、接收人、破产财产管理人、管理接收人。

3."业务合作伙伴"

指与您的公司从事合作项目或合作投资的第三方公司、或除董事或员工以外的自然人。

4."索赔"

指在保险期间内首次对您或您的公司发出或提起的：

（i）第三方的书面通知,意图使您或您的公司对某项管理过失、劳动用工过失或损害名誉的主张承担法律责任；

（ii）任何主张某项管理过失、劳动用工过失或损害名誉的民事诉讼或仲裁、刑事起诉、官方调查或监管程序；或

（iii）第三方的书面通知,依法要求您或您的公司出席或派代表出席某项质询。

5."公司"或"您的公司"

指投保人和其子公司。

6."咨询人员"

指您的公司以书面合同聘用并支付服务费或其他报酬的、任何商业或行业领域的专家顾问。

7."客户"

指以金钱或其他对价,向您或您的公司购买货物或服务的第三方。

8."免赔额"

指保险单中"免赔额"一栏订明的金额。

9."损害名誉"

指由您以董事的身份书写、口述、发表或传播的言辞引起的,基于上述言辞的,或可归因于上述言辞的,任何实际的或声称的对第三方名誉权或姓名权的侵犯,前提是您在书写、口述、发表或传播上述言辞时,事先不知道或不应该知道,该等言辞将会侵犯或损害第三方的名誉权或姓名权。

10."辩护费用"

指您或您的公司在得到我们事先批准的情况下,就针对您或您的公司的索赔进行辩护、和解或上诉而发生的合理和必需的成本、费用和开

支。"辩护费用"不包括您的公司的管理费用和您的时间成本。

11."董事"

指如下自然人,其曾经是、现在是、或将来是:

(ⅰ)非执行董事、独立非执行董事或者执行董事,但未担任外部审计师或清算委员会成员;

(ⅱ)您的公司中担任经理的员工;

(ⅲ)您的公司的管理层或监事会的成员;或者

(ⅳ)在您的公司中担任与上述职位相当的职务的管理人员。

任何由于保险期间开始之前的原因被您的公司解聘或解职的上述人员将不被视为本保险合同项下的董事。

12."发现期"

指根据前述"发现期"条款给予的额外期间。在此期间内,您或您的公司可就因保险期间届满之前发生的管理过失、劳动用工过失或损害名誉而在该期间内首次提出的索赔向我们发出通知。

13."员工"

指任何曾经、现在或将来根据和您的公司的书面劳动/聘用合同成为全职员工、兼职员工、季节工或临时工的自然人,但不包括董事、专业顾问、咨询人员,独立承包人或代理人。

14."劳动用工过失"

指任何与下述有关的实际的或声称的错误行为、过失或疏忽:

(ⅰ)员工的聘用或解聘;或者

(ⅱ)不聘用一名候选员工的决定。(包括但不限于任何与劳动用工有关的基于种族、性别、宗教的报复、骚扰或歧视)。

15."重大变化"

(ⅰ)投保人与其他任何自然人、实体、或共同行动的个人和/或实体组成的团体进行合并,或出售其全部财产或其财产的主要部分给上述个人、实体或团体;

(ⅱ)任何个人、实体、或共同行动的个人或实体组成的团体获得对投保人管理机构的控制权;或者

(ⅲ)投保人发生被接管、破产、清算、托管或失去偿付能力。

16."质询"

指在保险期间内首次提出的正式的、监管性、或行政性的调查、程序或查询,该等调查、程序或查询并非行业范围内调查或行动的一部分,而是专门针对您的公司事务而展开的,并且指名您或您的公司接受调查,或者依法强制要求您以您的公司的董事身份作为证人而出席。

17."被保险人"

指任何被保险个人和/或您的公司。

18."被保险个人"

指您和其他任何董事。仅在上述"对您的配偶和继承人的保障"一节中,"被保险个人"还包括任何董事的合法配偶或继承人。仅在上述"对新近收购、创建或出售的子公司的董事的保障"一节中,"被保险个人"还包括由于劳动用工过失而被提出"有关您的劳动用工过失-金钱赔偿和辩护费用"中所述被索赔的员工。

19."故意"

指具有违反法律的目的或意图,或轻率地忽视法律。

20."债权人"

指根据书面协议贷款给您的公司的自然人、公司或金融机构,例如银行。"债权人"不包括已经贷款给您,或要求您个人对任何贷款提供担保的任何自然人、公司或者金融机构。

21."责任限额"

指保险单中"责任限额"一栏订明的金额。

22."管理过失"

指任何实际的或声称的,您作为一名董事的错误行为、过失或疏忽。"管理过失"不包括劳动用工过失或损害名誉。

23."金钱赔偿"

指法庭在裁决中作出的、或一项索赔和解中的,要求您个人或您的公司支付的补偿性赔偿的金额,并且我们以书面形式对此金额表示了同意。

24."金钱赔偿"不包括:

(ⅰ)非补偿性赔偿;

(ⅱ)因遵守提供禁止性救济的命令而产生的成本,例如您或您的公司因改造任何建筑或不动产、或提供使残疾人能够进入该建筑或不动产的任何服务而发生的成本;

（ⅲ）您或您的公司发生的、与劳动用工过失有关的教育性、纠正性、感受性或其他性质的方案、政策或研讨的成本；

（ⅳ）任何性质的民事、行政或刑事的罚金或罚款；

（ⅴ）税费；

（ⅵ）与合同约定或法定的通知期限有关的应付赔偿；

（ⅶ）员工或董事有权或声称有权主张的、与其和您的公司之间的劳动聘用关系相关的(应付的、承诺的或声称应付的或承诺的)任何金钱的或非金钱的福利、权益、支付、利益或利息(包括任何养老金计划、奖励计划、健康和福利或其他的员工福利计划)；

（ⅷ）任何依法不应由您个人承担的金额；

（ⅸ）任何依法不应由您的公司承担的金额；和

（ⅹ）依法不可投保的事项。

25."我们的"

指属于或附属于保险单列明的保险公司的。

26."投保人"

指保险单中订明的实体。

27."保险期间"

指保险单中订明的从开始日到终止日的期间，或者从开始日到本保险合同被提前解除之日的期间。

28."污染物"

指(但不限于)固体的、液体的、气体的、生物性的、放射性的、或热的刺激物、有毒或危险物质、或致污物，包括但不限于石棉、铅、烟、蒸气、灰尘、纤维、霉、孢子、真菌、细菌、煤烟、浓烟、酸、碱、化学物和废品。上述废品包括但不限于可循环、可修理、可回收的物质和核物质。

29."专业顾问"

指您的公司通过书面合同给予服务费或其他报酬而聘用的律师、会计师或审计师。

30."专业服务"

指您或您的公司向第三方提供收费服务(或收取对价的服务)，或提供货物、产品。

31."投保单"

指与本保险合同核保相关的每一份单独签署的投保单、附件和提交给我们的所有其他信息,上述内容构成本保险合同(或以本保险合同续保代替的任何前保险合同)的基础。

32."监管机构"

指任何政府机构、监管机构、自治机构、监督机构、当地或地区主管机关、海关或税务机构。

33."退休董事"

指在保险期间内由于没有资格任职以外的原因不再担任董事的任何董事。

34."证券"

指代表您的公司的债务、股份或者其他股本权益的任何证券。

35."证券索赔"

指任何人对您的公司提出的、要求金钱赔偿或其他救济的程序(行政调查或监管行动除外),或者任何人提出的试图使您的公司承担责任的书面要求。该等程序或书面要求与买卖、或要约买卖证券有关,并且是由于违反国家证券监管方面的任何法律、法规或条例(包括违反中华人民共和国 2005 年颁布的《证券法》或其他类似的省级地方法规、规章或条例)所导致的,或是基于或可归因于上述违反的。

36."股东"

指任何持有您的公司股份的公司或自然人。

37."特殊利益群体"

指由积极支持共同利益的个人组成的、非盈利性的组织或联盟,无论其是否采用公司形式。

38."停止或强制行为"

指一项针对您或您的公司做出的、提供禁止性救济的司法或监管命令。

39."分项责任限额"

指保险单中"分项责任限额"一栏订明的金额。

40."子公司"

指任何私有的、非上市公司,在该公司中仅有投保人享有选举、任命或委派该公司管理机构多数成员的合法权利。

41. "监事"

指根据《中华人民共和国公司法》第 52 及 118 条的规定，任何曾经或目前在您的公司担任监事的自然人。

42. "供应商"

指任何通过书面合同为您的公司提供货物或服务，并收取金钱或其他对价的公司或自然人。

43. "第三方"

指除了您的公司或某个被保险个人以外的任何自然人、商行、合伙企业、组织或公司。

44. "工会"

指为促进和维护员工权利而组建、并被认可的、官方的、全国性或地区性的员工联盟。

45. "我们"或"本公司"

指保险单第八项列明的保险公司。

46. "您"

指在投保单上签名的董事全体及个人，以及符合前述董事定义的任何自然人。

47. 仅在上述"对您的配偶和继承人的保障"一节中，"您"也包括任何董事的配偶或继承人。

48. "您的"

指属于或附属于您的。

后　　记

　　本书稿自笔者硕士毕业后,因所从事工作的原因,产生了重新修改完善之意。之后收到清华大学出版社的通知,本书稿已入选"十三五"国家重点图书出版规划项目,2019年国家出版基金资助项目。鉴于出版使命所示,本书稿的修改补充工作便正式启动。

　　这是笔者的第一部专业学术著作,尽管在读书期间,阅读过多本法学教材,多部中外学者的学术著作,也参与出版过自己的图书,但独立完成一部既要达到国家重点图书出版规划与基金资助项目验收合格标准,又要符合学术出版要求的专业学术著作,对笔者而言,无外乎是一次重大的学术挑战。

　　于是,为了完成书稿,在工作之余需要查阅与书稿相关的各类国内外文献,在阅读前辈们的论文、著作之上,还需时刻关注我国《公司法》的修改动态,以及日本等别国对于董事责任保险的发展现状。与此同时,笔者需要与编辑老师一起,对书稿的撰写体例、内容增补等问题进行反复讨论,不断对书稿撰写结构与内容进行逻辑论证,终于在2023年年末时分得以完稿。

　　学术研究的痛苦、彷徨,认知水平的提升、撰写顺利时的快乐反复交织,在经历了无数次修改、停滞、再修改,从最初的寥寥数十页到一本书脱稿的转变,笔者深刻体会到了学术研究的艰辛以及认识到法律制度在推动社会经济发展中存在的重要意义。

　　在书稿付梓出版之时,笔者要特别感谢本书的责任编辑李文彬老师,她就本书的体例结构、正文撰写以及附录组成等提出了十分专业的建议与修改意见；感谢我的硕士论文指导教授日本庆应义塾大学山本爲三郎先生，为我本书的初稿（硕士毕业论文）所付出的指导与建议；感谢在本书撰写与修改过程中，时任电装（中国）投资有限公司法务部佐々木翔多课长（我的上司）为我提供的诸多具有实践应用性意见；感谢我的家人在本书撰写过程中给予的矢志不渝地鼓励与照顾。

2024 年 1 月 11 日完稿于北京

王　梓